浙江省社会科学界联合会社科普及成果课题

REVERSE
MORTGAGE

反向抵押贷款

孟晓苏 柴效武 /著

人民出版社

责任编辑:洪　琼

图书在版编目(CIP)数据

反向抵押贷款/孟晓苏　柴效武著. -北京:人民出版社,2009.9
ISBN 978 - 7 - 01 - 008079 - 6

Ⅰ. 反… Ⅱ.①孟…②柴… Ⅲ. 住宅-抵押放款-信贷管理-研究-中国
Ⅳ. F832. 45

中国版本图书馆 CIP 数据核字(2009)第 123928 号

反向抵押贷款
FANXIANG DIYA DAIKUAN

孟晓苏　柴效武　著

人 民 出 版 社 出版发行
(100706　北京朝阳门内大街 166 号)

北京龙之冉印务有限公司印刷　新华书店经销

2009 年 9 月第 1 版　2009 年 9 月北京第 1 次印刷
开本:710 毫米×1000 毫米 1/16　印张:18
字数:320 千字　印数:0,001 - 3,000 册

ISBN 978 - 7 - 01 - 008079 - 6　定价:46.00 元

邮购地址 100706　北京朝阳门内大街 166 号
人民东方图书销售中心　电话 (010)65250042　65289539

目　录

序　言

　　民以居为安,住房从来都是人们关注的热点。尤其是在今天,在国家经济发展、人民群众收入增长的情况下,人们为寻找满意的居住环境、购买适合的住房而殚精竭虑,购房已经成为我国居民的消费热点。而我国房价的持续上涨、投资型购房群体的增加、加之人们对住宅消费的特别偏好,都使得我国居民的住房自有率迅速提高。人们买住房往往要付出毕生的辛苦作为代价,那么住房又可以为人们做些什么呢? 现在人们在住房所具有生活居住功能的基础上,还发现了它的投资赢利功能、资产保值功能、资金融通功能等等。本书作者又引进了国外以房养老的理念,发掘出住房的养老保障功能。要知道,市场是动态的而不是静态的,市场可以被创造出来,而赋予一种产品新的功能,等同于开发一种新产品,创造一个新市场。不妨以手机为例。今天的手机同十多年前的手机,功能增加了多少? 手机的市场随着其功能的增加就日益打开了。住房也是如此。当住房的功能不断增加以后,对住房的需求也就相应地扩大了,新的住房市场也就被创造出来了。经济学界、房地产业界、广大住房消费者都应当懂得这个道理。

　　下面,让我们再回到住房的养老保障功能上来。人都有衰老的一天,都需要考虑晚年期的养老问题,并应为此早做安排。养老既是人类社会出现以来就一直为人们所关注的事宜,又是现实社会存在的一个重大问题。在今日,随着我国人口老龄化危机的临近和家庭空巢化的日益严重,"养儿防老"的预期已愈显单薄。人们辛苦了一辈子,如何能够度过幸福的晚年,靠什么来度过幸福的晚年,就是需要我们为之认真筹划的大课题。我国又是一个"未富先老"的国家,人口老龄化面对的是社会养老保障体系不健全。在这种状况下,积极寻找新的养老途径,实现养老模式的观念创新、制度创新,就显得非常必要。我国过去就有"儿女养老"的传统理念,近年又有了存钱养老、社会保障养老的"票子养老",这是否足够应对中国的养老问题呢? 回答是还不够。这本书提出的养老思想,为我国老人增添了"房子养老"这一新的养老模式,并对此组织了全面系统而深入的探讨,力求使得亿万老年人能生活得更为安逸与幸福。我认为这个研究是很有经济意义与社会意义的。

在我国进入市场经济的社会条件下,资源配置优化与效用提升的理念已经贯穿社会家庭生活的各个方面,个人金融理财、家庭理财规划已成为今日社会生活的热门话题。本书将家庭的养老与住房这两大事项,通过金融保险的机制与手段融会贯通在一起,并提出"60岁前人养房,60岁后房养人"的新型养老理念,已经得到社会的积极响应。用老年人拥有的住房在自己身故后余留的价值,通过一定的金融保险机制将其提前加以变现套现,以用来养度老人的余生,是作者目前大力倡导的以房养老模式。这一方式对那些被称为"房产富人,现金穷人"的群体尤为适用,对加固日益短缺的养老资源,减轻我国老龄化危机,提出一条新的解决途径。它可以使家庭的有限资源运用得更好,更能满足人们养老保障的需要,并对社会经济的可持续发展发挥积极的效应。

"反向抵押贷款"又称"抵押年金",自从20世纪80年代初期在欧洲出现以来,其业务发展目前正处于黄金时期。美国为了增加"住房富裕、现金贫困"老年人群的收入,20多年来完善了反向抵押贷款这种金融产品,其业务规模呈现连年快速增长。它的基本思路,是利用老年人身故后仍然遗留的房产的巨大价值,通过一定的金融保险机制和手段,将其在老年人生前变现,形成一笔笔稳定可靠并可延续终生的现金流,以加固脆弱的养老保障。其基本操作模式是人们将中青年时期购买到的产权住房,在退休后抵押于金融保险机构,从该机构取得一笔定期定额给付的款项用于养老,直到投保人亡故。保险机构在老人身后取得该住房的完全支配权,并通过住房销售或其他经营方式所得款项,结清老人抵押贷款的全部本息。这是国际金融和养老保障领域出现的创新产品,它利用人的自然生命和住房使用寿命的差异,把老人去世后住房的余值提前予以贴现,用以弥补养老期间的收入来源,使人们的财富能够在其一生中得到尽可能合理的配置,使房屋的效用达到最大化。"反向抵押贷款"作为一种金融创新,还是一种减轻老年人贫困度的金融工具。这一独特的融资机制在许多国家赢得认可,有关国家在税收上也给予了相应的优惠。

我国社会公众对实施"反向抵押贷款"这一金融产品有着积极而迫切的需要。按照党中央"创新立国"的基本思想,现在需要在金融保险和养老保障方面进行观念创新与制度创新,以将住房和养老这两大问题联系起来,得到更好地解决。将国际上的反向抵押贷款产品引进到国内来,根据我国国情尽快研发这一新型金融产品,目前正当其时。

本书正以此为切入点,在借鉴发达国家尤其是美国反向抵押贷款运作经验的基础上,通过对这一产品在国外开展情况的深入分析,结合我国养老保障和金融保险运作的实际,对我国进行反向抵押贷款做了探索性的研究,同时设计了适于此模式运行的基本框架。本书在探讨这一业务的基本思路、理论渊源和自身特性的基础上,着重研究分析了反向抵押贷款的发展历史、制度要素、运行规律、产品定价;探讨了反向抵押贷款在我国开展应具备的条件、必要性、可行性、适用人群边界、贷款承担机构等内容,研究了金融保险机构在其中可发挥作用的具体运作机制与运营方式,分析了可能发生的风险,对在我国开展反向抵押贷款的运营模式进行了系统化的深刻论证。本书还对美国反向抵押贷款业务开办中,政府监管和有关政策支持优惠、法律社会制度、政府作用及二级市场建设等予以介绍和评析,对世界各发达国家开办反向抵押贷款的状况等做了介绍和较为深入的探讨,这些都为我国开办反向抵押贷款业务提供了有益的思路,对加强养老保障提供借鉴。

"反向抵押贷款"是一种内容复杂、联系广泛的金融产品,对它进行研究与开发必然是一个宏大的系统工程。业务能否在我国全面开展、它的运行效果如何,将取决于相关金融运营机制是否建立、制度法规是否完善等各方面因素。而如何打破我国长期流传的依赖"养儿防老"、财富代际传递的遗产继承观念,建立后代人自立自强的新型观念与机制,也是一个重大的社会课题。此外,开展这项业务还要消除与规避众多风险,所以并非轻易之事。反向抵押贷款产品在研发中的漏洞以及业务操作中的闪失,都会给金融机构带来一定风险。我国正处于新旧体制的转轨时期,政治、经济、社会的各个方面都在发生着深刻的变化,不确定性因素较多。尤其是在我国金融保险运作机制还不够健全,传统观念影响还根深蒂固的情况下,推出反向抵押贷款产品就要非常慎重。

以房养老作为一个涉及广泛的领域和全新的理念,可以派生的产品颇多。其中,"反向抵押贷款"是以房养老理念实施的一个重要模式。我希望学术界与政府部门、养老保障机构、金融机构、房产企业等各个方面通力合作,认真进行本课题的可行性论证,设计出符合我国国情的反向抵押贷款产品,更好地加强我国老年人的养老保障,实现构建和谐社会的目标。

最后,我想借此机会谈谈科学发展观与传统发展观的区别。具体地说,传统发展观的要点是:第一,重物轻人;第二,重生产轻生活;第三,把 GDP 及其增长放在最重要的位置上,甚至当成唯一的指标;第四,不重视环境、资源、和谐,也就是说不重视经济和社会的可持续发展。科学发展观同传统发展观恰恰相反。具体地说,科学发展观同传统发展观的区别主要是:第一,以人为本,而不是重物轻人;第二,生产生活并重,不断发展生产力,同时又不断提高人们的生活质量;第三,认为 GDP 重要,GDP 的增长也重要,但 GDP 及其增长绝不是唯一的;第四,坚持走可持续发展道路,保护环境,节约资源,发展循环经济,增进社会和谐。因此,可以认为,进一步研究、设计包括实施"以房养老"在内的社会养老保障模式,是符合科学发展观的要求的。希望经济学界和房地产业界共同关心这一课题。

厉以宁

2008 年 6 月 16 日

第一章 总 论

随着老龄化危机的日益到来,以房养老作为一种新型的养老保障模式和金融创新的工具,受到全社会的积极关注。反向抵押贷款作为以房养老的重要实施手段,也从国外引入并投入紧张的研发之中。什么是以房养老和反向抵押贷款,今天为什么需要推出这一产品,它在我国实行的经济社会背景如何,有无可行性和现实意义,这些是本章首先需要给予说明的。

第一节 以房养老问题的提出

一、我国老龄化的状况

随着经济社会的快速发展,人们生活水平的提高和医疗水平的改善,我国人口的寿命大大增加,老年人口的数量大幅提升。20 世纪 50 年代我国人口平均寿命是 50 多岁,70 年代是 60 多岁,90 年代达到 70 多岁。上海市人均寿命正在迈出 80 岁大关。早在 2000 年,我国 60 岁以上的老年人口已达到 1.3 亿,占总人口的 10.26% ;65 岁以上人口超过 9,400 万,占总人口的 7% 以上,成为世界上老年人口最多的国家。按照国际通行的标准,一个国家或地区 60 岁及以上人口占总人口的比率达到 10% 以上,或是 65 岁及以上人口占总人口 7% 以上的,都属于老龄化国家或地区。我国于 2000 年即已进入老龄化社会。据科学家预测,到 2300 年,世界人口的平均寿命将达到创纪录的 100 岁。表 1 - 1 反映了 2009—2050 年中国 60 岁及以上老年人口和老龄化程度。

表 1－1　2009—2050 年中国 60 岁及以上老年人口和老龄化程度①

年份	60 岁及以上老年人口（亿人）		人口老龄化程度（%）		年份	60 岁及以上老年人口（亿人）		人口老龄化程度（%）	
	(1)	(2)	(1)	(2)		(1)	(2)	(1)	(2)
2009	1.64	1.64	12.19	12.02	2018	2.36	2.36	16.61	16.17
2010	1.71	1.71	12.59	12.39	2019	2.40	2.40	16.84	16.37
2011	1.78	1.78	13.02	12.80	2020	2.43	2.43	16.97	16.48
2012	1.86	1.86	13.53	13.28	2025	2.96	2.96	20.38	19.63
2013	1.94	1.94	14.06	13.78	2030	3.57	3.57	24.38	23.25
2014	2.04	2.04	14.65	14.34	2035	3.99	3.99	27.24	25.67
2015	2.13	2.13	15.15	14.85	2040	4.12	4.12	28.26	26.30
2016	2.21	2.21	15.69	15.32	2045	4.21	4.21	29.30	26.91
2017	2.29	2.29	16.22	15.81	2050	4.39	4.39	31.15	28.19

数据来源：国家计划生育委员会（2000 年）。

据全国老龄工作委员会办公室在 2006 年 2 月 23 日首次公布的我国人口老龄化百年预测，目前我国正处于快速老龄化阶段，人口老龄化进程明显加快，平均每年将增加 596 万老年人口，年均增长速度达到 3.28%，大大超过总人口年均 0.66% 的增速。到 2020 年，老年人口将达到 2.48 亿人，老龄化水平将达到 17.17%。到 2051 年，中国老年人口规模将达到 4.37 亿的峰值。此后的整个 21 世纪里，老年人口规模将稳定在 3 亿—4 亿，老龄化水平基本稳定在 31% 左右，80 岁及 80 岁以上高龄老人占老年总人口的比重将保持在 25%—30%，中国将进入一个高度老龄化的平台期。从以上这些数据的列示中可以逻辑地推知，如何应对人口的老龄化问题，将成为未来我国重要的社会问题。

二、我国老龄化的特点

我国人口老龄化的趋势在逐渐加快，与已进入老龄化的发达国家相比，大致呈现出如下特点：

（一）速度快、来势猛、绝对数量巨大

据美国人口普查局的统计和预测，65 岁以上老年人的比重从 7% 上升到

---

① "（1）"为按 TFR＝1.8 计算的，"（2）"为按 TFR＝2.0 计算的。

14%所经历的时间,法国是 115 年,瑞典为 85 年,美国为 66 年,英国约 45 年,日本最短为 30 年,而我国只要 25 年。随着中国人口出生率的下降和人均寿命的延长,到 2015 年,老龄人口将占总人口的 15%;到 2030 年,这一比例将升高至 24%;到 2040 年,中国老年人总数将达到 3.97 亿,超过法国、德国、意大利、日本和英国目前人口的总和;到 2050 年,将有近 1 亿人口超过 80 岁。而今天的劳动力人口数量,到 2050 年可能会失去约 18%—35%。

虽然相比较日本、西欧等国,我国的人口老龄化趋势目前并非很严重,但突出的一点就是发展势头迅猛,仅用 20 多年就走完了国外需要上百年才能走完的老龄化进程。在这种状况下,整个社会、国家乃至各个家庭和个人,都无法为养老事业做出很好的精神、物力、财力的准备。

(二)老龄人抚养比明显偏大

人口老龄化带来的结果是老龄抚养比近年来上升较快,我国的计划生育国策始于 20 世纪 70 年代末,当前已经出现了大量的“四二一”家庭,按人口年龄结构推算,今后 30 年我国老龄抚养比将继续快速升高,到 2030 年将会超过 20%。

(三)地区间老龄化程度差异较大

我国地域辽阔,且长期以来户籍管制较严,人口迁徙率相对国外来说显得较低,地区间人口分布不平衡,老龄化程度差异较大。其中,老龄人口比重最高的上海市是比重最低的青海省的 2.7 倍,如仅仅在省区之间比较,比重高的浙江、江苏等省是比重低的青海、宁夏、西藏、新疆等省区的近 2 倍。

(四)经济发展水平低,未富先老

与世界其他已进入老龄化社会的国家相比,我国目前的状况是未富先老引发养老资源危机,社会保障体系尚不健全。我国可资利用的公共养老资源缺乏,经济发展水平不仅较低,且地域差距较大。我国是在经济没有得到充分发展,物质状况尚未达到很富裕时,就提前宣告进入老龄化社会,属于未富先老。2000 年,我国的人均 GDP 仅为 860 美元左右,目前也仅为 2,000 美元左右,而西方经济发达国家进入人口老龄化社会时人均 GDP 均已超过 5,000 美元。我国要在经济不够发达的时期解决比发达国家还要严重的老龄化问题,这就使现有社会养老保障制度要承受严重得多的财务压力。

西方发达国家经过上百年的准备,都已经建立了完备的社会养老保障体系,即便如此,面对日益严重的老龄化危机仍然缺乏有效对策,养老保障金也出现了巨大的缺口。我国现在正处在新旧体制的转轨时期,旧的养老体制已经打破,新的体制尚未完全建立,社会保障体系尚不健全,保障覆盖面窄,养老保障金缺口巨大,商业寿险则才刚刚起步。可以说,迄今为止,我国统一的社会保障体系尚未形成,还没有建立起保障充分的老年福利制度,养老资源还存在巨大的缺口。故此,积极开拓现有养老资源的潜力,促使其发挥更大的效用,推行养老的观念创新和制度创新,弥补养老资金的不足,就很有必要。

(五)"四二一"家庭将成为未来家庭的主体形式

20世纪七八十年代开始,面对巨大的人口压力,我国推出了世界上其他国家所没有的严格管制的计划生育国策,该国策在带来巨大积极效应的同时,出现的一个严重后果就是随着时代的推移,这些独生子女正在逐步走向社会并组建自己的新家庭。在未来一二十年里,"四二一"、"四二二"家庭必将成为家庭形式的主体。在这种"头重脚轻"的倒金字塔的人口年龄结构面前,以及家庭"空巢化"现象的大量显现,养老已成为一个重大的社会与经济问题。传统的养老形式无法承担养老保障之重责,单单依靠养儿防老已很不现实了,货币养老也遇到较多的障碍。这些都已经引起政府、社会各个方面的广泛关注。

家庭小型化、核心化已成为今日家庭的主流,家庭空巢化日益加剧。年轻人结婚后,即纷纷离开父母单独生活居住,家庭养老遭遇到严重的危机。这一危机不仅表现在经济物质上,更主要的是老人生活的起居照料、精神慰藉等,都遭遇到了严重的危机。家庭空巢化在许多国家都普遍存在,但在我国未来的"四二一"、"四二二"式的家庭中,这种空巢化涉及面之广,影响之大及引致的问题之多,则应是世界之最。

三、老龄化危机的表现形式

人人都有衰老的一天,都需要考虑晚年的养老问题。诺贝尔经济学奖得主、美国著名经济学家克莱因教授(Prof. Klein)曾提醒道:日本经济在20世纪五六十年代曾因人口增长减缓而获益,但到了八九十年代的鼎盛期以后,却因为人口增长减缓以及由其导致的人口老龄化而拖累了经济,使日本逐渐失去了往昔的竞争优势。但与中国相比,日本至少有一点是非常幸运的,那就是很好地把握了20世纪60年代和70年代这段人口负担低、劳动力资源充沛(即丰厚的"人口红利")的黄金时期,加速了经济的发展,迅速跻身于世界经济大国的行列。尽管如此,当老龄化社会来临的时候,日本经济还是陷入了"停滞不前"的泥潭,时间已长达 10 多年之久,直到今天尚未能完全走出。而且,随着日本老龄化危机的愈演愈烈,这一状态还有加速之势①。

对照目前日本的状况,对我国来说,结论是非常明显的。中国目前已进入了老龄化社会,老龄化的危机正以比日本毫不逊色的速度迈进着,但经济发展状况距离发达国家却还有较大的距离。目前,日本存在的种种问题,并不能说将来就不会在中国重演,甚至是以更为剧烈的形式重演。当然,中国的人口众多、地域广阔、经济社会增长态势很不平衡,回旋的余地较大,这类事情的发生会有一个较好的缓冲,但事情发生的本质是相同的,程度则将会是有过之而无不及。

美国全球观察咨询公司高级研究员麦凯诗指出,老龄化不仅仅是个养老问题,比如说,随着老龄化的演进,还将导致青壮年成为家庭经济来源和国家安全所需兵源的"相互竞争的稀缺资源"。美国《纽约时报》曾经发表文章指出:中国将面临着一场人口危机,它将在自己还没有变得富裕的时候就快速变老!其实这并不值得大惊小怪,不单单是中国,老龄化是一场世界性的通病,许多国家在未来 30 年老龄化程度都将明显加剧。

有关资料表明,如果保持目前的人口增长态势不变,中国的人口数量将在2035—2045 年间,达到 15.5 亿左右的高峰,其后人口将很快出现负增长。假如生育率持续地低于更替水平,这种负增长就将一直保持下去。即使在生育率回升至更替水平,负增长期也将会延续 40 年之久才会恢复零增长,实现相对静止的人口态势。尽管这时人口的数量表现为零增长,但人口的年龄结构则已是大为老化,突出标志是人口年龄金字塔的中心上移将异常明显。

从人口增长的角度看,这些数据给我们勾画出了一幅可喜可忧的蓝图。按这条道路走下去,等我们的下下一代长大成人后,困扰中国几代人的人口问题将不再成为一个大问题。但在描绘这幅蓝图时,还必须考虑到另外一个重要问题,就是我们的下下一代虽然不再为人口的快速增长而烦恼,但却不得不为养老问题而焦虑——在他们成人的时候,将有一个数量庞大的老年群体需要他们赡养。按目前的养老制度和水平来衡量时,这几乎是一个不可能完成的任务。

四、社会养老保障体制的功用与缺陷

随着中国快速步入老龄化社会,养老问题已经引起国家的高度重视,并受到

---

① 日本目前全国的老年人口占总人口的比例,已经达到 20% 之多,未来更将达到 40% 的创纪录水平。

社会各界的广泛关注,然而,长期以来,中国的社会保障体系始终处于较低的发展水平,面临着沉重的经济压力,国内寿险业务不够成熟,同时大部分老年人积蓄较少,退休后往往只能靠微薄的养老金生活,难以解决自身的养老问题。所以,解决老年人尤其是处于弱势群体的贫困老年阶层的养老问题,是国家应当给予大力保障的重大事项,亦是政府必须承担的责任和义务。

养老保障问题应当怎么办,目前国家正在大力推行规范的社会养老保障体制,每个人在参加工作后,都需要在每个月的工资中拿出适度的数额积蓄起来,作为个人账户的资金积累,并用此积累在日后发放养老保障金。但它能否较好地解决老龄化问题呢?回答应当是肯定的。但若仅仅依靠社会养老保障体制,是否就能够解决一切养老问题,回答又是否定的。许多人在谈到应对中国老龄化现象的时候,总是单单强调社会保障基金的建立,似乎只要社会保障体制建立起来了,一切问题就都能迎刃而解,这种看法实际上是片面的,建立和健全社会保障体系固然重要,但却并非解决社会老龄化问题的根本之法。原因是任何国家如果要想从容应对老龄化问题,都需要具备一个重要前提,那就是:它首先要变得经济富裕和强大起来。否则社会保障基金中存放的钱财数额再多,经济不发达,社会财富不充裕,到时也买不到多少东西。

中国社会保障制度的建立已有 50 年历史。前 30 年是以《劳动保险条例》为代表的"低工资、高就业、高补贴、高福利"的"国家包企业、企业包职工"的统包政策;改革开放后的 15 年,国有企业逐步走向独立,企业保险因之转向社会统筹;1995 年,中央决定将个人账户制度引入中国基本养老保险制度,单一的社会统筹制度转向社会统筹与个人账户相结合的新体制,基金管理方式也由现收现付制转向部分的积累制。这就意味着现在在职的一代人,既要承担继续供养上一代"老人"的义务,又要为自己将来的养老进行个人账户积累,这种双重负担是企事业单位和职工都难以承受的,在实际操作中也引发出很多问题。2004年,个人账户"空账运行"的额度已高达 1990 亿元。

国家统计局公布的数据显示,截至 2002 年年末,全国城镇离退休人数已高达 4,222.8 万人,离退休费用每年高达 3,689.5 亿元,但具体到每个职工手中,平均每人每年离退休费仅仅为 8,881 元,每月为 740 元,显得很不足使用。中国国情的一个重要特征是,我国正处于经济体制转轨的时期,伴随着国有企业的改革,部分国有企业的破产倒闭,企业所属的退休职工已很难得到应有的养老保障;社会保障面较窄,广大农村老人基本没有养老保险,全社会老人平均收入水平较低,经济体制改革取得了丰硕的成果,但老年人在其中享受的份额是较少的。

从我国的现实国情来看,解决养老问题不能也不可能只靠国家。完全依靠国家养老,会给国家财政带来沉重负担,导致经济发展的缓慢甚至停滞不前。西方许多国家普遍建立的从"从摇篮到坟墓"式的社会保障体系,虽然对减少社会冲突、维持社会稳定起到了很大作用,但也使这些国家的财政预算越来越难以承受。如号称全民福利国家的瑞典、芬兰、德国等国家,社会保障费用已占到了GDP 的 1/3,极大地挫伤了人们的生产积极性,导致经济增长长期地失去动力,在职职工考虑的不是如何很好地工作赚取更多收入(收入赚取得越多,累进税制下交付的税金也越高),而是如何能早日退休拿到丰厚的养老金。

我们应当吸取发达国家的教训,尤其是在我国的现阶段,仍然要以又好又快地发展生产力、壮大国力为根本任务,应把经济增长放在首位考虑。若政府把国民收入的相当份额首先用于解决人口的老龄化问题,即扩大消费和养老保障基金的比例,必然会使用于扩大再生产的积累基金占据的比例大大减少,并不可避免地会影响到经济的快速发展。我国的人口老龄化具有速度快、时间短、规模大的特征,即使说老年福利制度已经很完善了,面对如此庞大的老年人口,也不可能全靠国家来解决,至少是国家不可能给予很好地解决。我国政府将社会养老保障界定为"基本养老保障",即只保障参保人员的基本生存需要,而非一切较高的享受性需要,这一指导思想是明智的,对我国而言,全民福利是必需的,而所谓的高福利则是不可能实现的。

五、如何应对老龄化危机——以房养老

重视家庭养老在中国有着悠久传统,也是中华民族敬老、养老的美德,是今天仍然需要发扬光大的。但因我国实行严格的计划生育政策,及部分年轻人受现代思想观念的影响,独生子女家庭和无子女家庭已大大增多,再过二三十年,只有独生子女的老人和无子女的老人,在数量上将会占大多数。在独生子女组成的家庭中,某些子女主观上不愿意承担老人的生活费,有的子女则移民海外或收入不高、自身难保。随着教育改革的实施,这些子女还要担负自己儿女的数额不小的教育支出,使得赡养老人是心有余而力不足。这些原因都会使传统的家庭养老方式受到强烈冲击,养儿防老已存在着越来越大的不确定性。

当今,随着人口老龄化和家庭空巢化问题的日益突出,单单依靠子女的传统

家庭养老方式已面临着严峻的挑战。"四二一"、"四二二"家庭大量出现后,传统的遗产继承的魅力会大大降低。按照今日大家的寿命,当老年人生活到七八十岁或更长寿命时,儿女的年龄也往往达到四五十岁之多,这样的老子女不可能还没有买到自己的住宅,要眼巴巴地盯着父母的房产等着继承。而要让两对老父母将自己的两套住房都留给子女继承,对子女而言显得并不那么重要。但如期望一双儿女能够同时承担四个老人的养老重任,也未必可行,不要说经济物质的供养是勉为其难,即就是老人期望儿女们能"常回家看看"也常常会落空。这种情形下,依靠老年人自己养自己的老,用房子养老就是最合适的。既然儿女们对父母遗留的房产不再是很感兴趣,房产在儿女们实际经济生活中发挥的效用也大幅降低;而父母们日常养老所需要的物质钱财,靠自身又是难以很好解决,靠儿女们供养又很难指望时,为此,大力研发新的养老模式,通过反向抵押贷款的方式用房产养老,就是一个可行的办法。

在我国社会养老保障尚很不健全的状况下,养老问题应当发挥国家、家庭和个人三者的积极性,一起来解决。考虑我国现阶段经济社会的特点,还应特别注重加强个人在养老方面的作用,即采取各种有效措施,增强老年人自我保障的能力。增强自我保障的方式有很多,如参加养老储蓄、商业养老寿险或通过再就业获取第二收入等,都可以在相当程度上奏效。同时,我们还需要秉承党中央"创新立国"的基本理念,解放思想,在金融保险产品和养老保障问题上实现制度与观念的创新,动用每个家庭都拥有的住房资源,用住房蕴涵的巨大价值参与养老事业,实行以房养老,以期更好地解决住房和养老这两大社会问题。

传统社会里有儿女养老,现代工业化社会又增加了养老储蓄、社会养老保障的"票子养老",但这是否已足够呢?当然不够,社会养老仍有种种的问题难以解决。借鉴并大力引进实施西方经济发达国家目前正在倡导的反向抵押贷款,充分发挥老年人大都拥有的住房资源的价值,目前是正当其时。这就是我们设想的"房子养老",这一新的养老模式的推出,将使得亿万老年人的晚年生活能够更为幸福舒适。

六、倡导以房养老,大力推行反向抵押贷款

随着我国快速步入老龄化社会,养老问题已引起政府的高度重视和社会各界的广泛关注。长期以来,我国社会养老保障体系的发展始终处于较低水平,面临着沉重的经济压力。许多老人每月只能领取微薄的养老金,很难过上理想中

的生活。养老不仅仅是国家和社会的责任,更是个人和家庭的义务。社会保障制度制定的指导思想,除了承担"支付者"的角色外,还要致力于塑造个人自我保障的能力。这一保障能力的提高,无疑能大大减轻国家养老保障的压力,更有利于社会稳定。为此,提出一种新的养老模式作为现有养老模式的补充,就具有相当的必要性和紧迫性。

由于我国多年实行的低收入政策,绝大多数老年人没有多少积蓄,退休后只能靠退休金生活,而国家与社会所能提供的退休金是很有限的;加之我国多年来寿险业务欠发达,想靠寿险来保障老年人的生活,并没有历史上的保险费投入作为基础,我们已难于找出更好的办法来保障老年人的生活。与此同时,随着住房制度改革的深入,公房出售和商品房的开发与购买,却使得这些老年居民用较少的钱买下了较大价值的房产,越来越多的城市家庭拥有了自己的住房。对不少城市居民来说,住房已成为私人财产的主要构成部分,如折成现金计算,有些家庭的财产规模还比较大,有的人因此而"家产万贯"。

有的报纸据此称北京、上海有了多少"百万富翁"云云。可是不少被计为"百万富翁"的老年人,却抱怨每个月可以支配的收入仍然仅有一两千元,生活仍很拮据,"没有百万富翁的感觉"。他们价值几十万、上百万的自有房产,在现有制度与规定下只能留待身后传诸子女,而不可能先行出售或出租赢利来养老,这样做将会使他们自己无家可归。而子女们往往都有了自己的房屋,子女发愁的却是如何年复一年地赡养父母。这笔固定资产如果能用活,完全可以弥补前两项的历史缺憾,这几乎是目前在我国大部分老年居民中建立寿险保障的唯一出路。这种反向抵押贷款的保险项目一旦设立,将使拥有私人房产并愿意投保的老年居民享受到过去难以想象的寿险服务。

这些问题能否综合解决?能否让老年人价值几十万、上百万元的自住房产得以在有生之年逐渐变现?能否使老年人具有自己安排晚年生活的支付能力,保持住在社会和子女面前的自尊与自信,同时又能在有生之年继续使用这套房屋呢?以房养老是老人用自己的房产养自己的老,尤其是将自己身故后已不再能为自己发挥作用的房产价值的生前套现,来养自己的老,正可以对此发挥重要功用。对家庭来说,如能通过以房养老的金融保险机制和进一步结合创设新的金融工具——反向抵押贷款,就有可能将健全老年社会保障体系与居民已经取得的住房产权很好地结合起来,这种结合所创设的新金融工具既可以解除老年人养老资源匮乏的忧虑,又能减轻国家社会保障的负担,有利于社会稳定,对于我国现实条件下扩大内需也具有积极的推动作用。有鉴于此，以房养老不失为一个有价值的创新性设想。

以房养老的理念其实在国外早已提出，并有了较成熟的操作模式，基于这一新型理念构筑的反向抵押贷款的金融产品，就是国外成熟市场经济下的成熟保险品种。反向抵押贷款于 20 世纪 80 年代在美国出现，是指具有资格的老年居民以自有产权的住房作为抵押，定期向金融机构取得主要用于养老费用的贷款，贷款到期则以出售住房的收入或直接以该住房资产还贷付息。这种贷款之所以称为反向抵押贷款，是在于它的现金流方向与传统抵押贷款相反。它是房主以房产为抵押，从抵押贷款机构取得现金，而不是传统的住房抵押贷款现金从房主流向银行等金融机构。如此一来，住房通过一定形式的金融机制实现了价值的流动。老年人在工作期间积累的房产，能够在其晚年带来稳定可靠的现金流入，从而对养老保障发挥相应的功能，正好可以为解决我国的养老问题起到积极的借鉴作用。

反向抵押贷款这一险种很适合我国的国情，现在完全有条件引入并实施。反向抵押贷款的出现将完善我国的养老保障制度，推动保险业和房地产业的较快发展。可以想象，一个退休老年人每月可以得到几千元至上万元的保险给付金，而且终生源源不断，其生活将得到多么大的改善！这是公房出售和居民拥有房屋财产以后，可能出现的一个新的产业结合点和发展机遇。

当然，反向抵押贷款有其特定的目标人群，不能期待它解决所有老人的养老问题。但它作为一种新型的养老模式，可以给我们思想的启迪，在养老保障的问题解决上另辟蹊径，从更广阔的视角来考虑我国的养老问题。反向抵押贷款的意义不止于此，它作为一种新型的金融产品和养老保障制度的创新，还可以对我国金融业进行产品创新，提高竞争力起到一定的示范作用，对加强我国的养老保障大业，弥补日益短缺的养老资源，有着更为重大的功用。这在中国金融业全面对外开放，面临外资机构的强大竞争压力，老龄化危机日益增强的今天，研究并在适当的时机在我国推出反向抵押贷款，无疑具有深远的意义。

我们有理由相信，众多的老人群体中的确存在着对反向抵押贷款的强烈的市场需求，当这一需求达到一定的规模后，由政府提供反向抵押贷款保险，设立特定金融机构承办这项业务，在相关政策的辅佐和支持下，是完全可以在可控风险的情况下实现收益的，该项金融产品在我国的长期发展是可行的。我认为，中国的保险业也应当"与时俱进"，既为今后国家对外资开放保险市场后产业自身的发展考虑,也为更好发挥保险业的社会责任考虑,及时引进这个在国际上已经成熟的保险产品,创造出符合中国国情的反向抵押贷款保险服务和保险业务体系。

本书提出以房养老的思想,并着重从反向抵押贷款的运作等层面,对此组织全面系统而又深入的探讨,是很有价值的。以房养老为我们提供了一个很好的思路,反向抵押贷款则为我们更好地实施以房养老的新理念,提供了一种崭新的金融工具。在我国老龄化危机日益严重,未富先老,社会养老保障体系尚未健全,以及实施独生子女政策的情况下,更应开拓新的养老模式,动用一切可以动用的养老资源,以房养老的作用也将更加明显。

第二节　以房养老的理念

巨大的养老压力与养老资源的匮乏和社会保障制度的不够健全形成了尖锐的社会矛盾。为解决我国日益严重的养老问题,需要社会方方面面的参与和努力。发达国家进入老龄化社会时间长,社会保障制度比较完善,金融市场发达,适用于退休老年人口的金融产品与服务种类丰富。借鉴发达国家成功的养老经验,开发适合于我国的养老金融产品,增强老人的自我保障能力,就是一条有益的思路。

一、以房养老理念的提出

市场经济条件下,资源配置优化与效用提升的理念已贯穿到社会家庭生活的一切方面,个人金融理财、家庭理财规划已成为今日的热门话题。当我们将家庭的住房购建与养老事项这两大事项,通过金融保险或非金融保险的机制与手段融会贯通于一起,并进一步提出"60岁前人养房,60岁后房养人"的新型养老理念,立时就得到了全社会的共鸣。这一新型养老模式的提出,将使家庭有限的资源运用发挥得更好,更能满足人们的多方面需要,并对社会经济发展、养老保障大业的实现,对代际财富传递、两代人自立自强新型机制的组建等,都可发挥重大而又积极的效应。以房养老不仅能够解决我国老年人的养老保障问题,还能刺激房地产市场交易,进而推动国民经济的增长。

我们目前大力倡导的以房养老的精髓,就是利用老年人身故后仍然遗留的房产的巨大价值,通过一定的金融保险机制和手段,将其在老年人生前予以变现套现,形成一笔笔持续稳定可靠并延续至终生的现金流,以加固脆弱的养老保障。其基本操作模式是人们在中青年时代通过按揭贷款的方式,购买到舒心适意的住房,并在60岁之前将贷款本息全部归还结清,取得该住房的完全产权。到60岁退休之时再将该住房的产权抵押给金融保险机构,定期定额或非定期定额地从该机构取得款项用于养老,直到其死亡为止。这时机构取得该住房的完全产权,并利用拍卖住房的款项来结清贷款的全部本息。这一方式开发出了可利用的新养老资源,更提供了新的养老途径,对那些"房产富人、现金穷人"者尤为适用,能够弱化日益严重的老龄化危机。

反向抵押贷款这种金融产品,是国际金融和养老保障领域出现的新现象,是利用人的生命周期和住房使用周期的差异,把老人去世后住房的余值提前予以贴现,用以弥补养老期间的收入来源,以期使老人拥有的财富不仅是货币,也包括住房财富能够在一生中得到合理配置,使一生的总效用达到最大化。它作为一种金融和养老保障工具的创新,是一种非常好的、用以减轻老年人贫困度的新型方法。这一独特的融资机制已经在许多国家赢得认可。

住房资产已成为家庭的最大财富,但却是被凝结在"不动产"固定化的财富。将包括房产在内的全部财产搞活,使其流动起来,以实现资源的合理配置与运营,发挥最大的效用,这也许是每个家庭可以做的工作,反向抵押贷款正是实现这一目标的最佳方法。

我国改革开放30年来,社会各阶层普遍受益。工资水平的稳步提高使老百姓积累起一笔不小的财富。老年人因退休而导致的各项收入的减少,可以通过工作时积累的财富来弥补,从而维持较理想的生活状态。老年人的生活需要实实在在的货币来支持,如财富仅以住房不动产的形式沉淀下来而无法变现时,那么他们的晚年生活仍然无法得到很好的保障。许多老年人因此被称为"住房富人,现金穷人"。他们年轻时贷款买房,辛劳一生赚钱攒钱,还贷付息,在临近退休时方才取得了对住房的完全产权,到退休后就只能依靠不多的养老金维持生活。而当他们去世后,住房却顺理成章地作为遗产留给了子女。按照庇古福利经济学的观点,这无疑是一种福利损失:最需要用钱的人没钱用,而正值壮年的子女却得到了一笔额外的收入。财富分配的不合理,降低了社会总体的福利水平,更损害了老年人的福利。

何颖仁、高达一在《老年住房信贷与保险》一文中指出,在我国,住房信贷作为一种长期消费信用,正迅速发展并进而成为推动住房市场的重要力量。在保证满足老年人住房需要的同时,努力满足他们在其他方面的消费需要,同样需要金融信贷的参与支持。正向按揭形式不符合老年人的消费性质,老年人正处于纯消费期,而非财富积累期,是享有、消费原先的劳动积累而非预支未来,是"用昨天的钱办今天的事",而非"用明天的钱办今天的事",老年住房信贷的基本形式是反向抵押贷款,由此就有了适应老年消费特点的以房养老的形式了。

对国际社会而言,欧美、东亚的许多国家人口老龄化趋势日益明显,使得反向抵押贷款这种以房养老模式逐渐被人们所关注。反向抵押贷款不仅仅是某个国家金融保险机构开办的某种金融业务,还将是国际社会应对老龄化危机将要达成的一种共识。美国的经济高度发达,社会养老保障体系已高度健全,仍然针对部分老年人开办了反向抵押贷款的金融产品,以帮助他们将住房资源转化为可资利用的稳定持续的现金资源,增加收入供晚年养老使用。这种贷款自从20世纪80年代初期在美国创办以来,目前业务发展正处于黄金时期,呈现出连年翻番增长的局面。

二、住房制度改革使得以房养老具有可行性

传统的住房制度无视住房的商品性,住房没有被看做劳动力再生产的必要消费资料,即在工资中没有包含足够的住房消费资金,本应纳入工资的住房消费金却转入了利润,变成了财政收入和企业留利。这就使得企业不得不在新建住房时,再从财政和企业留利中筹集建房资金。而住宅也没有作为消费资料进入商品交换领域,而是作为单位的固定资产,纳入固定资产投资计划。事实上,国家和单位只拥有"有名无实"的所有权,而职工则拥有"有实无名"的使用权和继承权。

1994年颁布的《国务院关于深化城镇住房制度改革的决定》,将住房改革的目标确定为:"建立与社会主义市场经济体制相适应的城镇住房制度,实现住房商品化、社会化;加快住房建设,改善居住条件,满足城镇居民不断增长的住房需求。"应该说,住房制度改革的首要目标是建立以私有产权为主的产权制度,改革对象主要分为住房存量和住房增量两部分,住房改革也就有存量改革和增量改革之分。即通过"出售"的方式推动存量公房的私有化,逐步取消无偿分配公房制度;通过建立住房公积金制度、住房储蓄制度、住房抵押贷款制度及安居工程、经济适用房等举措,推动增量住房的货币化、私有化,目前存量住房已通过房改的形式基本消化,增量住房也通过商品化的形式进入千家万户。2005年的相

关数据表明,我国每年开发的商品住宅中,个人购买的比例已高达94.3%,住房商品化程度已进一步提高。

商品化的住房兼具消费性和资本性,住房商品市场也具有多个层次。在一级市场上,住房商品供给者和需求者按市场法则等价交易。如大家购买房屋只是为了满足起码的个人生活空间的需要,住房只是一种和普通商品没有两样的消费品;但如购买房屋是用于出租或在二级市场转让以获益,住房就表现出资本品的特征,即其所有权和使用权在让渡时是可以"两权分离"的。传统的住房制度下,住房作为消费性资料仅仅满足人们生存和舒适居住的需要,人们对所居住的住房只要求有正常的使用权即可,是否拥有完全产权并不很关心。今天的住房已作为一种活跃在市场经济舞台上的重要投资工具,住房成为投资工具的前提之一,就是首先转变为产权资本。

实际生活中,住房的双重属性往往不能完全分开,居民在其工作期间购置房产,目的可以是单纯为了居住,年老时则可以通过房产的出租、反向抵押、出售转让或其他各种形式获得养老保障的收益,这正是以房养老得以实现的前提。住房制度的改革对住房的产权归属做出了明确规定,购房者拥有了完全意义的住房产权,包括住房所有权和由此派生的支配、处置、收益等权利。这就使居民的以房养老具有了法律上的可行性。

三、反向抵押贷款在我国的可行性

我国目前推行反向抵押贷款,时机已经成熟,不仅有强烈的迫切性,还有相当的现实可行性,这表现为:

(一)大部分家庭拥有独立产权的住房,是反向抵押贷款开展的前提

反向抵押贷款制度的推行,首先需要居民户拥有对所居住房屋的完全产权。这一点在住房商品化制度实施前还是不可设想的,今日的住房商品化时代却很快成为了现实。我国经过前几年的住房制度改革和房地产市场的快速发展,城乡居民的住房条件有了很大的改善。第五次人口普查第一次把住房内容列入调查范围。

在目前住房商品化的时代,通过稳步改革,绝大部分的居民都通过购买房改房或商品房的形式获得了自有住房,我国的城市家庭拥有完全产权住房的,已占到家庭总数的82%或更多,"居者有其屋"的大目标已基本得到实现。这些住房包括数年前房改政策推出后的"房改房",但更多地则表现为近几年新购置的商

品房。

（二）住房价值已占到家庭拥有财富的较高份额

家庭拥有的财富，可以分为金融资产和房屋不动产两部分。据美国的有关资料统计，住房这种不动产的价值，通常可占据个人家庭全部财富总额的50%以上。我国的相关资料统计也同样如此。据中新社上海2002年7月4日电，中国内地第一个理财指数——"联华·《理财周刊》中国主要城市理财综合指数"，完成了对北京、上海、重庆和广州四大城市的专项调查。调查结果显示，住房不动产的购买和教育投资占去了居民理财的主要视线，四大城市的每户家庭投放在不动产的资金量，大致在15万—50万元人民币之间，占到家庭拥有全部财富的48.39%。据中房集团对我国城市家庭户拥有房产价值的估算，这一数值大致已达到40万亿—50万亿元，随着每年住房投入市场的增量和已有房产存量价值的较快上升，住房价值仍在迅速的增长之中。

（三）反向抵押贷款能够起到联结住房与养老纽带的功用

金融法规的完善和体制的变革，分业经营向混业经营的趋进，将为反向抵押贷款模式的推出，提供可以操作的平台。国外资本进入中国金融保险业的禁入期已经过去，国外金融资本的大举进入，必将把反向抵押贷款这一在国外已经行之有效的金融工具尽早引入中国。在这种局面下，学习国外先进发达国家的金融保险制度就是当务之急，假若国内金融业界仍对此是视而不见、拖延回避，显然是不明智的。

以房养老理念的实现，需要具备的关键因素有金融保险业的发达和体系健全，以及金融保险产品的制度创新，另外还有目前严格实施的"分业经营"向"混业经营"模式的演变。分业经营的操作模式下，金融、保险、证券、投资是各部门各司其职、各负其责，相互间是"雷池不越一步"、"井水不犯河水"。在这种状况下，任何初具创新的金融产品都很难推出并得到权威机构的首肯。像反向抵押贷款这种内容复杂、涉及面广、风险巨大的金融保险产品的推出，就更是如此。但就目前来看，混业经营虽未被国家明确宣告可以实施，但银证合作、银保合作等若干新金融举措的陆续出台，却无一不在验证着分业经营向混业经营的艰难趋进。就最终发展的趋向而言，混业经营终将得到顺利实施。反向抵押贷款的推出，也就有了提供运行的平台而变得合理合法了。

（四）房价、地价的持续增值，使反向抵押贷款有了运营的基础

住房之所以能够担负养老保障的功用，在于其蕴涵的巨大价值。反向抵押

贷款能够推行的一大关键因素,就是房价、地价的增值。随着时间的推移,住房虽然磨损陈旧,但仍然能维持较高的价值,或者还可能因地价的增值使房价大幅升值,这正是住房能够用来养老的关键所在。最近几年来,美国、英国等诸多国家房地产的价值都先后有了较大的增值。我国房地产市场发展极为迅速,各地房产价格增速较快,尤其是部分沿海发达中心城市的房产价格年均增幅均高达30%以上。典型的如上海、北京、杭州、广州等地,房价都有两三倍乃至更多的增长。住房作为居民家庭的重要财产,如折成现金计算,许多家庭拥有房产的规模还是比较大的,占到家庭拥有财富的半数以上,从而为开发反向抵押贷款提供了较为雄厚的物质准备。

从发展的趋向来看,房地产的增值呈现必然趋势。原因有以下几个:

1. 城市化进程大大加快。在未来 20 年乃至更长的时间里,将有近半数或更多的农村居民要迁移到城市居住,这必将推动城市的房地产价格的上升。加上我国的土地资源匮乏,尤其是可供居住、耕作的土地资源是严重匮乏,当大量农村人口涌入城市,而城市圈的面积却不能以同等比例上升时,城市的房地产价格必然急速上升。

2. GDP 长期、持续、快速的增长。党的十五届三中全会提出了我国国民经济 20 年翻两番的宏伟目标,为实现这一目标,要求 GDP 在未来的 20 年内,以每年 7.2% 的速度增长,这对我国进入中等经济发达国家,进一步奠定我国在世界经济体系中的地位是至关重要的。根据诸多经济学家对国情的分析判断,20 年翻两番的目标是完全可以实现的。我国近五年来的国民经济的快速健康发展,已经充分地证明了这一点,而经济的增长,居民收入和拥有财富的增多,必将拉动城市房地产价格的快速增长。这也为反向抵押贷款提供了充分的理论依据和条件保证。

3. 我国居民的收入和财富状况。最近几年,居民的收入呈现快速增长的态势。20 世纪 80 年代,住宅每平方米 1,000 元被称为"天价";到 90 年代末期,住宅价格已达到两三千元之多;时至今日,房价已上升到万元甚至更高,但居民的购房热情却依然不减。

(五)相关法规制度的建立健全,为反向抵押贷款的推出提供了法律保障

同反向抵押贷款相关的法规制度在不断建立健全,如土地使用权的可交易转让、抵押拍卖,为反向抵押贷款推行的房产抵押转让提供了法律依据。物权法的推出,宣告住宅占有土地在使用期满时,可以自动续期。这些政策的变动,固然并非为反向抵押贷款的推出开绿灯,但却在事实上起到了这一作用。

(六)居民思想观念的改变,能够较快地接受这一新型养老模式

反向抵押贷款在国外已被证明是一种成熟的养老融资的途径,但在中国引入这种全新模式之前,需要老百姓传统观念的转变,这也是以房养老得以成功运营的关键。虽然"遗产继承、养儿防老"仍为大家所信奉,但在现实生活中,儿女继承遗产是天经地义、顺理成章,但父母期望依靠儿女赡养来解决养老问题,却大多不再能奢望。这就迫使众多的老年人将自己现有的住房价值提前变现,使其在自己的养老保障上能够发挥更大的功用。

当我们就以房养老,对若干城市的公民组织较小范围的调查时,原设想年轻人思想新潮,容易接受新事物;老年人则大多思想较保守,家庭观念较重,会选择将住房留给子女继承,而对以房养老这一新观念会有较多的抵触情绪。但实际调查的结果却不完全是这样,众多的老年人对此表现出异乎寻常的支持态度,有些性急的老年人还纷纷询问这种模式何时能够正式推出。杭州《都市快报》刊载某调查公司对众多购房人员的调查显示,"退休前按揭购房,退休后以房养老",这种住房养老保险模式,已被大部分的被调查者所知晓,其中有51.7%的居民表示愿意考虑,20.4%被调查者明确表示不愿意,27.9%的被调查者则不知道如何实现。

(七)家庭内部的经济意识增强,老年人自我处理所拥有的房产成为现实

住房产权及资产价值转换、效用提升意识的增强,不仅广泛出现于社会,也在家庭内部初始萌动。家庭财产在相当程度上已开始向个人财产的形式转化,至少也是由大家庭对财产的共有公用,转变为小家庭对自有财产的自有自用。AA制、家庭内财产公证、婚前财产公证、储蓄存款实名制的推行等,也在相当程度上表明了财产个人化的倾向。老年人开始拥有了较多的财产,并对自我拥有财产的数量及具体拥有状况等,产权变得明晰起来。老年人能够对归于自己名下所有的财产自己做主支配,这已成为今日社会的一大主流。在许多经济发达国家,老年人的消费购物即"银发市场",已成为众多厂商竞相追逐的对象。

(八)存在一个交易活跃、方便的房地产交易市场

反向抵押贷款模式得以运行的一个重要前提,就是存在一个交易活跃、交易费用低廉而又方便的房地产交易市场,使住房能够较容易地实现同货币的互换。此类市场在我国已有了一定的规模,这为抵押房产的交易变现提供了极大的便利条件。

　　总之,反向抵押贷款模式在我国的推出不仅具有极强的迫切性,还具有相当的可行性和现实意义。这一模式的推出是非常必要的,至少是从现在开始,就应将对这一模式的前期探讨提上议事日程。这种产品在中国的推出,也必将会受到众多老年家庭的青睐,而成为社会养老保障的一股强有力的补充力量。当然,这一模式在中国的推出,也确实有着同其他国家不同的特殊国情,需要给予特别关注。明确认识到这一点,对确立我们研发并推广这一新型养老金融产品的信心,加快产品研发推广的进度,认真对待产品推行中可能会遇到的各种阻力,都是很有必要的。

四、反向抵押贷款业务的基本思路

　　反向抵押贷款的可操作思路较多,如下提出了三种基本运营模式,供老年人自行选用:

(一)特设机构单独运作

　　1. 大家于中青年时期通过按揭贷款的方式购买住房,并使用居住,到60岁退休前还清全部贷款本息。

　　2. 老人于退休期伊始,将该住房的产权抵押或出售于某特设机构,而使用权则继续由自己保留并长期居住,同时每期从机构取得款项作为晚年的养老用费(可贷款额度需要经过细致测算)。

　　3. 到该老人身故、出售住房或迁移他处时,贷款即宣告到期,被抵押住房的支配权交由特设机构,由机构对住房进行处置,并用所得的款项弥补前期贷款的累计本息。

　　4. 特设机构最终清算该贷款业务开办的成本与收益。

　　如某甲现年62岁,将自有价值30万元的住房向特设机构申请反向抵押贷款,其后在某甲的整个存活期间,特设机构有义务按月向某甲支付养老金,待某甲身故后,用抵押住房归还贷款的累计本息。

(二)保险公司与银行合作

　　1. 大家于中青年时期通过按揭贷款的方式购买住房,并使用居住,于60岁退休前还清全部贷款本息。

　　2. 老人于退休期伊始,将该住房的产权抵押给银行一次性取得整笔贷款,使用权则继续由自己保留并长期居住。

　　3. 该老人用借贷所得向寿险公司购买终身年金式寿险,该老人每期从寿险公司取得年金收入作为晚年养老生活期间的开销。

4. 该老人死亡后用房屋归还所欠反向抵押贷款,银行最终清算该贷款业务开办的成本与收益。

假如某甲现年62岁,将自有房屋向银行做抵押取得贷款30万元(房屋的评估价应高于30万元),某甲将30万元贷款一次性趸交给寿险公司,投保养老年金保险,款项整笔交付且为终身保证。其后在某甲的存活期间,保险公司有义务按月向某甲支付养老金,待其身故后,将住房送交贷款银行,归还贷款的累计本息。

(三)以房养老 + 基地养老

1. 大家于中青年时期通过按揭贷款的方式购买住房,并使用居住,于60岁退休前还清全部贷款本息。

2. 保险公司或银行联合房产商共同开办养老基地,或同房产商就养老基地的开办建立起长期的合作关系。

3. 老年人将自有住房作抵押向保险公司取得年金收入作为养老使用,自己则居住于养老基地或一般养老机构中养老。

4. 老年人将已抵押住房交给老年房产经营公司代为打理(主要为出租,也包括特殊情形下的出售),得到租金收入作为入住养老基地的资金。老年房产经营公司也可以由养老基地自行设立。

5. 原有住房与在养老基地住房的转换原则是:或用产权兑换产权,或用使用权兑换使用权。这就是说,将原来住房出售时,用所得价款购买养老基地住房的产权;将原有住房出租时,用租金租入养老基地的住房,同时用结余款项支付基地的养老费用。

6. 老年人身故后,原有住房(使用权转换)或基地的住房(产权转换)仍可交由子女继承,也可以由养老基地收回,安排下一拨老年人入住。

五、住房持有抵押贷款和住房转换抵押贷款

反向抵押贷款业务在我国开办的初期,我们设想可以暂时设立住房持有和住房转换的两种反向抵押贷款。

1. 住房持有抵押贷款:老年人将住房抵押与保险公司后,仍旧可以继续在原房屋中居住,直到本人身故、搬出或出售该住房为止。保险公司每个月给付老年人一定的钱财,供其生活用度。

2. 住房转换抵押贷款：投保人将住房抵押与保险公司后，自己移居到养老公寓或养老基地中居住生活，原住房由保险公司和老年房产经营公司代为经营，经营收入在扣除一定的成本用费后支付给老年人拥有，老年人用这笔钱支付入住养老基地的用费，并有相当的剩余。

两类反向抵押贷款的区分，在于老年人是否离开自己所抵押的房屋，前者给付的钱财较少，后者给付的钱财则较多一些。前者适合于希望继续留在自己熟悉的居住环境中生活的老年人，后者则适用于希望年纪大后能够到处旅游观光，喜欢热闹，愿意过群体生活的老年人。

两种方式可以根据老年人的需要做自由转换，一般而言，低龄和中龄老年人的身体健康，可以选择住房转换式的反向抵押贷款，高龄老年人则可以选择居住在自己家里养老。应当说明，这种形式转换与保险公司并无太多的利益纠葛，但住房转换式的反向抵押贷款，相对而言，风险要大大小于前者，它不仅是将老年人拥有的房产价值给予变现搞活，从而可以在较为雄厚的物质基础上无忧无虑地快乐生活；而且是将老年人的人身也给予较大程度地搞活，大家不再是几十年固守一地，而是可以根据自己的喜好和愿望，在各个养老基地之间自主随意地流转，过着一种旅游观光式的养老生活。到自己年事已高时，再叶落归根，同子女们生活在一起。

第二章　反向抵押贷款概述

反向抵押贷款寿险产品在中国的推行,目前已经被提上议事日程,幸福人寿保险公司正在联合有关的专家,投入紧张的产品研发之中。这一美国最早创意并推出的寿险产品,能否在中国也得到广泛的应用,是否适合中国的国情? 产品推出后能否受到社会公众,尤其是众多老年人的青睐并积极参与,是值得大力探讨的。什么是反向抵押贷款,它同一般的住房抵押贷款有哪些不同,反向抵押贷款的定义、属性应当如何界定,这一种贷款形式目前在世界各国是如何开展的,具备哪些特点,这是我们首先需要搞清楚的。本章对此给予较为深入系统的说明。

第一节　反向抵押贷款的含义

一、反向抵押贷款的含义

反向抵押贷款最早源于荷兰,当时是为了解决住房问题而提出的一种措施。荷兰最初开办的反向抵押贷款的操作方式,是把人寿保险和住房按揭贷款捆绑在一起,没有单独核算收益。投保住房抵押贷款保险或将住宅抵押贷款与人寿保险相结合。如荷兰国际集团(ING)的 ING 模式,要求购房者购买相应年限和金额的养老金保险作为借款的抵押,购房者只需要付出全部房价的15%或20%的首付款即可购买住房。在这种机制下,购房者每月仅需支付贷款的利息,人寿保险期满后其保险金恰好足以清偿本金,经济负担大为减轻;同时又可以避免因借款人中途死亡、残废以致丧失还款能力,而出现的贷款无法收回的风险。作为投保人可以使用居住所购买的住房,保险公司提供对应的养老保障直到投保人身故,房屋再归属保险公司所有。如投保人全残等丧失劳动能力时,不用负担相关保险金,依然拥有保险责任;如提前身故将退还投保本金和对应的利息,房屋归属保险公司或协议由其继承人继承并拥有养老保障①。

　　反向抵押贷款虽然最早出现在荷兰,但其业务开展最为成熟的是在美国。20 世纪 80 年代中期,美国新泽西州劳瑞山的一家银行首先创立了反向抵押贷款。到 1989 年,美国联邦住房管理局推出住房可转换抵押贷款(Home Equity Converse Mortgage,HECM),反向抵押贷款市场才开始飞速发展。在英法等欧洲国家也有一个类似发展成熟的保险产品,即在老年居民中普遍推行的"抵押房产、领取年金"的寿险服务(Collateralized Annuity)。反向抵押贷款其实不是一般意义上的"贷款",而是一种以房屋作为抵押物的"抵押年金"。它在英国被称为"Collateralized Annuity",而在美国则被称为反向抵押贷款(Reverse Mortgage),为的是使当地的居民便于从字面上理解。这种服务是指投保人将房屋产权抵押给保险公司,自己可以终身继续使用该房屋;保险公司则按月向投保人(受益人)支付年金,并且终身支付;至投保人亡故,保险公司才将该房屋收回,进行销售、出租或者拍卖。

　　反向抵押贷款的广义定义,是使老年人能够把他们拥有并居住的房屋以出售之外的其他方式获得现金流入的一种金融工具。具体而言,反向抵押贷款就是指房屋产权的拥有者,把自有产权的房子抵押给银行、保险公司等金融机构,后者在综合评估借款人年龄、生命期望值、房产现在价值以及预计房主去世时房产的价值等因素后,在一定年限内,每月给房主一笔固定的贷款,房主继续获得居住权并负责维护。这种贷款一直延续到房主去世、搬离或出售住房为贷款宣告到期,这时将房产出售所得用来偿还贷款本息,升值部分归抵押权人所有或由贷款双方协议共同分享。

二、反向抵押贷款的属性

　　如何认识反向抵押贷款这一现象,其属性应如何界定,很值得研究。反向抵押贷款是一种特殊的住房按揭贷款,又是一种房产养老寿险产品;是住房期权的一种特别出售,亦是金融保险业界参与房地产业的一项长期投资,或者将其视为一种融期权、信托等资产管理工具于一体的新型金融产品,以上各种说法都有其道理。界定反向抵押贷款的属性,对贷款制度要素的制定、营运机制、机构抉择、产品具体推出及实施运作等,都是至关重要的。归纳起来,反向抵押贷款具有以

---

① 引自 http://fzyt. blog. sohu. com。

下一些性质：

（一）抵押贷款

将反向抵押贷款视为一种贷款，是极易被人们理解的。它同通常的住房抵押贷款有着较多的相似性，如都需要将住房申请抵押，计算并偿还贷款的本息，需要金融机构的参与和运营。但反向抵押贷款与普通的住房抵押贷款相比，又有着很多的不同点。这些不同点，主要表现在反向抵押贷款及还贷的期限具有较大的不确定性，抵押物价值波动性的影响较大，特别是贷款到期要用住房而非通常的货币资金来归还贷款，而且因为贷款对象的特殊性，需要相关财税政策的激励优惠等，这些显然是一般抵押贷款所无法具备的。这一内容将在后面两种抵押贷款的比较中着重说明。

（二）寿险产品

将反向抵押贷款视为一种房产养老寿险产品，是有道理的。反向抵押贷款属于抵押贷款，但就其运营的特点和担负的功能而言，将其视为一种寿险业务更为合适。如反向抵押贷款运作中，借款人预期寿命与实际寿命差异的不确定，贷款期限随老人的预期寿命而定，以及长时期内房价、利率的不规则波动等，使得反向抵押贷款更具备寿险产品的特色。

（三）住房期权

反向抵押贷款的寿险产品推出，同期权理论有很大相关。根据该理论的说法，借款人拥有一个卖出期权，即在房屋抵押到期时，既可以让贷款提供机构取得该房屋以偿还所贷款的本息，也可以要求自行偿还贷款本息，以保住自己对该抵押房产的产权。借款人是否行使这一卖出期权，在于两种选择之间的价值比较，两者之间的较小值为首选标准，但这一卖出期权的价值是不确定的。

反向抵押贷款可称为一种住房的期权出售，是住户以反向抵押贷款的形式将自有产权的住房，在一个不确定最终期限的长时期里，分期分批地出售给贷款机构，而该机构则通过分期分批给付贷款的形式，将该抵押住房的产权逐渐收购进来。到最终的贷款期满或更确切地说借款人死亡之时，该住房的使用支配权将完全转移给贷款机构。贷款机构可以将最终得到的住房出售、出租，补偿在贷款存续期间向借款人支付的本息。

（四）房地产投资

反向抵押贷款的业务开办中，金融保险机构凭借对老年住户的抵押和最终收回的房产来归还贷款本息，还可以视为一种房地产的投资行为，这是金融机构向房地产业和养老保障产业做深层次、全方位介入的积极途径,以扩充自己的经营范围,寻找新的业绩和利润的增长点。

我国的老龄化危机日益严重,老年人口迅猛增长,在养老资源匮乏的情况下,迫切需要寻找新的途径获取养老资源。反向抵押贷款恰好能够将住房蕴涵的价值实现转换,解决老年人的养老问题。以房养老是房地产与养老保障两大事项,通过金融保险机制而发生的交叉融会。金融保险机构开办反向抵押贷款业务,就是将金融保险业务的触角波及到社会的养老保障事业,并介入房地产业,将自身同住房和养老保障两大事项紧密地结合在一起,是房产、养老保障与金融保险三者之间的最好切合点。

(五)自我养老保障

反向抵押贷款允许已处于退休期的老年人将手中的房产残余价值转换为现金,为老年人在晚年享受退休时光提供经济支持,具有一定的自我养老保障成分。这些老年人拥有了住房,却没有了固定的收入,或收入很低无法满足生活的需要,属于典型的"房产富人,现金穷人(home rich,cash poor)"。反向抵押贷款的特征就是在不出售住房的前提下,就可将房产转换套现成免税的现金流入,老年人在不需要出售或搬出他们居住的房产的前提下,就可以定期获得一笔现金来保障自己的晚年生活,增加其收入来源,提高其生活水平。与此同时,我国人口老龄化带来的养老保障压力,将在 21 世纪中期达到前所未有的高峰,在这一背景下引入反向抵押贷款,将有利于加强养老保障的物质基础。对那些拥有高价值的独立产权的房产,但实际收入低下的老年人来说,这是摆脱贫困的简单而有效的途径。

反向抵押贷款在为老人提前消费部分房产提供一种机制的同时,其仍然拥有房产所有权。虽然反向抵押贷款的参与人员一般属于"房产富人、现金穷人",但在此共同特征之外,不同借款人在年龄、健康状况、家庭成员及所拥有房屋的价值等都可能有所不同,借款的需求也有一定的差异。

第二节　反向抵押贷款的类型

反向抵押贷款绝非一个简单的贷款品种,而是一个复杂的金融产品的体系,以下将结合美国现行开发的反向抵押贷款,对其包括的各种类型予以说明。

一、按照产品区分的反向抵押贷款

贷款机构的反向抵押贷款产品主要有三种：由美国住房与城市发展部（HUD）提供的房产权益转换贷款（HECM），Fannie Mae 提供的住房持有者贷款（Home Keeper Program）和财务自由基金公司（Financial Freedom Senior Funding Corporation）提供的财务自由计划。这是反向抵押贷款的主要分类，下面将作详细介绍。

（一）房产价值转换抵押贷款（HECM）

房产价值转换抵押贷款（简称 HECM），为老年房主提供了一种贴现其住房余值来养老的金融机制。老年住户通过转换住房资产获取养老金，而不用出售或搬离他们的住房。申请反向抵押贷款的房屋所有人，都必须事先提出申请并签订贷款协议。该反向抵押贷款是在全联邦范围内保险的，意味着美国政府保证该贷款借入者将获得所有事先向其允诺的资金，这些资金可以用于任何用途。

HECM 保险项目得到美国住房与城市发展部下属的联邦住房管理局（Federal Housing Administration，简称 FHA）的支持，是美国国会授权批准的一种反向抵押贷款产品，其运行接受国会的监督。HECM 还得到联邦政府的保险，FHA 负责授权贷款提供人、收取抵押贷款保险金和管理保险基金，保证贷款的回收额会超过住房价值并负责贷款意外受损时的赔偿。HUD 负责保险项目的设计与改进。

应当注意的是，HUD 与 FHA 并不直接提供反向抵押贷款。HECM 的提供者主要是银行、抵押贷款公司和其他私营金融机构，但这些公司实际上把所有发放的贷款全部出售给联邦全国抵押贷款联合会（Fannie Mae）。Fannie Mae 不仅在 HECM 项目的运作过程中起着非常重要的作用，是 HECM 二级市场上的唯一购买者，而且在改善 HECM 贷款示范项目运行方面也有着特殊效应，如负责制定项目运行中的基本原则与标准等。如禁止使用"过桥贷款"为超出项目允许的费用进行融资，要求曾经拖欠财产税或保险费的借款人预留贷款资金，以防止他们申请反向抵押贷款后再次拖欠财产税与保险费，还专门开发了电话咨询系统，为借款人提供高质量的咨询服务。

HECM 的运作代表了反向抵押贷款制度设计的基本状况。HECM 起初是作为示范性计划出现，只允许有限数量的符合条件的贷款机构参与，随着业务开办的成功，数量上的限制已经不再存在。自美国国会 1990 年批准确保 2,500 个反向抵押贷款后,房产价值转换贷款的批准范围逐年扩大。1995 年,扩大限制范围为确保 2.5 万个反向抵押贷款,随后在 1998 年 10 月,美国国会通过议案把 HECM 作为一个永久的反向抵押贷款项目,并增加正当的贷款额数量到 15 万个。

HECM 由美国联邦住宅管理局(FHA)提供政府担保。有趣的是,它担保的并非是借款人的还款而是贷款机构的放款。一旦贷款机构因破产或其他原因无法按约定发放贷款时,由担保机构代替贷款机构向借款人发款。这主要是由于反向抵押贷款的现金流向是由贷款机构流向借款人,借款人只要居住在供抵押的房屋内,就无还款义务。

HECM 是联邦住房管理局设计和保险的,消费者可以从被授权的那些私人贷款机构那里获得。消费者可以获得的贷款额除受房产价值影响之外,还有一个最高限额,该最高限额由预期利率、地理位置及年龄决定,住户可以获得的最高限额是 20.88 万美元。

在美国,凡是年龄在 62 岁以上的老年人,不论其家庭财产或收入状况如何,都可以用独立拥有产权的住房申请反向抵押贷款。HECM 贷款的支付与偿还方式非常灵活,有按月终身支付、有期限定期支付、信用额度、按月终身支付和信用额度结合、按月定期支付和信用额度结合五种给付方式。目前,采用最多的方式是一定限额内的自由支取方式。借款人可以选择一次性领取、定期领取或取得一个信用额度、一定时间内按月发放到期停发、在一定限额内自由支取或者是在一定限额内自由支取和前两种方式的结合;所贷到的款项可以按借款人的意愿,选择将来某一时期偿还,或选择借款人死亡或者永久性迁出住房后偿还。每月支付数额根据现金流出的形式、借款人的年龄、贷款利率和房产的价值或设置的 HUD 保险限制来计算测定①。

HECM 是目前美国反向抵押贷款市场中最为重要,也是目前最受欢迎、规模最大的反向抵押贷款品种,在全美国的各个州都能获得,业务量约占全美反向抵押贷款市场的 90% 以上,近年来保持了良好的发展势头。据美国反向抵押贷款机构联合会(The National Reverse Mortgages Lenders Association)公布的最新数据显示,2003 财政年度(截至 2003 年 9 月 30 日)全美共发放 HECM 贷款 18,097

---

① Phillips W. and S. Gwin, "Reverse Mortgages", Transactions, Society of Actuaries, Vol XLIV, 1993.

份,比上一财政年度增加了 39%;2003 年 10 月到 2004 年 2 月,全美共发放
HECM 贷款 12,848 份,比上年度同期(6,061 份)又增加了 112%,仅 2004 年 2
月一个月就新增 4,148 份贷款,比上年同期(1113 份)增加了 273%,创造了月发
放贷款数量的新纪录。[①]

(二)住房持有者贷款(the Home keeper Program)

1995 年,一个由联邦政府发起设立的实体机构,Fannie Mae 推出了自己的
反向抵押贷款产品——住房持有者贷款(the Home keeper)。这种产品与 HECM
非常相似,不同的是主要针对不符合 HECM 条件的借款人设计,比 HECM 的限
制条件少。可抵押房产的价值要高于 FHA 的限额规定,可获得的贷款额度的上
限一般也高于 HECM 的限额,对房产所有权的要求也较为宽松,如正处于融资
租赁等可以实现所有权、共有房产之类的情形也予以认可。贷款额度受借款人
的年龄、房屋的评估价值、房屋所处的地段、当时的市场利率和调整后的房产价
值综合决定。调整后的房产价值比被评估的房产价值要小。此外还受到当时申
请贷款的人数的影响。由于该项目的风险为自行承担,所以 Home keeper 与大
部分 HECM 贷款一样,采用按月调整的浮动利率计息。

住房资产持有贷款的主要优点,是不受 HECM 借款最高数额的限制,拥有
较高价值房产的住户可凭此贷到更高数额的资金,还允许借款人在房产未来升
值时享受部分增值的好处,并为潜在借款人提供了比非政府计划更为优惠的选
择。随着住房价值的增值,借入者允许逐渐增加贷款的额度。对借入者来说,通
常会选择对自己更加有利的产品。对同时符合 HECM 和 Home keeper 贷款条件
的借款人来说,因前者的贷款条件更为优惠,他们倾向于选择 HECM 方式;但对
拥有较高房产价值的借款人,则更倾向于选择后种贷款。结果是 Home keeper
贷款的数量比 HECM 贷款要少。1999 年,前者贷款的发行少于 1,000 份,而后
者则有近 8,000 份的新贷款放出。

Home keeper 的最高限额比 HECM 要略高一些,在某种情况下每月支付较
高的款项,同时收取略高一些的利率。对单个家庭的反向抵押贷款,Home keep-
er 的贷款最高额是 24 万美元。Home keeper 还提供了一个"产权股"的期权,这
个期权的价格是贷款到期日房产价值的 10%,在贷款到期日同时到期。期权可
以使借款人获得更高的月支付额。贷款额度由贷款机构根据年龄、人数、房产价

---

① 数据来源:http://www.reversemortgage.org/newsitem62.htm。

值和调整后的房产价值决定,调整后的房产价值往往比被评估的房产价值要小。

Home keeper 有三种给付方式:(1)按月终身支付;(2)固定的信用额度,在额度内,贷款机构可以按需要随时提取;(3)按期终身支付和固定信用额度的结合。同样,当借款人死亡、房屋出售或借款人连续 12 月没有居住该抵押房屋,贷款就马上到期,借款人可以通过出售房屋或用其他资产还款。Home keeper 贷款的成本与家庭住房资产持有抵押贷款基本相似,只是最初的保险费较低。Home keeper 由联邦住房管理局(FHA)提供担保,在贷款机构无力按合同向借款人支付贷款时,由它代为支付;在贷款总额超过贷款到期时的房屋价值时,其差额由它来补偿。

(三)财务自由计划贷款(Financial Freedom)

财务自由贷款又称为财务独立计划,由老年人财务自由基金公司提供(Financial Freedom Senior Funding Corporation),这是美国市场上唯一由私人贷款机构提供的反向抵押贷款。这种产品无贷款费用,没有联邦政府的保险,并且不向房利美出售,这是与公有部门反向抵押贷款产品的最大不同之处。目前,美国的加利福尼亚、科罗拉多、华盛顿和亚利桑那四个州开办了这一贷款项目。

不论是 HECM 项目还是 Home keeper,对贷款额都有一个最高限额。如果说 HECM 带有政府资助色彩,并非纯商业性的话,那么私人保险的反向抵押贷款就是纯粹的商业贷款。与 HECM 一样,财务自由贷款由银行、担保公司等私营机构发放并提供保险,无用途限制。该保险人往往与贷款机构之间有某种关系。这种贷款与 HECM 和 Home keeper 的程序相比有很大不同,在财务自由贷款的程序下,借款人在签订借款合同后可以一次性得到一大笔资金,再用这笔资金购买哈特福德(Hartford)人寿保险公司的年金,从而把房产价值转换为按月支付的年金,在贷款结束时还可以收到一次付清的付款。这种方式的一个好处,就是在财务自由贷款下不需要购买年金,借款者有要求时仍然会提供,即使是住房出售以后也能按月得到固定的收入。财务自由贷款还有一个房产价值分享条款,借款人可以保留一定比例的房产(最高可以达到房产价值的 80%),这就减缓了运营风险,后代也可以继承到父母的部分房产。

财务自由贷款的成本高于 HECM,之所以有人申请该种贷款,是因为 HECM 的单笔贷款申请有个上限,如用于抵押的房屋价值远远高于这个上限,就无法如愿以偿得到自己希望得到的数额。财务自由贷款则不存在这样的限制,能获得较大额度的贷款。通常是那些拥有房产价值高,并希望取得比其他两种反向抵押贷款产品的贷款要高的借款人会申请。对借款人而言,这种贷款又被称为"大额贷款"(Jumbo Loan),专门为净值超过40万美元的房屋提供反向抵押贷款,从而使得拥有较高价值房屋的借款人可以申请这一贷款,最大贷款限额是70万美元。

财务自由贷款的结构与HECM和Home keeper有很大不同,产品的特色在于,贷款额和还款额为房产价值的同一个百分比。在贷款初期,借款人要求按抵押房屋的某个百分比来借款,到期时即按照这个百分比计算到期房屋的价值,就是借款人需要偿还的贷款额。如借款人按照房产价值的60%取得贷款,到期需要偿还的贷款也是到期时房产价值的60%。无论有何种原因,如果475天内中有375天借款人没有生活在该房屋中,贷款就宣告到期。

财务自由贷款由金融机构办理有关保险,贷款对象的资格不需要经过政府认可。财务自由计划还附设有不动产价值分享条款的安排,发放贷款的机构与住户共同享有住房未来增值的收益。借款人可保留一定比例的房产,等于住房资产价值的80%,不予变换为现金,同时要求住户至少保留住房资产的25%—30%作为偿还贷款的保证。这一做法的好处是老年住户身故后,能保留部分房产给他们的继承人,缺陷是由此而来的现金收益会有大幅减少,可能不足养老使用。这种情况主要适用于住宅的价值较高,或该老人拥有较为雄厚的金融资产,并不完全指望要用房产来养老。财务自由贷款不列出规定支付的利息或服务费,这些费用已经包含在决定贷款额的数量中。

老年人财务自由基金公司在2001年和2003年又分别设计了两种新的产品标准现金账户(Standard Cash Account)和零点现金账户(the Zero Point Cash Account)。

HECM、Home keeper和财务自由计划三类贷款的不同点可以通过表2-1揭示。

表2-1 美国反向抵押贷款主要类型比较

贷款特征	HECM	房屋保留计划	财务自由计划
贷款设计机构	联邦住房管理局(政府机构)授权的商业银行或其他金融机构	房利美(半政府机构)	老年财务自由基金公司(私营)
机构性质	政府主导	半官方	私营

贷款特征	HECM	房屋保留计划	财务自由计划
贷款最大数额	从 $160,176 至 $290,319 不等,最高 $208,000,依所在地贷款最高额度限制而定	最高贷款额度为 $333,700,依所在地贷款最高限制而定	最高额度 $700,000
发起费用	多样化,能通过反向抵押贷款融资的最高额度为 $1,800	房屋价值 2%,或最高贷款数额 2%;加 1% 贴息	房屋评估价值 2%,最高 $10,000
利率	短期国库债券利率调整;年度调整利率每年最高上浮 2%,总共不超过 5%;月度调整利率总共上浮不超过 10%	浮动利率,根据二级市场一月期 CD 指数调整,上限为 12%	贷款成本根据房屋价值一定比例在到期日计算
适合人群	房屋价值较低的借款人	房屋价值中等的借款人	借款人拥有高价房屋,最低不低于 $750,000
给付方式	终身支付、定期支付、信用限额或其组合	终身支付、信用额度或其组合	一次大额支付、购买年金或开放式最高信用额度,未用额度每年增长 5%
付款方式	终身支付、定期支付、递增的最高信用额度、改进的终身支付、改进的定期支付	终身支付、循环式信用额度、改进的终身给付方式	一次性支付或购买年金保险获得终身月度支付
保险情况	由住房与城市发展部承担保险,房利美从二级市场购买	房利美保险从二级市场购买	没有保险、不在二级市场出售
二级市场	Fannie Mae 购买合格贷款	同左	证券化

二、按有无保险分

美国联邦住房管理局开办的反向抵押贷款,可分为有保险和无保险两种,另外还包括放贷者有保险的住房反向抵押贷款。

(一)联邦住房管理局有保险的住房反向抵押贷款(FHA insured plans)

这种贷款又称房产抵押反向抵押贷款(Home Equity Conversion,HEC),其放贷对象是 62 岁以上的老年人。贷款业务经美国国会认可,联邦住房管理局在向市场推出 HECM 的同时作出担保,保证贷款的回收额会超过住房价值并负责贷款意外受损时的赔偿。这种贷款不需要收入证明,用户可随意支配所贷到的现金,其业务由借贷机构办理,可贷金额由借款的人年龄、当前利率及房产预售价值等因素确定,运作方式机动灵活,可供用户选择的方式很多。用户可以尽可能长时间地生活在自己的住房内,并在一定期限内按月分期获得贷款。用户可选择一次性获得贷款、按月支付,或者在一定信用额度内根据自己的需要来提取。借款人(房主)需要定期支付反向抵押贷款的保险费和与贷款相关的其他费用。

这一有保险的住房反向抵押贷款具备如下特点:由于是以住房而非货币用来归还贷款的本息,不需要借款人到期还款,直至住户搬迁或死亡后才收回抵押住房用来还贷,期间的利息仍照常计算并累加。此外还提供多种方式供消费者自主选择。条件是住户获取贷款前要预先在有关机构作资格认定,这一门槛的约束,有效地解决了从众多住户中筛选出合适对象的信息甄别困难,也降低了投资者的识别风险。

(二)联邦住房管理局无保险的住房反向抵押贷款(uninsured plans)

这种贷款由于没有保险,为防止贷款额度最终超过房屋的价值,规定有固定期限和确定的还款日期,每月定额支付,借款人必须在约定期限内还贷。这种贷款仅在加利福尼亚、亚利桑那、马萨诸塞和明尼苏达等少数地方允许申请。在获得贷款前,老年住户须在有关金融机构协助下做出长期资金运作计划,并做出搬移住房及还贷的计划。这种贷款的名额有限,贷款机构在有关机构协助下才能获得政府资助,并以有一定收入的对象为入选资格。如果客户有大量资金的短期需求,无保险的反向抵押贷款是最合适的,一次性或定期支付的金额,要高于有保险的住房反向抵押贷款。但由于固定的偿还期限,借款人必须有稳定的用于偿还的资金来源。这一方式的缺陷是当老人将房产的价值全部"吃完"后,就必须立即从住房中搬迁。这种被"扫地出门"的感觉,显然为一般人员难以接受。

(三)放贷者有保险的住房反向抵押贷款(lender insured plans)

放贷者有保险的反向抵押贷款由金融机构办理有关保险,贷款对象的资格不需要经过政府的认可。这种贷款定期提供贷款额,或在此基础上再加一个可提前支取的信用额度。贷款利率和附加贷款成本如抵押保险费、咨询费等费用,可以是固定的,也可以是变动的。

放贷者有保险的住房反向抵押贷款的推出,主要立足于减弱住房价值变化的风险。这虽然减少了住房抵押者的可抵押额度,但放宽了贷款对象的资格认定,有利于房产继承人对住房的增值部分也享有一定的收益,在一定程度上减弱了子女可能出现的反对声音。当然,继承者对住房增值的受益,是以抵押房产者一定的利益受损为代价的。

同这一贷款相类似的是共享升值抵押贷款(Shared Appreciation Mortgages——SAMs),又称为增值分享抵押贷款。这是在房价高增长背景下做出的产品制度设计的改善,是一种由贷款机构和借款人共享房产升值,但不共同分担房产贬值的贷款。房主以无息或低利率获得无还款期限的贷款,代价是共享房产销售时的升值部分,如贷款期限结束,房产清算后比原先价值升高了,升值部分按既定比例在贷款发放机构和房主间分派;如果与原先相比还有所贬值,则无须借款人负担贬值部分(事实上也无从负担)。通常情况下,共享升值保险会附带一种房产价值保险,以减少房产贬值可能带来的损失。

三、反向抵押贷款早期的种类

反向抵押贷款在美国初始开办时,各个机构五花八门,各显神通,推出了各种式样的反向抵押贷款的品种,一直到后期经过美联邦的审定,才得到了一定的规范,即目前的三种贷款。这里对美国早期的各种反向抵押贷款的状况做一简单的介绍,相信这些对我国开办这一业务将会有一定的启迪。

(一)有期限定期支付反年金贷款(closed tenure fixed term RAMs)

圣弗朗西斯发展基金(SFDF)于1980年开始这一试点项目,本项目无须保险,贷款机构根据借款人的年龄、收入、财富和财产情况发放贷款。支付每月进行,支付额度有固定数额形式和年递增6%两种形式。借款人也可以选择头期整笔支付。贷款额限制在房产总价值的80%以内,最高贷款额为15万美元,贷款期最长为12年。借款人也可以采用每月累进支付的方案,但不允许采用整笔支付方案。SFDF项目使得借贷双方都可能面临到期的风险,贷款到期后房产业主若仍住在家中,就必须拿出一笔现金来偿还贷款,若无法偿还就被要求强制搬出被抵押房产。贷款机构也会面临到期风险,若要强制借业主偿还贷款,贷款机构的形象可能会遭受损害。此外,本抵押贷款采用的是固定利率,利率风险由贷款机构承担。

(二)居住期反向年金抵押贷款(Home Tenure RAMs)

1983年,美国住房抵押公司(American Homestead Mortgage Corporation)成为首家发放反向年金抵押贷款的私有公司,它开发了"世纪计划(the Century Plan)"项目来控制期限风险和到期风险。这个计划允许借款人可以在存活期内每月领取支付额,贷款利率也低于市场利率。公司通过分享房产增值获得收益,通过形成资产池来平抑房产价值变换的风险。这个项目保证了借款人的终生居住权,并因此控制了到期风险。公司则享有房产增值的权利,增值价值与贷款额价值相关,因而可以在贷款前期取得高回报。但若财产的增值幅度没有预期的那样高,或者支付的年金和累积利息由于老年人的实际存活期高于预期存活期而大大超过房产的价值,公司的风险就会很大。房主可能承担净收益风险,因为他/她无法得到财产增值带来的全部收益,但贷款的低利率一定程度上缓和了这种风险。美国的住房贷款项目也采用固定利率,贷款机构承担利率风险,这一风险可通过分享房产的增值收益而得到缓解,一般来说房产价值总是倾向于升值。然而,房产贬值时,贷款机构极有可能要承担由此带来的净损失。

(三)分阶段反向年金抵押贷款(Split Term/Tenure RAMs)

1985年,康乃狄克住房金融局(CHFA)发放了一种无固定还款期限的反向年金抵押贷款,用于向低收入老年房主提供收入帮助,贷款利率比市场利率低7%,支付额则每年递增3%,借款人可以选择头期整笔支付,但10年之后,每月支付额就会减少,支付会继续到房主死亡或撤离被抵押房产为止。本贷款项目前期提供了比定期反向年金抵押贷款更大的月支付额,保证了房主可以终生使用被抵押的房产。1988年,这个项目还为80岁以上的老年房主提供了一项长期的护理支付支持,增加了借款额的最大限度和月度支付年金,减少了贷款期。分阶段反向年金抵押贷款同样确保了房主的终身居住权,减少了借款人的到期风险。但在反向年金抵押贷款到期后,房主必须调整他们的生活水平以适应收入的减少。从贷款机构的角度来看,贷款机构承担了利率风险和抵押物风险,但项目本身的非营利性,使得这些风险对CHFA来说并不重要。

(四)信贷额度反向抵押贷款(Line-of-credit RMs)

弗吉尼亚住房局于1988年9月启动了老年住房净资产账户。这个项目是第一种信用额度反向抵押贷款,借款人可以在有需要时立刻取得贷款。只要房主继续拥有房产或仍然住在房子里,还贷期可以一直延迟。这个项目只提供给低收入老年房主,对房主也有年龄限制。项目的贷款利率低于市场利率7%,可贷到本金最大额为5万美元。贷款机构由于承诺为未知的消费提供资金,具有一定的承诺风险,但因无须年金支付,所以减少了抵押品风险和利率风险,借款人则需要承担净资产风险。

(五)可调整利率反向年金抵押贷款(Adjustable Rate RAMs)

1988年9月,美国资产控股集团(Capital Holdings Corporation)为老年人提供了一种可调整利率的反向年金抵押贷款。这个项目的贷款利率可以上下浮动

6%,还具有通过储备账户提供反向抵押账款选择性信用额度的特征。它有一个最低贷款额,年金账户是固定的而非累进的。贷款具有无定期特征,减弱了借贷双方的到期风险。资本控股计划不要求分享房产增值的收益,但房主需要在贷款开始时缴纳7%的保证金来"购买"自己的继续居住权。这笔费用添加在贷款总额里,若房主较早地死亡,这笔费用会部分地被退还。本贷款利率的可浮动特征,使得利率风险从贷款机构转移到了借款人。如利率上升,借款人会面临高生活成本和高贷款成本的两重风险,非累进的给付方式又放大了通货膨胀效应。贷款机构则因未知的年金支付额要承受抵押品风险,这一风险可通过保证金和人口统计学上的平均寿命原理来管理。

第三节　反向抵押贷款与正向
住房抵押贷款的异同

反向抵押贷款是与普通抵押贷款(或称"正向"住房抵押贷款)相反的一种贷款。抵押贷款是香港学者对源于英美法中的(forward mortgage)制度的音译,是房主将其物业转让于抵押贷款受益人作为还款保证的法律行为。反向抵押贷款与传统的抵押贷款产品相反,故通常称为"reverse mortgage"。

一、正向抵押贷款与反向抵押贷款的相同点

抵押贷款与反向抵押贷款有较多的相同点,具体表现在以下几个方面:

1. 抵押贷款与反向抵押贷款,两者都是资金的需求者以其拥有的住房的产权为抵押,来获取所需款项。

2. 住户将住房产权做抵押后,仍继续拥有该住宅长期居住的权利,住房产权的抵押与否,与该住房的正常使用居住并无直接关系。

3. 抵押贷款与反向抵押贷款,两者都体现了借款人与银行或其他特设机构之间的债权债务关系,都是以住房为抵押向银行或其他特设机构申请并取得贷款。

4. 抵押贷款与反向抵押贷款,两者都是为了满足住户对住房购买或变现的资金融通的需要。

二、正向住房抵押贷款和反向抵押贷款的不同点

正向抵押贷款是买房者在支付卖房者一定的房款后,以房产做抵押向银行

申请按揭贷款以支付房产价格和首付款的差额,然后由买房者在一个较长时间内逐月供款,分期偿还给银行结清贷款本息。

与传统的住房分期抵押贷款相反,反向抵押贷款是由拥有住房产权的老年人,以自己拥有清晰产权的住房作为抵押,定期从金融机构取得主要用于养老期间的日常生活开销,放贷对象是无固定收入而又有自有住房产权的老年人,并用于养老期间的日常生活开销。银行则定期向借款人一次性、按月或根据约定方式放款,一般为按月向借款人支付款项供其养老运用。借助于这种贷款产品,老年人每月得到金融机构提供的贷款,将首先用于改善退休后的生活状况,同时对所抵押的房产仍拥有合法的使用权,只有当他出售该房产或去世时,这笔贷款才被要求清偿。

两种贷款的不同点可以概括为以下几个方面:

(一)业务开办机构

正向抵押贷款的机构只能是银行。反向抵押贷款的开办机构可以为银行,但也可能是寿险公司或专门成立开办这一业务的特设机构。在我国,反向抵押贷款的业务开办机构,可以包括银行、寿险公司、信托投资公司、特设机构等。各种基金会尤其是住房公积金、养老基金管理机构、社会保障部门和某些有实力的房地产开发商,也可经特别允许参与这一业务的运作。

(二)业务对象

普通抵押贷款的借款者,按制度规定只能是中青年户主,抵押贷款的放贷对象主要是年轻、有稳定收入的购房者。老年户主如年逾60岁以上的人员,依法不具备申请贷款的资格。即使是年龄在50岁的人员,贷款章程也特别规定整个贷款期限不得超出10年,即60岁之前必须将全部贷款本息归还完毕。

反向抵押贷款业务中,借款人的年龄要求不低于60岁或62岁。美国推出的反向抵押贷款的业务中,客户并不仅仅限于老年人,申请贷款的用途也不仅仅是用于养老,而可能是中年住户为筹措子女上大学的学费,或为了它种打算而采取这一融资模式,以使手中拥有的住房资产能够发挥出比单独居住要大得多的效用。

(三)货币资产与住房资产转换的方向

正向抵押贷款是住户将刚购置的住房(一般为新房)的产权以抵押的形式向银行一次性取得资金,获取所需要的款项用于弥补购房款项的不足,实现货币资产向住房资产转化,这是货币资产通过购买房屋向固化资产的凝聚。

　　反向抵押贷款则是老年住户以已居住多年的旧住房的产权作为抵押物,以反向抵押贷款的形式抵押给银行或其他特设机构,获取所需要的款项则是用于弥补养老款项的不足,是将住房这种固定化资产凝聚的价值逐步予以释放,换取为养老所需要的货币资产,实际表现为住房资产向货币资金的转换。其现金流方向与传统抵押贷款恰恰相反,因此得名。

　　(四)住房状况

　　住房同人一样具有"生命周期",从住房的初始设计、建造、长期使用居住到最终的报废清理、拆迁或重新建造的整个期间,即住房的生命周期。抵押贷款通常在住房使用周期的前期或中期,申请人大都是为购买住房而申请贷款,尤其是购买初始建造的新房,为购买二手房申请抵押贷款也有出现,但为数不多。

　　反向抵押贷款则大多在住房使用周期的中后期,多是借款人已居住多年的旧房,是对使用后期的住房资产价值做重新盘活整理。借款人拥有住房的状况应放得宽一些,只要有可供抵押的房产具有一定价值,又乐意参与这一业务者,都应当允许参与这一业务。

　　(五)贷款目的

　　普通抵押贷款的目的较为明确,就是以买房为目的,是人们在购买住房出现资金短缺时,向银行申请贷款以筹措资金购房,贷款机构的目的是获得利息收益。

　　反向抵押贷款则是老年户主为满足自己晚年生活资金筹措的需要,从抵押贷款机构处取得现金,是对自己拥有住房资产的产权和价值的一种特殊安排,贷款目的是增加老年人的收入满足生活需求,提高老年人的生活水平,减轻国家、企业、个人养老的压力。贷款机构的目的是获得住房上的利益并最终实现赢利。

　　(六)贷款发放与归还形式

　　普通抵押贷款的发放方式,是借款者同银行签订贷款合同后,银行接受借款人以住房为抵押的申请,将合同规定的款项一次性付与借款者用于支付房款,然后再由借款人在整个贷期内分期分批地,以等额、等额递增或等额递减等多种形式归还贷款本息。当贷期结束时,贷款的本息也已全部归还完毕。简单而言,普通抵押贷款是银行将款项一次性贷放给购房人员,然后再在整个贷期内分期分批收回贷款本息。

　　反向抵押贷款则有不同,这是由老年户主作为借款人,将已经拥有完全产权的住房抵押与银行或其他特设机构,然后在合同规定的整个贷期内,分期分批地取得合同规定的款项,作为养老期的生活费使用。这种贷款可以是一次性取得,也可以是按月或在一定信用额度内根据借款人需要做自由支付。待贷款到期(实质上大多为借款人死亡)之时,再用住房作价或用货币一次性地全部归还借款本息。反向抵押贷款在居住年限或者说老年人生存年限内无须还款,最后一次性收回贷款本息。

(七)还贷手段

普通抵押贷款业务中,借款人向银行借入货币资金购买住房,贷款归还时用的也是货币资金,而非其他非货币资产。反向抵押贷款中,借款者虽然借入的是货币资金,但贷款到期以出售住房的收入或直接以该住房资产还贷,既可以使用货币资金,也可以利用被抵押的住房还贷,这是反向抵押贷款与正向抵押贷款不同的地方。且在大多数的情况下,反向抵押贷款在居住年限或者说老年人生存年限内无须还款,申贷人最终死亡时是用该住房归还贷款本金和利息。还本付息的方式是将被抵押住房拍卖变现还贷,或是直接用该住房来还贷。此时,贷款机构需要将被抵押的住房变现,用出售住房获得的价款来偿还累计贷款的本息和。

(八)贷款期间借款人债务的变化

一般抵押贷款一次发放,分期偿还,还贷是在整个贷款期内分期均等地或递增递减地还本付息,到整个贷期结束时贷款本息已全部归还完毕,债务随时间的变化不断减少,房屋资产不断增加。反向抵押贷款是分期贷放,借款人每月得到一笔来自贷款机构的款项,整个贷期结束后一次性还贷本息,还贷本息的方式是用住房拍卖变现还贷或直接用该住房还贷。债务人所欠利息每个月都要加到本金上去。在计算复利的情况下,在整个贷款期间随着时间的增加,借款人的债务不断增加,自有资产则不断减少。

(九)还贷期限

普通抵押贷款的还贷期限,由借贷双方事先约定并在贷款合同中明确列示。而在反向抵押贷款中,若采取终身年金支付的方式,贷款的期限将完全取决于借款人的预期寿命,是不固定的,也很难预期。这在一定程度上加大了反向抵押贷款的风险。

(十)业务属性

正向抵押贷款是一种简单的融资行为,体现了借贷双方的一种纯粹的债权债务的经济关系,完全可以遵循市场机制予以运作。反向抵押贷款则因涉及养老问题,是对年老而又贫弱的老人的一种生活资助和所拥有房产价值的特别安排,它不仅是一种融资行为,还是一种养老的新途径,是强化社会保障的新形式。它体现了一种政策行为,还附有浓重的公共福利资助的色彩。两种业务的属性不同,应当遵循的指导思想及具体的制度规定等,也应有所差异。发放贷款的特设机构,如将其归结为政策性银行那样的政策性机构更为合适。

(十一)社会功能

住房抵押贷款的实施,完全是贷款银行同申贷人之间的一种商业行为,不需要政府在财税政策上给予特别优惠。反向抵押贷款则有不同,申请贷款者都是年逾60岁或更高年龄的退休老人,且经济收入又相对较低,他们申请贷款是为了筹措资金解决自己的养老问题,从解决整个社会的养老保障出发,国家应给予政策支持,如税收减免、财政贴息、费用税前列支等优惠。

(十二)经营性质

普通抵押贷款业务的开办中,业务经办机构是希冀在此中取得赢利的,即通过发放贷款取得相当的利息收入,以实现赢利。而反向抵押贷款业务的开办,则因信息不完全、时限不确定等而蕴涵着太多的风险。机构开办这一业务很难指望从中实现较高额的赢利。考虑到借款人都是年事已高的贫弱老人,面对着长期的养老生涯,还款资金又是其赖以安身立命的住房。这项业务的开办固然要考虑"以收抵支,略有结余",但却很难指望可从中获取较多的赢利。事实上,业务举办机构也不应当凭借此项业务的开办,在老人身上赚取大钱。

(十三)住房产权

普通抵押贷款中,住户为购买房屋向银行一次性贷放,然后再在整个贷期内逐期归还贷款本息,债务逐渐减少,而拥有的房屋权益逐步增加。在贷款本息全部还清之前,住户对住房的权利是一种不完全产权,等贷款本息全部还清后,住户将获得该住房的完全产权。反向抵押贷款在贷款行为实施之前,借款人已经拥有住房的全部产权,并以此为抵押在整个贷期内逐期向银行取得款项。随着贷款余额的逐步增长,住户对该住房权益的份额逐步减少,直到最终当负债本息等同于住房的资产价值时,住户对该住房的权益等于零。

三、住房资产、负债与权益的关系

一般的自有住房是不存在负债内容的。房屋所有人对住房的权益就等于该住房资产的价值。但是当通过抵押贷款购房或反向抵押贷款售房时,就有了负债的概念。当居民通过抵押贷款形式购房时,在归还贷款的过程中,负债不断减少,而权益不断上升。如某住宅的全部价值是 30 万元,首付款 10 万元,剩下的 20 万元向银行申请抵押贷款,并承诺在 10 年中付清,则每年支付 2 万元。到贷款最终全部清偿后,住房拥有人对该房屋的权益就等于该住房的价值。抵押住房的资产、负债与权益之间的关系,可以用以下公式表示:

$$住房权益 = 住房资产 - 住房负债$$

举一个简单的例子,某住房价值为 30 万元,首期付款 10 万元,贷款 20 万元,分 10 年期还本付息。此时,房主对该住房拥有的权益为 10 万元,负债为 20 万元。随着贷款的逐期归还,房主对该住房拥有权益在逐渐增加,负债价值在逐期减少。10 年到期时,贷款累积本息全部归还完毕,房主对该住房拥有权益为 30 万元,负债价值则降为零。

住房负债与住房权益的此增彼减的过程中,还需要注意两项内容:一是利息费的逐期支付,二是房产价值的日渐增值,利息费支付可视为家庭的生活费支出,房价升值则是家庭的一项资本投资收益,两笔账应分别计算。当然也可以将两者相递减后,得到一个纯粹的净增值指标。

反向抵押贷款的情形则有较大不同,负债与权益的转换状况正好相反,因其现金流向的不同,及由此引致的借款人拥有住房的资产、负债、权益的不同,贷款额度及累积的本息随着时间的推移在逐步增大,且因复利计息的因素,这种增大还呈现“加速”状态。而借款人拥有房产的价值,虽然会因附着土地的升值而增加,但也会随着时间推移因为磨损陈旧而降低。这就使反向抵押贷款的业务推出中存在种种变数。贷款机构面临的风险也会随之大幅加大,直到因风险的过大而放弃此项业务的开办。随着时间的推移,借款人的负债在逐步增加,而权益则在逐步减少,最终负债的价值完全等于住房资产的价值。借款人对该幢房产的权益则全部转归贷款机构所有。

在抵押贷款或反向抵押贷款的贷放、偿还到结清的漫长过程中,被抵押住房本身的价值也会发生波动。这一价值波动必然会影响贷款本身的价值。在传统的抵押贷款中,如果房价持续上升,从最初的 30 万元上涨到 40 万元或更多,因贷款数额未发生变化,所以购房人的权益大幅上升。而房价呈现下跌趋势时,情况则正好相反,尽管负债随着贷款的偿还不断减少,但购房人的权益却在下降,而且最终有可能为零,甚至为负数。仍以上例为例,该幢住宅的价值从最初的 30 万元下跌为 3 年后的 18 万元,尽管购房人首期付款 10 万元,3 年间逐年偿还贷款 6 万元，尚欠 14 万元未予归还。该购房人对该幢资产的贷款由其本人承担而非债权人承担。但若该住宅在 3 年间价值缩水达 60% ，现价只有 12 万元，购房人对该住宅的权益就只能是 −2 万元，而非 16 万元。这时购房人很可能采取的减损举措，就是停止偿还未归还的房贷，同时放弃对该幢住房的权益。这一损失就转归由贷款银行承担了。

在反向抵押贷款的运行中，若房价上升很快，甚至超越了每期的贷款额度，那么，借款人对房产的权益可能会增加或以较慢的速度下降。这样就能够使反向抵押贷款维持较长的时期。然而，一般来说，房屋的价值不可能长期呈现高速度增长。借款人对住房资产拥有的权益，会随着反向抵押贷款的进行逐步减小，而被抵押住房本身的价值，随着时间的转移则可能出现下降。当进行到某一时刻时，极可能会出现两者价值相当的情况。当负债开始超出住房价值时，住户对其拥有住房的权益就由零转变为负数。在这种状况下，可以说住户已经将其拥有住房的权益全部吃得干干净净了。反向抵押贷款通常都具有"负债增加、权益减少"的特征。

第三章 反向抵押贷款的功能

以房养老理念与反向抵押贷款的业务推出，不仅仅是增加了一种新的金融保险产品，而是可以作为以房养老的一种典型工具，对经济、社会、家庭、养老保障、住房、金融保险等发挥多种功用。逐一探讨这些功能，促使大家科学合理地认识反向抵押贷款，并积极推进反向抵押贷款在中国的开办。本章将对此给予多个方面的说明。

第一节 反向抵押贷款功用的一般介绍

反向抵押贷款的功能较多，简单而言，可以做出如下表述：

1. 住房增加了一种新功能——晚年利用住房蕴涵的巨大价值的提前变现套现，实现养老保障的功能，发挥住房除生活居住场所、投资营利手段、融通资金工具而外的养老保障工具的新功能。

2. 养老增加了一种新模式——用房子养老，以期在传统的儿子养老，目前盛行的票子养老的基础上，推行房子养老的新模式，并最终组建起儿女、货币、住宅三大养老资源共同配合的新养老保障体系。

3. 激活房地产交易市场，增强中老年人购建住宅、晚年幸福生活的积极性，推动房地产交易的搞活和业务量的增长，并刺激内需，进一步刺激国民经济的快速健康增长。

4 金融保险机构全方位、全过程地介入家庭住宅和养老事业，并通过金融保险将住宅与养老、保险、社会保障与购房养老等联系一起，开拓金融运营的范围，可以增加一种新的金融保险工具和系列金融产品，为巨额金融保险资金寻找到安全、收益稳定可靠的投资出路，为金融保险业的业绩与利润实现确立一个新的增长点。

5. 对家庭父母子女的代际关系,从传统的过度依赖趋近于相对独立,促动老人自我养老保障、儿女独立自主自强,减轻老人和儿女的养老负担,组建适应市场经济体制的新型代际关系。

6. 对在人类社会已经流传了数千年的家庭内部传统的养儿防老、遗产继承的传统模式,给予一种革命性的改变。

7. 是一种尝试住房不动产的流动化运作、养老资源与住房资源的融会打通、生命周期理论应用、家庭长期资本预算的新型安排和资源的合理配置。

8. 有效解决养老资金来源,调节家庭经济生活,减轻家庭养老负担,为家庭拥有各项人力、物力、财力资源,尤其是房产资源的优化配置提供一种新思路。

9. 以房养老和反向抵押贷款,是将住房、养老与金融理财这三大社会热门话题聚焦一起,是经济效益高,社会效益好,是学术界亟待挖掘的一大“金矿”。

10. 通过金融保险产品和养老保障制度的创新,使家庭拥有的最大财富——住房的价值搞活了,并可以通过一定的机制和手段提前变现套现运用,在家庭经济生活尤其是养老保障的生活中发挥出更大的功用。为国家、社会与家庭解决养老保障问题,开拓了一条有益可行的新思路。

11. 养老储蓄、养老寿险金的数额日益庞大,需要为这笔钱财寻找到一条稳妥可靠的投资之路。投资房地产比投资实业、证券更为合适,最终养老的用途更符合寿险资金筹措的本意,达到这笔资金“从养老中来,到养老中去”的新循环机制。

12. 本模式将金融、保险、投资、证券等不同金融工具与手段紧密连接,并有机综合融会在一起,将形成系列金融保险产品。可突破目前严格的分业经营体制,实现金融保险工具的创新,推动“银证保投一体化”的混业经营在我国尽早实现。

第二节　反向抵押贷款对加固养老保障的效应

一、反向抵押贷款可增加老年人的收入

(一)反向抵押贷款可以增加老年人的收入

居民家庭的购房、养老、子女教育等诸多负担中,如全靠自我积累筹措资金,不啻是一大负担,相当多数家庭是无力承担的,或者勉强承担,又使其在有生之

年里,时时陷于负债、还债、攒钱、花钱的怪圈内难以自拔。推行反向抵押贷款后,养老负担得以先行解脱,工作期间不必对养老金的筹措下太多工夫,这就减轻了家庭的一大负担。

有一份关于武汉市中心城区老年人生活质量现状的资料显示,在被调查的971位老人中,关于"最担心的事"这一选项,选择"经济来源"的占19.46%,选择"健康"的占17.1%,这说明老年人对经济来源的关心,甚至高于对自己健康的关心,也说明养老问题最为重要的还是经济问题。在老人没有其他收入来源的情况下,把自己的住房权益实行反向抵押贷款,是社会保障制度的一个有益补充。采用反向抵押贷款业务时,拥有住房的老年人把房子抵押给金融机构后,合同期内机构每个月向老人提供生活费用。它增强了老年人群的自我养护能力,能够减轻日益增强的社会养老压力。

反向抵押贷款可以有效地增加老年居民的收入水平和支付能力,使他们可以在人生收入的低谷期,开启业已形成的"房产金库",将积蓄在房产中的巨大个人财富分期支用,以有效地补偿老年生活。同时大大解除了老年人对晚年生活没有保障的担心,放心大胆地花钱消费,心情愉快地努力延长生命,而且能活多久保险公司就会供养到多久。

(二)美国反向抵押贷款的经济效应

在美国,对反向抵押贷款的经济效应最早进行认真研究的学者是 Venti 和 Wsie(1991)。他们使用了收入与活动参与调查(the Survey of Income and Program Participation,SIPP)的数据,得出了关于美国老年人财务构成状况的详细结论,进一步证实了美国老年人的主要收入来源是退休金,房产是他们能够增加消费的仅有资产。他们用精算模型估计出老年人通过反向抵押贷款可以平均增加10%的年收入。Mayer 和 Simons 使用 SIPP 的数据,估计在1990年有四分之一约140万的老年贫困家庭,通过使用一种模拟的反向抵押贷款产品可以把他们的收入提高25%或更多。Speare(1992)使用1984年 SIPP 的数据,考察使用反向抵押贷款能够降低老年贫困人口的规模,估计能够把收入提高到贫困线以上的老年人应当接近全部老年人的五分之一。这个结果与 Nandinee K. Kutty(1998)年的估计结果较为接近。Nandinee K. Kutty 使用的是业已存在的反向抵押贷款产品 HECM 来进行估计的,他们的结论是564,080个老年家庭如取得反向抵押贷款,可以把收入提高到官方规定的贫困线以上。

确定反向抵押贷款的潜在受益人和估计受益人人数的比较重要的研究文

献,是由 Merrill(1994)与 Mayer 和 Simons(1994b)做出的。Merrill 使用美国住房调查 1989 年的数据,估计有 1,200 万的美国老人完全拥有自己的住房并且可以从反向抵押贷款获益。虽然,这些学者的研究结果差异较大,但从总体来看,反向抵押贷款产品对提高老年居民的收入、增强其自我保障能力,还是有较大意义的。

二、反向抵押贷款可减轻家庭的养老负担

反向抵押贷款是老年人在一定期限内通过自己的力量解决养老问题,实现自我保障的一种方式,可以因此而缓解国家因大规模老年人口增加带来的财政压力。对家庭而言,同样可减轻子女的经济负担。部分老人采用反向抵押贷款后,对抵押的住房如果不想保留居住,还可以居住到养老公寓,将原有住房对外出租来获得更多收入,用于支付家庭护理或入住养老机构的费用,从而大大减轻家庭养老的经济压力。反向抵押贷款业务的开办,既为金融机构提供了新的营利模式,也为缓解社会保障压力提供了有力的保障。

反向抵押贷款搞活了住房这个一般家庭中拥有的最大的固定资产,将住房变成为目前我国大部分老年居民建立寿险保障的重要手段。一套房子的提前变现,上对老人,下对儿女都可算是一种折中又可以欣然接收的方式。也正是有了这种需求,反向抵押贷款才作为一种新型养老模式被大家提及和重视。

对单独居住生活的老年人,如孤寡老人等,对以房养老模式会有较强的需求,尤其是身边无儿无女的老人,与其在自己死亡后,所遗留的房产交给国家或被其他不相干的人员得到,还不如在自己有生之年将该项资产提前享用,"赤条条来去无牵挂"更好。在那些子女众多,尤其是人际关系复杂,各子女间的关系又是很不和睦、亲情淡漠的家庭,老年夫妇实施以房养老也是一种较好办法,至少是免得身故后子女们为争夺遗产打得不可开交。当父母将自有房产消耗殆尽时,子女们失去了可争夺的对象,家庭人际关系可能会更好相处一些。未来,独生子女构成的家庭将成为家庭的主体,就更需要推出以房养老模式了。

三、反向抵押贷款可以改变老年人的观念和生活方式

反向抵押贷款业务的开办,可以引导人们改变现有的个人消费方式和理财方式。正如住房抵押贷款一样,起初不被人们所接受,国人有勤俭节约和储蓄的美德,欠债消费是败家子的行径。目前,应当适应市场经济社会和人口老龄化的

需要,培养新的财产意识,构建新的伦理模式,倡导现代养老的新方式,培养正确的养老观念。住房贷款得到了国家的鼓励和支持,加之买房压力的增大,人们的消费观念已经发生了变化,目前在北京和上海等大城市,抵押贷款购房已经成为一种普遍的消费方式。反向抵押贷款的推出,将从消费生活、养老居住等方面对居民百姓的观念以更深层次的转变。

通过以房养老的形式,可将人们有生之年的养老负担得以相当程度的免除,从而就可以促使人们将大多数的资金不是送银行储存,也不必送保险公司办理养老寿险,而是将其较多地用于扩大生活消费、提高生活质量上。为此,本模式的推出,将促进人们的消费意识和生活观念发生重大转变,不仅老年人可以从容消费,中年人甚至青年人也会认为只要拥有一定价值的房产就可用于将来防老,剩余的钱就能大胆消费,从而扩大内需,拉动国民经济的发展。这种刺激经济增长正是我国目前非常需要的。当然,对此问题的具体、深入的研究,需要调查居民家庭中有关养老储蓄保险用途的因素、额度及占据比重和变化情况等等,内容很多,这里存而不论。

实行反向抵押贷款的社会效应非常明显,它有助于解决我国老年人的养老保障问题,既有效提高了老年人的购买能力,也会深刻地影响到其他社会人群,改变他们的思想观念以及生活和行为方式。多年来我国居民的储蓄率过高而消费率较低,原因之一就是老年保障制度的不健全。在最具有购买能力的中年期,人们出于对未来生计和病患问题的担心,源源不断地把钱存入银行,而且谁都难以预计自己的寿命会有多长,总要留一笔钱才能使未来的生活有较大的"保险系数",这样省吃俭用地搞储蓄,往往是把不少的钱留给了身后。全面推行反向抵押贷款,将使得人们为晚年生计问题而进行的储蓄不再成为必要。

如果再进一步地设计,老年人的医疗保障问题也有可能从中得到解决。这种房产养老寿险服务的建立,将彻底改善老年保障制度,使中年人完全可以解除对晚年生活的顾虑,放心地花钱消费,更可以大胆地购买第二套住房,将住房变一种养老储蓄,扩大对于住房的需求。这样看来,这种面向老年人的融资服务,就不单是一项产品的设计,还是一项有重大社会意义的系统工程。它对有效扩大居民消费,扩大内需来拉动国民经济持续发展,必将发挥重要的作用并产生积极的影响。

四、反向抵押贷款是社会基本养老保障的有效补充

以房养老的设想在我国具有很强的现实意义,如设计得当,应当能发挥其积极意义。美国经济学家博迪曾指出:"政府只应向全体老年人提供最基本的经济保障,而不应当不考虑个人的偏好和殷实程度,一概而论地向他们提供过高的保障水平。在政府所提供的最基本的经济保障的基础上,老年人可以通过企业补充养老保险或个人储蓄性养老保险来取得额外的退休收入。"党中央和国务院曾多次发文,明确指出发展多层次的养老保险,是我国养老制度改革的一项基本方针。国内的实践也表明"国家、企业、个人"为三大支柱的养老保险体系,可以充分发挥各方面的积极性,大大减轻政府的财政压力,对我国的社会保障制度改革具有较高的借鉴意义。

长期以来,我国的社会保障水平低且覆盖不均,大批非城镇职工被排斥在社会保障体系之外,而被社会保障网覆盖的职工能享受到的保障水平又往往过高。我国社会保险的替代率(养老金收入占退休前工资的比例)平均为85%,许多地区高达90%以上,吉林、山东、内蒙古等省市的养老金替代率甚至超过100%①。世界上许多高福利国家诸如丹麦、英国、瑞士、加拿大、美国、荷兰等国家的养老金平均替代率也只有30%—45%。这种"窄覆盖、高保障"的社会保障制度,不仅不公平,还给国家、企业造成沉重的财力负担。我国社会保障制度改革的方向,应是逐渐扩大社会保障的覆盖面,政府要在扩大覆盖面的同时,维持原有的保障水平,显然是力所不即的。尤其我国目前正面临着严重的人口老龄化,预计到2040年左右,老年人口将高达4个多亿。在由现收现付制向基金制的转变中,要消化大笔"隐性债务",并坚决"做实"个人账户。养老金的替代率如不能适当降低,未来我国的养老负担将难以承受。由于不少职工长期以来一直享受着高水平的养老保障待遇,如今政府要降低他们的保障标准绝非易事,这就要求企业和个人事先做好准备。在我国养老保障体系刚刚起步的情况下,推出以房养老就显得尤为重要。

第三节　反向抵押贷款对金融业的促进作用

一、为金融保险资金提供安全可靠、收益稳定的新投资渠道

我国的保险公司目前面临的一个共同的问题,就是保险资金出路狭窄、投资

---

① 这一现象并非说明退休老人的生活水平很高,而是反映了目前工资制度的不合理。在职职工除享有全额工资福利外,还有众多的工资外收入,退休职工只享有打折扣的工资。

效益低下。其中原因既有严格分业经营的政策限制,也与股市低迷、基金收益下降有关。据统计,目前我国的商业保险公司及社会保障机构等,都积累了巨额的养老保险资金,其中大部分是以银行存款的形式持有的。1998 年,人保、平保和太保三大保险公司聚集保险资金的 40% 存储于银行。2001 年年底,中国人民保险公司的资金运用率还不足 20%。中国人寿保险公司 2000 年的资产结构为:银行存款 39.14%,国债 34.87%,基金 3.28%,不动产 12.65%,其他资产 10.26%。可以看出这个结构是很不合理的,低收益的资产存放过多,高收益的资产投资则过少,这就必然影响到保险公司的收益,并进而影响到对保户的保障能力。

截至 2006 年年底,我国保险资金的余额已达 22,400 余亿元,这些资金都具有长期性,支付一般都在 10 年之后,负债的期限相对较长。但是,鉴于我国的金融市场尚不发达,保险公司很难找到与其期限匹配的投资渠道,所以资金运作的收益率一直很低。保险资金的利用率在国外基本上能达到 90%,而我国目前还不到 50%,大量保险资金只能存于银行,收益率很低,仅为 3% 左右①。这种保险资产的结构显然是很不理想的,资金运作固然很安全,但利息收益很低,存在着较大的利率风险②,远远不能满足保险资金保值增值的要求。为这部分资金寻找安全可靠、收益稳定的投资渠道,对保险公司而言变得异常重要。

保险公司以往的惯例是将聚集来的资金投资于股票或债券,但在资本市场不景气的情况下,不仅投资收益低,严重时还可能导致血本全无。为此迫切需要开拓新的投资渠道来提高投资效益,以保证保险资金的保值增值,增加赔付的可靠性。金融机构开办反向抵押贷款能够实现保险产品的多元化,有益于拓宽保险资金的运营渠道,提高保险公司的风险管理水平。

保险资金数额巨大、运用周期长、运作状况比较稳定,比较适合投资于长时期的住宅产业开发。我国应借鉴海外保险资金运作的成功经验,推动寿险业与房地产业的结合。引入反向抵押贷款,鼓动大量保险资金投入房地产项目,对保险资金的增值将是一个十分有效的途径。保险公司完全应该利用自身优势,将保险资金用于反向抵押贷款,间接进入发展前途好,收益可靠稳定的房地产市场。目前保险公司可用资金较多,资产流动性好,可以有效地保证反向抵押贷款

---

① 资料来源于统计年鉴 2001 年,根据第五次人口普查结果整理分析得出。
② 程太和、范太来:《我国保险资金投资渠道与模式探讨》,《保险研究》2002 年第 10 期。

业务开办过程中的资金供给。

现在,我国的房地产市场蓬勃发展、快速推进,正是保险公司介入的最佳时期。城市房产的持续增值,将会比其他险种更有利于保险资产质量的改善和资源配置优化,带来的效益是长远而持续的。在各种投资形式中,试问还有何种投资方式的收益,能够比房屋这种不动产的投资更为稳定可靠呢?

从1980年恢复保险业务以来,国家政策对保险资金的运用,经历了从禁止投资到无序投资,再到逐步规范的过程,政府允许的投资领域逐步拓宽。1999年,政府允许保险资金通过购买基金的形式间接进入证券市场,这具有里程碑的意义。过去一直强调保险资金的稳定和保值,禁止保险公司进入证券市场,因为证券市场是风险程度很高的地方,如今允许保险资金进入证券市场,表明了人们已经认识到保险资金创获收益和增值的重要性。我国已经加入了WTO,迫于国外大保险公司的竞争压力,政府对金融机构的政策管制已逐步松动。我们相信,随着时间的推移,政府的金融政策会进一步放宽,保险资金进入房地产市场只是个时间问题。

在养老保险基金的运作中,已有较多的国家将其与住房信贷政策相结合,比如将积累的养老保险基金用于发放住房抵押贷款等。这样做的结果是:养老保险基金有了特定的投资对象,而且投资住宅这种不动产获得的收益是稳定可靠的。同时,大量中低收入者通过向养老保险基金的借贷拥有了自己产权的住房,到年老时就可以借助这套住房,对自己的日常生活发挥更好的功用。

反向抵押贷款模式将养老保障与房地产金融紧密地结合在一起,保险公司正可以借此参与其中,借此把闲置的保险基金投资于房地产领域,不仅能盘活资金,还可以获得高于一般市场利润率的收益。保险公司承担这一业务时,正可以将每年收取的大量养老金,用于支付购房养老款,两类款项的用途和目标是完全一致,都是服从于养老这一大目标。尤其可贵的是两条现金流的一出一进,既解决了巨额保险资金的运用需要寻找好的投资出路,又解决了开办反向抵押贷款保险所需的巨额资金的来源问题,这笔资金来自于养老,用之于养老,正是相得益彰、用得其所。

实行反向抵押贷款对进一步发展我国保险业将是一剂强心针,作用很大,它将拓宽保险资金的运用渠道,提高保险公司的风险管理水平。目前我国有关法规对于保险公司从事经营活动范围的限制很严,类似于房屋经营的业务是不允许涉及的。保险公司推出反向抵押贷款保险服务后,就能够把保险业务同房地产业结合起来,进入一个空间广阔而且长期赢利丰厚的经营领域。根据国外的实践经验和保险精算师的分析,反向抵押贷款对资金的需求是长期的,并且容易测算,人寿保险公司通过反向抵押贷款业务,获得长期的住房资产,与其长期债务也是十分匹配的。

二、为金融机构提供了新的营利模式,有利于金融业的深化改革

反向抵押贷款属于新的金融产品,为金融机构提供了新的营利模式,有利于金融业的深化改革。我国的人口基数大,社会养老保障严重不足,养老市场十分巨大。反向抵押贷款针对拥有自己住宅的老年人,解决其养老问题,市场潜力可观,有望成为商业保险的一个新的增长点。这种新型养老模式的推出,不仅给银行、保险公司等中介机构带来新业务,还将促使商业银行等机构深化改革、创新经营,在业务和收入多元化的同时,可促使金融机构将社会责任和营利目标紧密地结合,求得多赢效应。

对金融机构来说,反向抵押贷款业务的开办,无疑是增加了一项创新的金融产品和业务,在住房金融领域探索出一条新路。反向抵押贷款业务持续的时间一般为十几年,相当于向个人发放中长期贷款,对金融机构是一种中长期资产业务,其收益率将会相当可观。以美国目前实行的反向抵押贷款为例,一幢价值10万美元的房子,通过反向抵押贷款,在整个贷款存续期内,假定以 15 年计算,银行按月向借款人支付现款,累计总付款数额约计 5 万余美元,剩余的不足 5 万美元,则用于支付利息费用等。按美国反向抵押贷款的市场利率 5%—6% 计算,一般房主能得到房屋价值的 50%—60% 的现金。由此可见,金融机构的利润还是较为丰厚的,推行反向抵押贷款对提高金融机构营利能力的作用是不言而喻的。

反向抵押贷款在减轻了社会保障体系压力的同时,也促进了银行、保险公司等金融机构的业务向多元化方向发展,能够有效地改善金融机构的资金结构。我国推出金融产品的品种单一,资本市场不够活跃,造成商业银行资产投资渠道的狭窄,银行可贷项目偏少,而我国的房地产市场一直保持着较好的发展势头,房价持续上升,持续增值趋势可保持相当长的时期,这对银行来说无疑是一项风险小、收益率高的优质资产。反向抵押贷款的推出,可以降低银行的不良资产比例,有利于商业银行提高经营绩效。

反向抵押贷款作为解决金融机构资金使用矛盾的新型手段,不仅可以减少闲置资金的浪费,且能够开辟金融资金新的营利途径,为金融机构进军 21 世纪老年产业,抢占新经济领域的高地带一个好头。我国商业银行开辟个人信贷服务的历史不长,尚处于发展初期。目前个人贷款额占全部贷款额的比例尚较低,与西方发达国家银行业 40% 的个人贷款业务相距甚远。反向抵押贷款的老年住宅市场可以开拓银行新的个人信贷业务,实现银行资金的多元利用。

我国房地产市场正处于蓬勃发展的时期,未来数十年内,它仍将伴随我国经济的快速发展而持续健康发展,前景十分诱人①。反向抵押贷款给金融机构增加了新的金融工具,开辟了新的利润来源;也为投身于其中的房地产行业增加了新的契机。只要金融机构能够充分利用自己的丰富经验,运作得当,必然会在这一金融创新中获益。

三、反向抵押贷款鼓励金融创新,丰富金融产品

(一)金融保险机构应当确立创新的意识与观念

金融创新自 20 世纪 60 年代末期兴起,大大改变了并将继续改变着全球金融业的面貌。"金融创新是指那些便利获得信息、交易和给付方式的技术进步,以及新的金融工具、金融服务、金融组织和更发达更完善的金融市场的出现"。②

熊彼特最早提出了创新理论。他认为,所谓创新就是建立一种新的生产函数,实现一种生产要素和生产条件的新组合并将其引入生产体系。创新包括五种情形:(1)引进新产品或产品具有新的特性;(2)采用新的生产方法;(3)开辟新市场;(4)控制原料或半制成品新的供应来源;(5)实现任何工业的新组织③。

创新是一个国家、民族、组织的灵魂,没有创新也就停止了前进的动力,就无法向前顺利趋进。创新也是利益所在,目前金融机构的经营由于激烈的竞争,利润空间已被大幅压缩。创新是金融机构对内对外竞争的根本,只有不断的创新才能不断带来新的利润空间。金融机构面对众多中小银行的崛起,国际金融资

---

① 尽管这一发展的进程中,可能会出现某些小的曲折和反复,就像今天这样的因为房价的拉升过快而出现的某些跌价风潮,但从长远的结果来看,完全可以对此持很乐观态度的。

② 引自 Finan Cial innovation and monetary policy, Speech by Eugenio Domingo Solans, delivered at the 38th SEACEN Governors Conference and 22nd Meeting of the SEACEN Board of Governors on Structural Change and Growth Prospects in Asia-Challenges to Central Banking Manila, 13 February, 2003.

③ 熊彼特:《经济发展理论——对于利润、资本、信贷、利息和经济周期的考察》,商务印书馆 1990 年版,第 73 页。

本的大举进入,如继续墨守成规、故步自封,将难以为继。金融创新包括观念创新、思想创新、产品创新、服务创新、手段创新和组织管理体制创新。创新需要有独立的经营管理体制、独立经济核算、自负盈亏,各个地区的分行应当有较大的经营自主权和利益自主权。

(二)金融保险业创新可以拓展的领域和内容

金融保险业的创新中需要把握的内容很多,比如:

1. 金融业与经济社会发展的众多行业、部门相结合、渗透、融资等,可以拓展业务运营的广度和深度,如教育金融、房地产金融、个人家庭金融、公用基础设施(路水电气)金融、医疗保健金融等,可以说国民经济生活乃至个人家庭生活的一切方面,都离不开金融的支持。今天的金融主要面对企业,尤其是工业商贸企业,还应大力拓展到社会家庭个人生活的一切层面,住房与养老保障就是未来金融应当广泛发挥效能的重要层面。

2. 金融业与多部门行业的结合应当是全过程、深层次、全方位地介入。在这里,金融保险机构的身份,是以债权人还是投资人的身份出现,以及两者权责利益机制的转化,就是很需要关注的。这需要有金融保险本身从分业经营向混业经营的大力趋进,否则就不可能有真正意义上的大的金融创新的出现。

金融创新的内容包括各个方面。住宅金融如最典型的按揭贷款,通常只是对住宅的前期建造和销售行为实施,而反向抵押贷款则是对包括住宅使用中后期在内的全过程予以介入,老年公寓建造贷款、老年住宅转换贷款等。教育金融方面如对学校发放贷款、对学生的助学贷款、对教育设施建造的长期贷款及日常经费临时不足时发放流动资金贷款,也都有太多的创新题目好做。

(三)反向抵押贷款是一种大的金融创新

反向抵押贷款可以视为是一种大的金融创新,它的形成是基于以下一些思考:

1. 住房抵押贷款可以是传统的正向操作,是否也可以实行反向操作? 当我们正面走某条路感觉有较大难度时往往会选择侧翼迂回,正向思维不能有效解决问题时,反向思维、"反弹琵琶"的功效就为大家极力推崇。

2. 资金的贷放和归还可以是整笔贷放、整笔归还或分期分批归还,是否也可以采取分期分批贷放,整笔归还或分期分批归还的新做法。

3. 抵押贷款一般是用货币资金归还,即使接受了某些实物资产还贷,也往往是处于不得已的境地,如住宅金融的制度规定中,就有"不主动当房东"之说。

是否可以利用住房等实物资产的变现来还贷付息,积极参与到房地产业的投资运营之中。

4. 贷款的对象一般只是有还贷能力的中青年人,那些虽然缺乏经济实力,但仍拥有较大价值的住房资产的老年人,是否也可以借助于所拥有的房产来参与金融业务? 收入固然是重要的,但财富积累往往更为重要,老年人的收入赚取的能力是大大减弱了,但拥有的房产积累却占到人生的高峰,完全可以作为申请贷款的抵押担保。

5. 银行发放的贷款通常都是短期限、金额确定、时期确定、利率确定,是否可以借鉴寿险业务的某些特点,在时期、利率、金额等方面来点不确定因素,这其中可以变换的花样应是很多的。

(四)金融创新的动力、环境意识具备等

创新是否有相当的动力,目前,许多部门面对创新,只是嘴巴喊喊有劲,实质上却按兵不动,再加上"不求有功,但求无过"的考核指导思想,使得在既定的金融体制、经营项目和现有的产品品种面前,银行很难实施较大的创新。比如,我国目前的证监会、银监会、保监会这三大金融管理机构,首先在名称上都带有"监管"二字,在银行监管、保险监管、证券监管等具体业务上,也是"监管重于一切",这就很难谈得到相应的创新。即使某些地域有了一点小创新,突破了现行的某些制度法规,可能的结果就是严格的不越雷池的监管。

金融创新的环境是否具备? 创新的意识是否具备? 是否有足够的支持创新的人力、物力的投入? 创新需要给地方银行更大的自主权,不必一切都听从上级部门的统一规划安排,更不应全国各地一刀切。另外,大家是否乐意于创新,创新是否有足够的动力,创新的结果是成功还是失败,失败后又应如何善后? 都需要相关部门以及政府在科研、先期准备、人员组织安排、技术方法上给予优惠举措。

反向抵押贷款模式的开办,将为保险资金的运作提供一个"以险养险"、"以老养老"、"以房养房"的新思路。自我国加入 WTO 后,利率市场化逐步推进,金融业的竞争加剧,传统的住房抵押贷款业务已成为各金融机构争夺的焦点,市场会进一步细分,各种更为合理的贷款形式将被设计出来,如针对老年人具体情况设定的反向抵押贷款,根据家庭整个生命周期的不同阶段要经历的收支状况,设定住房分级偿还抵押贷款等,这些在国外已经验证是行之有效的金融工具创新,也应当在我国发扬推广。事实上,这些新贷款模式在我国比在国外有着更为强

烈的迫切性和现实性。

　　反向抵押贷款作为一种创新产品,可以衍生出其他金融工具。危机与机遇是孪生兄弟,随着老龄化的迅速到来,有关"银发市场"的研究也很多,反向抵押贷款的推出将涉及一系列数额庞大、社会意义重大的银发市场和金融产品。它的推出将有利于加强行业间的联系,推动"银证保投的一体化"进程,使金融业从目前的分业经营向混业经营的模式演进。

第四节　对反向抵押贷款完善
家庭经济功能的探讨

一、反向抵押贷款的养老保障功用

　　反向抵押贷款为老年人的养老提供了稳定的现金来源,大大提高了老年人的生活质量。许多老年人辛苦一生挣钱买下住房,还清了贷款,房子的价值较前是有了大幅增值,但老人退休后往往因为收入减少、高额的医药费用等,成为"房子的富翁、现金的穷人",住房有了,而晚年的养老又成了新的问题。借助反向抵押贷款,老年人可以实现以房养老,使住房发挥居住、投资、融资和养老保障的四重功用。

　　莫迪利亚尼开创的生命周期理论,认为一个人或一个家庭的收入或财富总额应该在整个一生中合理配置,以期实现最大效用。一般来说,个人在年轻和晚年养老期年的收入水平相对较低,中年期的收入水平相对较高,在青少年则几乎没有任何收入。一个理性的社会成员会自觉地将其在职期间收入的一部分积存起来供退休后使用,并保持各期生活消费水平的基本相当。

　　即使在人均收入水平较高的发达国家,住房仍然是一个家庭的主要财产,个人一生的积蓄主要在房产上。而住房又是流动性较差的资产,很难转化为老年人的当期消费,往往老年人去世后,留下大量的积蓄在住房上,在世时却过着清贫的生活,造成很大的浪费,收入没有在一生中得到合理的配置。反向抵押贷款提供了一种新的融资机制,使得老人拥有住房的价值,尤其是在自己身故后仍然会遗留的余值得以在自己生前提前释放出来供养老使用。

　　反向抵押贷款将对退休与养老保障产生直接的影响,老年人据以养老的资财将不仅仅是货币钱财的储备,大半生辛勤培育儿女的回报,还包括了价值更为可观的房产,这无疑会大大增加对养老生活满意度的预期,从而将老年人真正结束工作舒心养老的时期大为提前,将晚年养老的生活打造得更为完美。

二、反向抵押贷款的融资变现功用

一般观点认为,反向抵押贷款业务的推出,仅仅是为了解决老人的养老问题。但 Rasmussen、Megbolugbe 和 Morgan(1997)等经济学家的研究成果则认为,人们参与反向抵押贷款还具有投资的动机,"如长期保险、中年人力资本投资、孩子上大学花费等,选用反向抵押贷款可能更为合适。"①该研究分析了老年人参与反向抵押贷款的种种动机,以及为参与这种贷款所要考虑的各种因素。美国经济学家 Mager、Simons 于 1994 年撰写了《作为资产管理工具的反向抵押贷款》一文,则认为反向抵押贷款的潜在用途有:(1)把住房资产转换成个人投资账户;(2)使子女有能力照顾他们年老的双亲;(3)为老年家庭长期医疗保险提供资金;(4)维持日常的生活消费等功能。

反向抵押贷款行为除了可发挥养老保障的功用外,还可起到融通资金、资产变现等功用。不仅年龄大的人员可采用这一模式,得到自己所需要的资金。据美国某些经济学家的论证,中青年人员也可采用这一方式,如缴纳教育培训费、医疗健康护理费用开销、住房的维护修理等把现有资产盘活,充分利用一切可以利用的价值。Newman 等的研究表明"因为有相当部分通过劳动获取主要收入的中青年人拥有私有房产,他们对于反向抵押贷款的兴趣,首先来自于投资而非消费"。比如,美国推出的反向抵押贷款业务,客户并不仅仅局限于老年人,申请贷款的用途也不仅仅是用于养老,而可能是中年住户为筹措子女上大学的学费,或为了他种打算而采取这一融资模式,以使手中拥有的住房资产能够发挥出比单独居住要大得多的效用。1989 年,美国的一次消费者财务状况调查也表明,在 75% 左右的资产信用贷款的接受者中间,投融资的动机是显著的,包括家庭生活改善或购买耐用消费品、证券投资和接受教育等。

这里需要将反向抵押贷款同一般性的住房融通资金的行为区分开来。家庭可能会在某个时段出现资金的紧张,如急需大笔资金做生意,家人生重病救治需要支付大笔医药费,或正有一个较好的投资项目可惜无资金参与等。此时,完全可以用房子做抵押向银行取得短期贷款,满足临时性资金需求。等贷款到期时,再以货币资金还本付息。当然如到期却无法还本付息的,可能会被迫拍卖该住

---

① 迈克尔:《反向抵押贷款选择:老年私有住房拥有者的借款决定的理论和经验分析》。

房来还贷。这种以住房融通资金的行为是家庭解决临时性资金短缺的有效方式,它同样达到住房资产流动化的目的,但它并不属于反向抵押贷款。

若将反向抵押贷款简单地看做一种融资工具,希望能将住房资产通过反向抵押贷款取得的货币资产用于投资,则并不合理。作为投资而言,总是需要一次性取得整笔资金才可能用于投资项目。通过反向抵押贷款形式取得的资金一般并非一次性地整笔融入,而是一种长期的持续稳定的年金性流入,这并不符合投资的宗旨。真正的投资似乎不必要采取反向抵押的形式,而只要采取普通抵押贷款的方法,即将住房通过抵押或担保一次性地取得整笔资金,待日后资金宽裕时再连本带息偿还即可。比如,2006—2007 年,股市行情非常看好,许多人士希望能够冲入股市赚取更多的钱财,但限于财力不足,或希望能够拿出更多的钱财来搏一把,纷纷将自己的住房向银行做抵押来换取所需要的资金。这种情况下,借款人在短时期内就可以拿到大笔资金,而不是向反向抵押贷款那样分期分批取得资金,两种方式都属于资金融通,但它们可以发挥的功能显然是不相同的。

三、反向抵押贷款的投资营利功用

房地产的投资收益应当高于养老寿险和养老储蓄的收益,尤其是在我国目前特定的经济社会发展的背景下,国民经济在持续快速地增长,20 年翻两番的宏伟目标必将实现,居民收入与拥有财富在大幅提高;几个亿的农民相继进入城市,城市化进程在大大加快;土地资源的严重短缺与不可再生性,都促使着城市的地价、房价进入快速上升的通道。但同时期的储蓄利率和养老寿险的收益率却并不高,股市、基金的投资收益也出现极大的震荡,难以作为一种长期的投资手段。在这种状况下,人们为未来养老而做的储蓄存款和寿险年金的缴纳,远不如投资住房更为合算。当以房养老成为现实,中青年时代投资住房就显得更为合算,大家不仅能充分享有住房的使用价值,还能享有身故后住房价值提前变现带来的现金流入。

为何反向抵押贷款能够发挥投资营利的功用,其中缘由又是为何呢?这是容易理解的。只要能够想到用房子换钱,实现住房价值上的流动,就可以通过变换资产的形态,将住房资产转换成货币,投资所需要的项目。人们在中青年时代,要用货币资产通过购买建造的形式取得所需要的住房资产,当手中的货币短缺难以如愿时则通过按揭贷款来完成这一转换,以满足人们对“住”的需要;到了中老年时代,再将住房资产通过反向抵押贷款或产权出售、使用权依旧保留的形式变换为货币资产,以满足人们养老对现金的需要。住房在自己手中是长期保留的,而住房价值增值的收益也就归由自己长期地拥有。

四、住房的养老保障功能

住房的养老保障功能,是本书将要讨论的重点,这里不予详述。

住宅可以发挥好四大功能,大家可以设想,还有何种资产可以达到像住宅这样好的运用效果呢? 年轻时花钱买到自己心仪的住宅,既可以永久性地居住,又能够在自己需要资金时随时将它用做抵押换取所需要的资金,还能够享受住房价值增值而带来的投资赢利,最终自己到老年时代又可以将住房拿出来,作为自己的养老保障,同时对自己的正常生活居住又没有任何影响。真正是房子陪伴人的一生,为人服务一生,人们活到老,在住宅里住到老,享受到老。

五、反向抵押贷款对资源配置及理财规划的功能

将住房作为一种资产管理的工具是颇有特色的。一般的资产管理工具大多局限于家庭的金融资产,如储蓄存款、股票、债券、保险等。住房资产占到家庭全部资产价值的50%左右,老年家庭的货币资产已经大为减少,房产的这一比例还要大幅上升。若能将这部分住房资产充分用好用活,显然是家庭理财的一大福音。反向抵押贷款正是个人或家庭将其拥有的各项资源,在其整个生命周期的不同阶段给予优化配置的有效手段。一般地说,人们对"理财"的范围仅仅局限于货币金融资产的管理运营,来达到聚财生财的目的,但如我们将"理财"的范围大大拓展,把住房资产也纳入资产管理的范围,无疑可使家庭理财达到更好的效果。反向抵押贷款增加了个人或家庭资源配置的内容,将资产管理的范围从一般金融资产扩展到住房等不动产,是值得重视的全新内容。通过反向抵押贷款,无论是家庭还是个人,都将实现经济利益的最大化,既保障现期正常的居住消费,又达到了住房价值转换保障养老的目的。

住房资产同一般的金融资产的管理有较大不同。金融资产的管理手段有储蓄存款、股票、债券、保险等,相对容易;住房资产的管理手段,则有出售、出租、抵押、转让、出典、反向抵押贷款等各种形式。通过反向抵押贷款等办法,就可以保证人们对住房资产的居住权的同时,还能够充分运用住房蕴涵的价值,并将这种价值提前变现套现等转化为持续稳定的现金流入,满足诸如日常生活消费、供养子女上大学乃至继续教育培训、医疗卫生保健等的需求。

Burns & Widdows 和 Hogarth（1992）认为合理的使用和管理房产使其成为一种可产生收入的资产，将有益于提升老年人退休后的经济地位，并减轻他们对公共财政的依赖度。家庭资源的优化配置，一般仅仅是指人们将一定时期内手中拥有的货币资源，通过合理运作实现家庭经济利益的最大化。这里所讲的资源优化配置，还应包括长时期内的优化配置，如家庭的整个生命周期或更长时期，不仅要考虑本人和本家庭的一生，还要考虑祖辈与后代儿孙的赡养抚养、遗产继承等内容。如果说货币资源优化配置的手段，只是劳动赚钱、购买花钱、消费预算、支出分配等常规性内容。那么，住房资源优化配置的手段，则还包括融资投资、储蓄保险、购房贷款乃至以房养老等金融性活动，并涵盖了养儿防老、代际财富传递、遗产继承、亲情伦理等非经济性内容。

个人在长达一生的理财规划中，除考虑终生收入总额能否实现终身消费目标外，还必须考虑生命周期的每一阶段的资金筹措及配置，力求将其运作得尽善尽美，既满足各阶段对财富的需求，不致出现资金的短缺或闲置；又能充分借助储蓄存款、信用贷款、养老保险等现代化理财手段，打好货币使用的时间差，更有效地实现个人财富的最大化。同时，还应考虑在其整个生命周期中，物价、房价、利率等货币时间价值的影响。

如果将反向抵押贷款纳入个人理财业务，并作为一种新的个人理财工具，将对个人理财规划产生重要的影响。从金融机构角度看，反向抵押贷款为其增添了一个新的理财产品，如推行顺利必定会增加金融机构中间业务的收益，增强竞争力。从居民个人角度看，反向抵押贷款的实施将影响其整个生命周期的财务规划，用房子来养老使人们不必在工作期间为养老而抑制消费，而将这部分原本用于养老的资金用于改善生活、增加教育投入或提高居住水平，促进个人现期消费，减轻养老储蓄的负担。

六、反向抵押贷款的免税效应

美国有关不动产交易的税法中，有一项特别条款，即如果房主出售房屋时已年满 55 岁，就可以从其出售房屋获得的总收入中抵扣部分已实现的收益（最高为 12.5 万美元）。该条款的前提是出售前的 5 年中，该房屋至少要有 3 年作为房主的主要居所被拥有及使用。当然，每个房主一生中只能享受一次这样的免税待遇。此项条款的制定对老年人实施以房养老是很好的。美国国会制定这一条款时正是基于这样一种考虑：该住房的升值可能会是老年人主要的收入来源，对收益免税可促使老年人通过买房或租房,从大房中搬迁到较小的住房中,住房置换的差价收益和此前购买出售住房的免税收入,正好用来养老①。

　　房地产交易中有个约定俗成的收益纳税递延的条款,当发生房产交易时,只要交易不断地进行,并且买进住房的价值大于其出售住房的价值,那么由于房地价升值而应缴纳的资本收益税,就可以不断地递延下去。按照美国相关政策的规定,原有住宅出售时,只要是房主将售房收入在出售前两年内或出售后两年内被再投资于新的私人住宅,而且再投资的住房价值大于前者,就无须为住房的升值纳税。如某人在 2004 年 3 月将原居住的旧房出售,购进旧房的成本价为 20 万元,旧房购售时支付的相关税费为 1.2 万元,房屋购进后装修维护费用 5 万元,现出售价为 40 万元,计算该住房出售的净收益为 13.8 万元。假如应纳个人所得税的税率为 20%,房主应为此不动产收益纳税 2.76 万元。现因该房主曾经于 2002 年 5 月又以 45 万元购入新房,现交易期不到两年,故此税款可以递延到以后年度缴纳。

　　假如,该房主于 2003 年 5 月以 30 万元出售原有旧房,应计税 2.76 万元并依法应向国家税务部门缴纳。但该房主于 2005 年 5 月又购置了新的住宅,购价为 50 万元,超出原出售房屋的价值,故此可依法向税务部门提出申请,将原已纳税款 2.76 万元予以返还。

　　大家在中青年时代,通过投资房地产取得相当的投资收益,这笔投资收益可以通过出售小房换购大房的方式,将应税收益逐渐递延至后期缴纳,而无须当时兑现。到年老后再通过大房换购小房的方式,名正言顺地享有中青年时代投资房产的收益,作为养老资本。同时,应向国家缴纳的房产交易收益税也可以与此时申请扣除,这就可以将应缴纳的房地产交易税逐期向后递延,一直到最终的部分豁免。这正是个人理财中税收策划的一个较好方法。如未采用上述方式,税收递延和免除优惠就都不可能得到。

　　国家通过税收递延的方式,可以明显活跃房地产交易的行情,这种活跃从经济意义或社会意义上讲,对国家、社会和个人都有诸多好处。对个人而言,可改善居住环境、提升生活质量,或用住房换购的差价款达到养老的目的,实现住房资源和养老资源的融会贯通和优化配置。对国家而言,房地产交易的活跃,使

---

　　① Commerce Clearing House Inc. U. S. Master Tax Guide. 76th ed. , 1993 Guide. Chicago: CCH, 1992, p. 422.

GDP 增长有了坚实的推动力。美国的交易房除少量新房外,更多的是二手房的交易。我国的房地产交易则多是新房买卖,旧房交易还较少出现。大家购买住房大多也是将其作为终身住所,或将其留给子女,因此,能享有的免税收益就打了一个大的折扣。

七、反向抵押贷款的其他社会功能

反向抵押贷款的推出还有如下好处:

1. 老年人最怕失去的是体面和尊严。参与反向抵押贷款业务后,老年人在经济上不必依靠子女,甚至还可以给子女补贴,因此可以有效保持所需要的体面、尊严,获得子女与社会的长期应有的尊重。如此,"久病床前无孝子"的担心将不复存在。

2. 反向抵押贷款的业务开办后,老年人用自己的房产为自己养老,是对遗产继承、养儿防老这种传统观念的一种彻底性的变革。这就将几千年来社会中流传的旧观念予以彻底打破,而代以两代人自立自强、自养自老的新做法。可以协调家庭内部代际之间的经济联系,倡导儿女们的独立自强,而非躺在父母遗产的身上过舒适日子,同时也减轻了老年人的育儿负担和年轻人的养老负担。

3. 以房养老理念的推出,很好地适应了现代社会的要求,建立起了适应市场经济要求的新型代际关系。父母和子女虽然是血浓于水,是割不断、理还乱的一种血缘关系,但他们在经济物质利益上却是相对独立的。两代人应当相互扶持,父母养育子女,子女反哺父母,同时,两代人又应相对独立、自立自强起来,过度的依赖是不应该出现的。

4. 保证了社会弱势群体的生活安定,也就有力地保障了社会的稳定,推进和谐社会的建设。上海电视台《法制节目》曾报道,浦东的七旬老人杨招娣被子女抛弃,又被子女骗走了全部存款 2.5 万元,衣食无着,在邻居帮助下老人把子女告上了法庭。报道中显示老太太虽然没有任何收入,但却有一套位于浦东的价值约 30 万元的房改房。如果该老人参与反向抵押贷款,按测算,她每月大约能拿到 4000 元,完全可以过上舒适的生活,不必手心朝上向这些不孝子女讨钱开销。

5. 有利于从源头上解决腐败问题。近年来党政干部贪污、受贿时有发生。其中有相当部分被称为"59 岁现象",就是指当领导干部们接近退休的时候,为维持自己今后的生活水平不致下降,采取了贪污受贿这种不正当手段,使得一辈子的清名毁于一旦,也诚为可惜。反向抵押贷款的推出,将使党政干部不再需要为晚年生计而有意识地违法乱纪。

第五节　反向抵押贷款对房地产
市场的促进作用

反向抵押贷款在改善老年人生活的同时,也减轻了子女们的赡养负担,在一定程度上刺激了社会的消费需求,对房地产交易市场更产生了直接或间接的促动效应。这正是反向抵押贷款业务的开办倡导,在国外首先是由金融保险机构大力倡导与运作,在我国则是由房地产界大力倡导,金融保险界却按兵不动、顾虑重重的主要原因。

一、反向抵押贷款可以促进房地产市场交易

(一)国人对房产的注重

住房是什么,是家庭得以组建并发挥功能的前提,是人们幸福生活居住、个人安居乐业的港湾。在传统的"家文化"的影响下,国人对住宅是异常看重。对民众而言,"有居则安、有产则宁","民富则易治、民有产则畏法",已成为中华历史久远的一种文化。在中国人眼里,买房居住是千百年积累下来的居住传统和文化观念。在今日的市场经济社会,住房还是赚钱赢利的投资工具,是融通资金的有效手段。根据笔者近几年的研究发现,住宅还是家庭保值增值的"储钱罐",是可以退休后借以养老、度过晚年幸福生活的坚实保障。"居者有其屋"、"安居乐业"等千百年传承下来的中华传统,使国人对住房,不仅是住房本身,而且是对住房的产权,即有一套属于自己的住房特别在乎。20 世纪 80 年代,刚刚富裕起来的农民争先恐后盖起了属于自己的新居;现在住房商品化、市场化,城市居民的收入大大增长了,对购买自己的住房又是情有独钟。许多人谈到"辛苦了一辈子,就忙到了一套房子",更有所谓的中国老太太攒了一辈子的钱,总算在临死的前一天买到自己住房的"佳话"。

在欧洲社会里,人们不大在乎是否一定要购买属于自己的住房。欧洲各国的疆域普遍较小,目前又实施一体化进程,人们在一日之内可以走遍几个国家,一个国家的居民到其他国家打工也是很平常的事。美国的疆域辽阔,但因系移民国家,国民从一个地区移居到另一个地区更是家常便饭。据统计,美国一个公

民平均一生要搬 7.2 次家,房子是买了卖,卖了买,无所谓之事。我国的国民则信奉的是"安土重迁",是"一次购房定终身",是"好出门不如赖在家",不愿意轻易搬迁别处,故此对住房就十分看重。

(二)以房养老可调动老年居民购买住宅的积极性

购建住房是人们一辈子的大事,自然是以年轻时代筹措资金并实施购买最好,可以安然地享用数十年。中老年人经过几十年的积累,手中都会积聚一笔可观的财产。鉴于我国的实际状况,大家直到了 20 世纪 90 年代后期,收入和储蓄才有较大增长,大多数居民家庭才有了购建新房的期盼。

房产是人们的基本生活资料,价值量大,具有生活必需品、投资品、融资品和养老保障工具的功能。引入以房养老的理念之后,投保人可在继续享有住房使用权的情况下,将房产的产权转化为现金,成为养老资金的重要来源,这就大大拓展了房产的原有功能,增强了居民购房的吸引力,有利于刺激居民的住房需求。

中老年人相比青年人而言,经过长期的积累拥有的储蓄存款、养老保险金等货币财富比较多,而且占有较大的比例,临近退休的人群更是商品房的潜在需求者。虽说他们有迫切的购房愿望,但考虑日后养老的需求,以及购房后大量现金沉淀而放弃念头,或者直接选择差一点的住房。为何中老年人不愿意撒开钱袋潇洒购房,在新房中舒适地安度晚年,原因正在于对晚年期养老的忧虑。到房市购房者多是中青年成功人士。如果能够利用房子来养老,激活老年人的购房热情,那么房地产交易市场又会呈现何种火暴的势头呢? 这必将激发房地产交易使其持续快速健康地增长。以房养老模式的推出,不仅可以对养老保障、家庭代际关系、社会资源的优化配置等发挥积极的作用,还将极大地促进我国房地产交易市场的活跃,进而对国民经济产生重大、长期的积极效应。

随着老年人口的不断增加,为满足老年人日益增长的物质和文化需要,大力发展老年产业,如适合于老人使用的产品、服务业、住宅、交通设施等。老年产业的发展,又会相应带动其他相关产业的发展,从而带动整个经济的增长。但如只是根据老年人口的规模,盲目发展老年产业,忽视老年人的实际消费能力,只会造成建设资金的积压。这里所讲的满足老年人的需求是指有效需求,采用反向抵押贷款增加了老年人的收入,提高了老年人的支付能力,这样才能刺激老年人的消费和老年产业的发展,并带动整个经济增长。目前,许多老年产业的发展都遇到大的瓶颈,原因就在于老年人捂紧钱袋,不愿意掏腰包,将老年房产这个

"大金库"启动后,必将促动老年人的消费大热潮。

(三) 房地产部门将在反向抵押贷款业务中获益

反向抵押贷款的推出,房地产部门可从中得到最大的好处。养老保险与售房购房的结合不但解决了部分人的养老问题,而且作为一种新的金融产品,为社会闲置资金提供了一条安全、收益稳定的投资出路。另外,反向抵押贷款到期后,保险公司获得了房产的最终处置权,又会将大量房产重新投入房地产的交易市场,从而在不需要增加新房建设的前提下大大增加了住房的供给量。房地产业还可以就保险公司拥有的房产,开发新的房屋经营业务,激活房地产的市场交易,这在我国目前积极推行住房商品化的情况下,是非常需要的。这部分房屋一般属于中低档次,能够满足中低收入居民对房屋的需求,同时起到调整住房结构、平抑房价的作用。

目前,房地产有效需求不足,大量已经建成的住宅出现积压待售现象,而银行的储蓄存款已突破 17 万亿元,且增势不减。出现这种状况的原因就在于,很多人为了日后的养老问题积蓄了大量的钱财,却不敢消费,不敢拿出来购房。一些家庭通过购买商业保险的方式保障自己的老年生活,但又抑制了现期的消费,代价很大。而反向抵押贷款的推出,则有利于人们放心大胆地消费、购房,并有意识地未雨绸缪,待自己退休后再将住房反向抵押解决养老问题。他们在购买住房时,就可以提前考虑将来用房子来养老,从而将住房买得大一些,地段好一些,功能多一些,将来升值的潜力大一些。

实际上,老人购买新房的积极性很大,很希望在晚年能有较好的居住环境舒心度日。以房养老不仅可以刺激住房的有效需求,还能增加老年人的养老金,可谓一举两得,又何乐而不为呢? 反向抵押贷款有利于扩大老年人的消费,增进老年人的生活质量,刺激国民经济的增长,从而创造更多的就业机会和社会财富。

反向抵押贷款以住房为投资对象,能够有效地抵御通货膨胀,它将众多老年人手中的财富调动起来,既能激活消费品市场,又能造就新的国民经济增长点,从而减弱人口老龄化对经济社会发展的不利影响。这一新理念首先鼓励个人在退休前买房,退休后在保留居住权的同时变现房产,通过买房与卖房刺激房产交易市场,实现整个房地产市场的良性循环。反向抵押贷款将使众多原无购房打算的老年人踊跃购房,然后再用房子来养老,用同样一笔钱财同时实现老有所养和老有所住的双重目标。

二、反向抵押贷款能够拉动国民经济增长

房地产业是带动我国经济增长的支柱产业,在最近十年来的国民经济的迅速增长中,房地产业的贡献是功不可没,在相当程度上解决了我国国民经济面临的有效需求不足的大问题。有了以房养老之后,国民经济有了新的增长点,且是由市场的力量所推动,是聚合居民个人(尤其是其中的老年人)和金融资金所促成,这就减轻了金融贷款的压力。目前,我国金融市场还不发达,投资渠道还比较狭窄,巨额资金的闲置造成极大的浪费。如果能够把这部分闲置资金动员起来参与反向抵押贷款项目,无疑为这些资金找到了一个新的投资途径,既提高了资金利用效率,又拉动了老年需求,壮大了银发产业,促进了国民经济增长。

目前国内消费需求不振,储蓄存款大幅上升,迫使国家不得不采取一系列强有力的措施,如积极扩张的财政政策来刺激内需,拉动经济增长。房地产市场更是被视为刺激内需的重头戏。积极扩张的财政政策在取得成绩的同时,也增加了政府的经济压力,使得风险剧增。国家为推行积极扩张的财政政策,每年要额外支出建设资金高达数千亿元人民币,但如国家财政对住房反向抵押贷款实行贴息政策,每年仅仅需要为此支付数十亿元,就能够起到相同的效果。随着企业、居民对房产投资力度的加强以及新经济增长点的形成,国家就可以减小财政政策的力度,大幅减轻财政负担,并将从中节约的财政资金用到更需要的地方。

以房养老模式能够培养和鼓励老人树立用房养老的新观念,极大地激活房地产交易市场,释放老年人在银行的储蓄存款,对国民经济新增长点的形成壮大等,具有重大的推动作用。如考虑这一结果,将会使国家推行代价颇高的积极扩张的财政政策的力度有所减缓,它并非依赖成绩斐然却代价高昂的积极扩张的财政政策,不需要国家冒着较大风险发放巨额国债,而完全依托市场机制并来自个人的资金,就更应当认为以房养老模式的推出是一件功德无量的大好事。事实上,完全用财政资金在投资市场上冲锋陷阵,是很不合算的,代价也颇为高昂,最终实施的结果相比较企业和个人的投资而言,也要打上一个相当大的折扣。

房地产业的迅猛发展,还能加速实现我国的城市化、产业化,是提升城市品位、改善城市面貌、促进城乡经济增长的最有力的推进器。房地产业的发展还对GDP增长、增加就业、刺激消费有显著的推动作用。一般来说,包括住宅投资在内的固定资产投资每增长3个百分点,GDP就会增长1个百分点;而GDP每增长1个百分点,又会使失业率降低2个百分点。GDP增长、失业率下降,预示着

居民拥有财富和可支配收入的增长,从而刺激社会购买力的强劲上升,形成良性循环。目前,我国的房地产业虽然是增长势头强劲,但起步较晚,在整个 GDP 中占据的比重还不是很高,如 1999—2001 年的三年中,房地产业在 GDP 中的比重分别为 5.2%、5.4% 和 6.2%,目前这个比重有显著提升,但比较经济发达国家已达到两位数的结果,差距还是很大。在 20 世纪七八十年代,房地产业更是被视为美国国民经济增长的三大支柱产业之一。

虽然我国目前有相当数额的房地产闲置,但仍有相当居民处于无房住或居住狭小的状态。大家手头有了钱,但要一下子买到自己心仪已久的住宅却还需要费尽心力。通过以房养老带动中老年人的房地产投资,就可以使他们的储蓄存款得到大规模的释放,这一结果对整个国民经济的拉升效果是很明显的。据权威资料显示,从住宅建设的关联度来看,住宅建设与其他行业发展密切相关,是关联程度高、带动性强且具有很长链接的产业。房地产业的发展,将会拉动 54 个相关行业的发展,房地产业为钢材、水泥、玻璃等建材行业、五金交化、冶金、家具制造、家用机械电器等产品的销售提供了广阔的市场,对石化业、交运业、机械制造业、装饰业的发展起到强劲的拉动作用。住宅建设还可带动室内装饰材料、室内装饰设计等行业的发展,从一般情况看,居民迁入新居后,都会增加对空调、彩电、家具等家用电器设备的消费。此外,在这个过程中,化工、纺织、建筑机械等行业及城市供水、供电等公用设施建设部门也会得到极大的带动效应。

三、推动二手房交易市场的形成

西方发达国家的居民住宅消费中,流行着从小住宅到大住宅,再到小住宅的渐进式循环状态将在我国得到推广。这就是说,小青年初始工作尚无经济能力与财富积累,暂时先租住单身公寓;待结婚成家后,不断地储蓄积累,通过按揭贷款买进小套住宅,并支付首付款;等人到中年,家庭规模扩大,经济基础也日渐雄厚之时,再将小套住宅置换为大中套住宅或豪华的别墅之中;到孩子长大结婚成家并相继离去,自己也步入退休养老期间后,再将大住宅重新置换成小住宅,利用置换房屋获得的差价用做养老的资金。这种随着家庭规模和经济实力的变化而变化的房产转换模式是科学合理的,值得大力倡导。目前我国的家庭对住房的拥有及转换状况,还远远没有达到这一步。大家追求的目标就是"一步到位",即使是刚刚结婚的年轻人,也要选择一举购入 100 平方米的新房,其实是不明智的。

　　我国目前的二手房交易大多处于无序状态,而反向抵押贷款业务开办中面对的大都是已居住多年的二手房。这一业务的推出能促进房地产一级市场的发展,房地产行业还可以据此开发出新的房屋经营业务,促动房地产二三级市场的建立,增加对房地产市场尤其是二手房交易市场的有效供求。若政府再配套相应的产业政策,刺激经济适用房的广泛需求。随着房地产业的快速发展,尤其是家庭对住房购买与消费的理性化,二手房的交易量将会大大增加,并最终超出新房的交易量。住房购买与消费的理性化表现为,家庭能够依照自己所处的阶段和经济实力自主转换住房。其实我国居民的购房需求还是很大的,特别是对中低档住房和二手房的需求非常旺盛。政府可以通过积极的产业政策引导房地产业的健康发展,抑制过热供给,刺激居民购房的需求。反向抵押贷款模式的推出,正可以承担这方面的重任。

　　在反向抵押贷款的业务开办中,必须大力发展房地产交易市场,并为此提供众多的服务窗口和交易平台。保险公司通过开办反向抵押贷款业务,将老年居民的住房收购进来,经过重新包装后再重新投放市场,可以增加"二手房"的供应量,有利于促进我国还不够发达的"二手房"市场和住房租赁市场的发展,并实现对前期资金投入的回收。它可以借此发现价值(通过众多的交易行为及其间的集合定价模式,寻找到大多数人较为认同的价格,并将此作为其交易价格);减弱房地产投资的风险,加速住宅这种不动产价值的流动化。

　　反向抵押贷款的推行及配套的贷款二级市场等住房投融资体系的促动,还可以培育大量的衍生市场,促进二手房地产市场、资产证券化市场、资产评估鉴证市场、贷款保险市场的形成和发展,需要大量和众多的律师、会计师、资产评估师等社会中介机构和人员参与其间。它将使我国整个房产市场的资金流动更为顺畅,有助于全方位、多层次地推动我国金融市场和房产市场的持续繁荣和进步,同时提高了个人的住房使用效率。

　　房地产交易市场的目的有:(1)将住房作为一种居住品,不论是新建造住房还是二手旧房,通过购买或租赁,取得所需要的住房,供给生活居住使用;(2)将住房作为一种经营投资品,借经营开发房地产或购进并出售房地产,谋取经济物质上的收益;(3)将住房作为一种融资手段,通过临时或短期的抵押典当等,获取所需要的资金;(4)将住房作为一种养老保障手段,通过抵押或特定情形的出售(如售房养老中的出售产权,保留使用权)等,实现其价值的流动,达到养老保障的目的。

四、对房地产运营的其他功能

（一）实现住房资产价值流动化

住房资产的流动化是很必要的，它能够使家庭更有效地利用已有的资源，创造更大的价值，从而更好地满足家庭各方面的需要。但是如何实现住房资产的流动化，通过何种方式和途径实现住房资产的流动化？住房资产实现流动化以后，将对社会、家庭产生怎样的效应？这种效应是积极的，还是消极的？住房资产流动化的过程中，又存在哪些问题和风险？该怎样防范？等等。这些问题都是有必要给予探讨的。反向抵押贷款业务的开办，将对住房资产的流动化提供最好的平台。

（二）平抑房价，调节住房供需平衡

反向抵押贷款对抑制房价也有特殊意义。2004—2006 年间，全国新建商品房平均销售价格的上涨都在 15% 左右，远远高于其他物价的涨幅，房价的过快上涨隐含了潜在的金融风险。为此，央行调整了个人住房贷款政策，针对住房的需求进行调控。但在紧缩开发信贷和土地整顿的双重作用下，市场预期供应将普遍缩减，供需矛盾更加突出，削弱了央行房贷新政的政策效果。抑制房价上涨过快，房地产市场平稳健康发展，已成为我国当前经济健康运行的一大目标。推行反向抵押贷款就可以有效缓解当前我国房地产市场的供需矛盾，抑制房价上涨，促进房地产市场的健康稳定发展。

目前我国的房地产交易除个别城市外，在历经数年的高速增长后都已进入了调整期，房产开发销售的速度在放慢。如有关住房作为养老保障途径的新政策出台，就可以很好地再次激活房地产市场的交易。我国的房地产二手交易市场的雏形已基本形成，但还不很完备，交易的内容仅限于住宅开发与销售。近几年来"住房银行"也形成了一定的规模。但人们参与这一交易，主要是为了取得住房产权或实现投资收益，将住房作为养老保障手段的交易或租售等事项尚未大面积地发生，这就需要扩大房地产交易市场的规模，增加新的业务品种。

实施反向抵押贷款，还可促动老年人购置新房、旧房进行改造或装修等业务。在美国，有的住宅投资公司开办了出售旧房、代购新房等一揽子交易，为老年人搬到子女附近或气候温暖的地方或生活方便的地方提供了较大便利。

（三）不立即改变房产所有权，满足老人在家养老的愿望

一个有效的金融工具能开启一个大市场，个人住房抵押贷款开创了个人购

房的全新时代,而反向抵押贷款则是一种更大的金融创新,它将发挥老年住宅市场的多种功能,对国民经济增长和老年人的养老保障提供新的发展机遇。

据上海市区老年人养老意愿的调查数据显示,只有 5.7% 的上海老年人(50岁以上)希望自己的晚年能够在养老机构里度过,这就说明,有很大比例的老年人选择了居家养老。这一结果从主观上看,除了受传统观念影响外,老年人对长期居住的环境,包括人文环境等存在的眷恋心理,也是重要的影响因素。从客观情形而言,一些社会养老机构的收费过高,远超出了老年人的承受能力,而设备简陋的养老机构虽然收费便宜,但又无法满足老年人的需求,这些都是老年人选择居家养老的重要原因。

综上所述,这种面向老年人的保险服务在我国的建立,已经不单是一项保险产品的设计,而是一项有重大经济、政治和社会意义的系统工程。它对于健全老年保障制度、改善家庭关系;营造和谐的社会氛围与维护社会稳定;促进金融保险业、房地产业乃至社会经济的发展;根治腐败和巩固执政党的地位;实现全面建设小康社会的目标,都将会发挥重要的作用和产生积极的影响。

第四章　反向抵押贷款市场

反向抵押贷款能否适应中国国情,需要研究的问题颇多。在这一新型养老模式的推行中,除了良好的愿望、设计精巧的制度外,还须考虑业务开办对社会家庭的影响,该业务的市场供给和需求状况,哪些机构适合开办这一业务,哪些机构则不允许介入这一业务。以下我们将从反向抵押贷款市场的参与双方,即潜在的需求者和潜在的供给者两方面进行研究。

第一节　反向抵押贷款的潜在需求者

虽然反向抵押贷款对贷款申请人有诸多的资格限制,如拥有自有住房的产权,且住房价值需要达到一定的标准和要求,借款人年龄在 62 岁或以上等等,但基于我国较大的人口基数及老龄化趋势,从人口、住房特征及其他相关因素来看,都可以认为反向抵押贷款的潜在需求规模还是很可观的。

一、反向抵押贷款的潜在需求者

反向抵押贷款的主要需求者,是大量急需现金支出或持续需要现金支出的老年人。这些老年人面临巨额的医疗支出、养老用费等与养老保障相关的费用。以我国目前迅速走向老龄化社会的趋势来看,老年人的社会保障、家庭保障乃至自我保障等,将在今后很长一段时间内会日益突出,形成较严重的社会问题,对反向抵押贷款这种金融产品的需求也会相应加大。这种金融产品的需求状况与一国的住房养老保障状况,如住房拥有规模、产权拥有及企业年金的发展状况等,都是紧密相关的。

(一)反向抵押贷款的目标市场

反向抵押贷款的目标市场,是具有一定房产但收入来源少、相对贫困的老人。美国的学者证实,在单独居住的老人中间,有着相当广泛的反向抵押贷款的潜在市场(Mayer 和 Simons 1994;Merrill,Finkel 和 Kutty 1994;Rasmussen,Megbolugbe 和 Morgan 1995)。比如,美国有相当多的老人辛苦一生挣钱买下住房,虽已付清购房的抵押分期付款,房子的价值也比原先买价有大幅度增值,但退休后的生活里,因高昂的医疗费用和财产税等,使他们有限的固定收入入不敷出,往往成为"房子富翁,现金穷人",或不得不濒临卖掉房子的命运。

　　住在繁华地段的老年人可以选择卖掉住房,去偏僻一点的地方购买廉价的住房。老年人也可以选择出租房子养老,但出租房子涉及房子管理和设备共享等难题,对很多老年人来说房子出租会对自己生活造成很大的不便(Mayer and Simons,1994)。事实上,许多老年人已习惯了原先的生活环境和邻里关系,一般不太愿意迁移到其他地方居住(Mayer and Simons,1994)。反向抵押贷款既为老年人的生活提供了稳定的资金来源,同时又不影响老年人的居住环境和现有生活质量,应该说具备有较高的市场潜力。

　　反向抵押贷款模式的针对人群是"现金穷人、不动产富人",而我国目前的老年人却并非完全具备这一条件,似乎会遭遇"有行无市"或需求不足的尴尬。据统计,我国城乡居民的储蓄存款总额在 2007 年年末已高达 17 万亿元,其中近 40% 是由 60 岁以上的老年人持有,比重相当大。在居民储蓄存款的用途调查中发现,老年人积蓄众多钱财正是为了养老之用,"留做将来养老"的人占了 15% 之多,达 2.55 万亿元。有人询问既然有了现金保障,何必用房子养老来多此一举? 事实上 2.55 万亿元用 1.5 亿位老年人的总量相除,平均每个人的存款还不到 2 万元,又是少得可怜。

(二)反向抵押贷款市场规模估计

　　2003 年由中国老龄科学研究中心组织完成的"中国城乡老年人口状况一次性调查",共涉及全国 20 个省、自治区、直辖市的两万多名老人。调查显示,老年人的家庭住房及其他生活条件有明显改善,城市老年人家庭平均住 3.32 间,户均住房面积达 70.3 平方米。2003 年年底,全国城镇老年家庭大约有 2,000 多万户,按照房产均价每平方米 2,500 元计算,老年家庭拥有住房价值达到 5 万亿元,假设有 10% 的老年人口参加反向抵押贷款,也有 5,000 亿元的市场规模。

　　我国的经济状况目前正处于高速发展阶段,各地房产升值率较高,部分沿海发达城市的房价上升尤为迅速,老人在房产上积累的财富就更高。例如,上海市 128 万个老年家庭户均拥有住房面积 50 平方米,全市老人住宅存量用房起码有

6,400万平方米,按均价5,000元每平方米计算,老年住房存量价值有320亿元,如果有10%的老人参加反向抵押贷款,就是32亿元的市场规模。由此可见,反向抵押贷款在我国的潜在市场规模还是很大的。如能激活这部分市场,对改善老年人的生活水平、拉动居民消费、促进国民经济增长的意义是非常大的。

二、反向抵押贷款的潜在需求者

反向抵押贷款的制度模式推行中,必然要考虑哪些家庭可以接受并乐于参与,而哪些家庭则不适合参与这一养老模式?考虑到我国的现实情况,我们认为反向抵押贷款的参与者至少应满足以下几个条件:

(一)中老年家庭

考虑到我国的现实情况,推行反向抵押贷款的起始年龄可以设定为65岁以上,对居住房屋拥有完全产权的城镇中高等收入的老年家庭,将会是反向抵押贷款主要的消费者。这与美国等发达国家有很大不同,在美国,凡是年龄在62岁以上的老年家庭,不论其家庭财产或收入状况如何,都可以用独立拥有产权的住房申请反向抵押贷款。事实上,将年龄规定为62岁,并非大家一到规定年龄,就都来参与这一业务。1999年美国反向抵押贷款的借款人的平均年龄为75岁,申请年龄小于70岁的借款人占23%,超过25%的借款人年龄在80岁以上。这既有业务开办时期较晚,大家不可能尽早参与的因素,更重要的是大家希望到年龄晚一些,住房价值可以发挥的功用会更高一些,比如"好钢要用在刀刃上",提早将住房的价值开销完毕,剩余的日子应该如何打发呢。

表4-1　HECM借款人的年龄分布

年龄 年份	62—64	65—69	70—74	75—79	80—84	85—89	90及以上	平均年龄
1999	6%	17%	28%	24%	14%	7%	4%	75
1997	14%	24%	23%	20%	12%	5%	2%	72

资料来源:HECM2000评估报告。

(二)自有住房并拥有完全产权

家庭只有对其居住的房屋拥有完全产权,才能参与反向抵押贷款业务,这是不言而喻的。如是租入房屋或只拥有有限产权的房屋(如子女同老人共有等),就不能参与反向抵押贷款或在市场上简单将其出售转让。目前我国拥有自有住宅的居民已有很大比例。需要说明,由于住房制度改革、公房产权私有化等举措的推出,目前又有房改房、公房、商品房等区分,其中有相当部分的房改房,虽说产权已归己所有,但还属于有限产权,住房的转让出售等等要受到一定限制。反向抵押贷款的业务开办中,机构为了避免这种因产权不明晰而带来的风险,一般不会将其作为贷款业务对象。这就需要国家政策的配合,对此类住房的产权予以明晰。

用于反向抵押贷款的住房,若是借款人通过按揭方式获得的,要求贷款已经全部偿清,如只剩下少量贷款没有清偿,那就不妨待贷款全部偿清后再来办理反向抵押贷款业务。这就是说该住房的产权已经全部地归由购房老年人拥有。同时,本项贷款在美国等国家是作为"第一位"的贷款来看待的,已向第三方抵押的住房一般不能再申请反向抵押贷款,除非该项抵押或担保已经到期或撤销。这项要求在我国的各大中城市已经不再是障碍了。如在杭州,拥有完全产权住房的家庭,已占到全部家庭的82%以上,且正以较快的速度增长,还有15%的家庭拥有了第二套住房。

(三)经济状况适中

如老年人的生活相当富有,经济物质基础十分雄厚,有充足的金融资产,又有豪华的别墅居住时,完全可以利用现有货币资源养老,而无须考虑房产养老。老人的经济条件较差,没有自己独立拥有的住房,或即使拥有住房也是又小又破价值不高时,也很难将其作为养老的资本。一般情况下,特设机构是不会将此类价值不高的住房纳入自己的业务操作范围。能够考虑这一以房养老模式的,大多是经济状况居于中上等的家庭,这部分家庭习惯了富足小康的生活状态,退休后收入骤减,反向抵押贷款恰好可以增加他们的收入水平,提升他们的购买能力,使他们在人生收入的低谷期,开启业已拥有的"房产金库",将累积在房产中的巨大财富分期释放,从而有效解除他们对老年生活保障的担忧。当然,经济状况较好的家庭,养老金已是颇为富足,但该老年人希望养老生活能过得更好一些,也会打开房产这座"金库"。货币与住房的状况处于两端的家庭,一般不大会参与反向抵押贷款。

(四)城市或城郊家庭

如住房地处城市,尤其是经济发达的沿海城市,它的价值会很高且不断增值,将其用于申请反向抵押贷款是很具备条件的。但如住房地处农村或经济发展缓慢、增值幅度不大的欠发达地域,因住房的价值过低,增值前景缓慢,就很难将其在反向抵押贷款上派上用场。可资以对比的是,城市的住房一般是价值大、变现容易,在需要向银行申请贷款时,能够得到银行的首肯做抵押担保或反向抵押,从而轻易取得贷款。农村家庭的子女考入大学,在申请助学贷款时,其自有房屋被明文规定不能用做贷款的抵押担保。

坐落于农村的住房,一般不能列入特设机构的收购计划,这些住房的明显缺陷是住房价值低、变现能力弱,又多为农民自建,暂时可仅仅把城镇家庭的住房纳入反向抵押贷款的范围。城市是流动、开放的,农村则几乎处于封闭状态。农村的住房除了本村村民外,很少有其他人员参与购买。位于城市的近郊区、卫星城镇、经济发达地区靠近乡镇机构所在地的住房,则会因城市化、产业化进程的加大,具有较大的升值空间、较多的市场行情和变现机会。目前,国家的法令也明确禁止出售于非农村人员。这就限制了住房的交易和变现行为。此外,在反向抵押贷款运行初期,可选取各地发达的中心城市进行试点,待模式运作成功后再全面推广。

(五)思想观念新颖

反向抵押贷款是养老制度和模式的一大创新,是对传统养老模式和代际财富传递做法的一大变革。大家是否能够接受这一新型事物,就需要自我衡量。思想观念新颖的老人,能认同并乐于接受这一养老模式,将是这一业务的积极参与者。思想观念较为传统,对此还抱有相当抵触情绪的老年人,则不必硬性拉其参与。但是否要等到大家的思想观念都能接受这一新型模式,然后再开办这一业务呢?并非如此。只要有部分老年人能接受这一新观念,就可以开办这一业务,即使说只有10%的老年人思想搞通,或者说思想观念并没有完全搞通,但在客观情形的"逼迫"下却不得不走这一条路,这个总量也将是相当大的了,在我国完全可以形成一个很大的市场。某些人员担心本项业务开办可能出现会"有行无市"之现象,我们则对此抱有很乐观的态度。

(六)无子女或子女支持的家庭

子女对父母参与反向抵押贷款是否支持,是反向抵押贷款在我国得以顺利推行的重要条件。在传统模式下,父母抚养幼小子女,子女长大成人后赡养年迈的父母,待父母去世后,子女继承父母的遗产。这一养儿防老、遗产继承的固有模式,具有天然的优越性,并历经数千年一直传流到现在,就充分证明了它的优越所在。当子女自己拥有稳定的收入和住房,父母完全可以通过反向抵押贷款补充自己养老所需的资金,既能改善自己的生活水平,也能减轻子女赡养父母的经济负担。在这种情况下,子女对父母参与反向抵押贷款应该是积极支持的。

拥有较高价值的房产,却无子女继承的老年家庭,尤其是其中已失去配偶的孤老家庭,是最有可能申请反向抵押贷款的。目前,我国的城市中已经出现了一些丁克式家庭,这将是未来参与以房养老的忠诚群体。

三、对反向抵押贷款有强烈需求的老人群体

刘光耀[①]在其经济学硕士论文中,探讨了反向抵押贷款的需求群体,并将其分为三类:

1. 鳏寡老人和无子女的老人

鳏寡老人和无子女老人一般只能靠自己解决养老问题,他们没有子女,也不用考虑遗产继承的问题。这个群体的老人只要拥有独立的住房产权,就可以申请反向抵押贷款,他们对这一产品的需求也是最大的。在某种程度上来说,反向抵押贷款制度的推出,正像是为这些老年人量身定制的一样。

根据广州市1998年进行的抽样调查分析,广州市的老人群体中,低收入者的40.1%没有配偶,中高收入者的23.1%没有配偶。低收入老人群体中5.4%的人没有子女,中高收入老人群体中这一比例是1.9%。低收入老人群体中10.6%的人是独居,中高收入老人群体中只有4.8%的人是独居。低收入老人群体中53.9%的人拥有住房产权,中高收入老人群体中这一比例则达到73.2%。另据北京有关部门的统计,城市中老年家庭户和老人独居户已占有相当数量。北京的109.4万老年人中,老年人单独组成的家庭户已多达18.9万户。其中老年夫妇二人户10.5万户,单身老人独居户8.4万户,两者相加形成的空巢家庭就有29.4万户,占到老年人总数的30.7%。这么多独居的老人只要拥有住房产权,都可以通过反向抵押贷款补贴养老生活。因此,反向抵押贷款在这类老人中的市场最大。

2. 有独生子女的老人

陈卫、宋健在《中国独生子女户养老问题研究》一文中利用2000年我国第五次人口普查资料推算得出,2000年城市独生子女6,140万,农村独生子女3,206万,全国独生子女数为9,346万。人们对于独生子女担负养老保障的能力,或者说对独生子女父母所在的家庭即"独生子女户"的养老需求,能够获得

---

① 参见刘光耀:《国外反向抵押贷款经验及其对我国的借鉴》,2005年度经济学硕士论文。

满足的前景充满了担忧。担忧的根源来自于目前中国的家庭结构现状:子女仍然是老年父母获取养老资源的主要途径,由独生子女组成的小家庭要同时承担双方父母四位老人的养老责任,经济负担非常沉重。反向抵押贷款正好可以解决这个问题,只要老人拥有住房就能获取有保证的养老金而顺利颐养天年。

房地产部门提供的相关资料显示,目前上海很多独生子女家庭,一般是结婚的子女拥有一套住宅,双方父母各拥有一套住宅。在这种情况下,老年人自养自老,拿出自己的这套住宅进行抵押贷款以房养老,既能充分保障老年人养老的需要,又不会影响子女的基本生活,还减轻了儿女们赡养父母的重担。因此,独生子女的父母以房养老是切实可行的。

3. 处于"房子富翁、现金穷人"状态的老人

许多老人经过大半生的奋斗,终于在退休或临近退休时住上了完全属于自己的房屋,他们住着宽敞的房子,但退休金却少得可怜,或者说为了买到自己心仪已久的住房,将多年来的积蓄已经是耗竭一空,或还背负了较多的债务。这一类老人就被称为"房子富翁、现金穷人"。就北京市区而言,有媒体作过统计,理论上讲有很多百万千万富翁,还有众多的离退休老干部,虽然离退休费不会很多,但国家安置的住宅价值都有数百万元之多。即使说普通居民百姓,只要在稍微像样的地段拥有一套稍微像样的住房,房产价值也都在上百万元。但大家却没有任何做百万富翁的感觉,日常生活质量也并不高,原因之一就是平时可以支配的现金过少。如实行反向抵押贷款,就可把房产转变为源源不断的现金流入,满足老年人的消费需求,使他们体面地度完余生。

很多老人对反向抵押贷款心存顾虑,一个重要原因就是担心申请反向抵押贷款后,就会永远失去自己的住房,将来反悔都来不及。其实这个顾虑完全可以为反向抵押贷款建立赎回机制来消除。即在不损害保险公司利益的前提下,为老人留出一个随时可以退出的通道;老人死亡后,保险公司还可以给予其子女回购这套房屋的优先权,这有助于满足有些老年人希望自己身故后让其子女拥有这套房屋的愿望。

四、老年人选择反向抵押贷款的原因分析

我国的老年人参与反向抵押贷款可能出于以下几个原因:

(一)退休后的经济状况

退休后每年度的现金流入是否有显著减少,生活质量、消费状况有明显降

低,或者说退休后的正常生活状况是完全可以保障,但因储蓄存款积累尚有相当欠缺,面对随时可能出现的疾病或其他变故而需要的巨额资金,却无力应对,这就需要用房屋的抵押变现套现来取得相当额度的现金流入作为补充。

城市老年人总体中是否存在一个较大的群体,需要反向抵押产品作为养老的重要补充。城市老年人可以利用的养老资源主要有离/退休金、工作收入、储蓄和保险、股票和债券等有价证券、常规贷款及子女馈赠等。老年人的消费支出主要由家庭消费支出、个人消费支出和医疗费用支出这三部分组成。由此可发现老年人可利用的养老资源和消费支出都较为有限,大部分老年人在调查时点上经济状况一般,但仍有大约两成的老年人对自己的经济状况评价很差。城市老年人经济状况的好坏和年龄、性别密切相关,但普遍担心医疗费用,认为自己目前的退休收入不够养老。这说明大部分老年人需要其他资源补充,以增加日常收入或应付日后将会面临的大额医疗费用。

(二)用做抵押的房产价值高低

可用做抵押的房产的价值高低,将会影响老年人参与反向抵押贷款的行为。当房产价值很高时,抵押变现以保障退休期十数年乃至数十年的养老生活是毫无困难。但如该房产的价值是较低时,显然无法做这个美好打算,只能留待生命历程的晚期时,再行反向抵押以做救急用。落实到实际行动上,就是大家可以在60岁,将住房反向抵押,以提升自己晚年的生活质量;也可以等到七八十岁时,再将房屋反向抵押,以应对生命后期对资金的特别需要。

(三)退休后期望过何种生活方式

俗语云:穷有穷养,富有富养。富裕老人期望度过一个体面而又有尊严的退休生活,是无可厚非的;而贫穷老人则只能过一种简朴节俭的晚年生活,也是情势所在。若老年人的期望价值较高,而手头的现金流入又颇为拮据,无法完全满足这一要求时,自然会选择用房产来养老。如养老的期望值并不高,手头的现金存储及流入又尚能支持,老年人大半不会打起住房的念头,而是将其顺理成章地留给自己的子女。

当然,富有的老年人并非完全不能运用这一模式。通过这一做法,富有的老年人可以将晚年生活安排得更为舒适。如家庭的居住状况很差,所住房屋既小且破,坐落地段又不佳,在价值评估中很难上档次时,也无法适用反向抵押贷款模式。这种老人可以采用的一种手段,就是将这个住房出售掉,然后住到养老院去养老。

（四）给子女留取遗产期望值的高低

老年人是否选择反向抵押贷款,同其为子女留取遗产的动机强弱密切相关。有强烈留取遗产动机的老人,晚年生活中大多异常节俭,期望能为子女留取最大限度的遗产,并将此视为自己人生成功的重要标志。这类老年人不大会考虑以房产来养老。具有较大独立性和自主性的老人,则大多期望子女也能够经济自主独立,而非躺在父母的遗产上过舒适的日子,这时他们会将较大部分的财产在自己生前就消耗运用殆尽,或是高享受、高消费,或是从事自己心爱的事业研究,或是向慈善总会、基金会等做大量捐赠。

综上所述,凡向抵押贷款的目标市场应当是表现得较好的,需求旺盛,客户众多,但这还都是潜在需求,而非现实的需求。比如,目前美国的反向抵押贷款市场规模还表现得较小,即使在本世纪以来此贷款业务有了大规模的增长之后,最悲观的估计也认为美国潜在市场规模也远远大于当前水平。市场规模小的原因在于需求不足。缺乏足够的需求,贷款供给者就不能获得贷款的规模优势。这一点是我国反向抵押贷款业务开办后需要给予正视的,万万不能将一切都看得过于乐观。

第二节　反向抵押贷款的供给者

一、反向抵押贷款对业务开办机构的要求

反向抵押贷款业务能否成功,选择合适的业务开办机构很重要,即由谁来主持开办这一业务。反向抵押贷款因其运营时间长、风险大、不确定因素多,对参与运作的机构也有某些特殊要求。从反向抵押贷款的业务特点出发,其开办机构应具备以下一些特点:

（一）大规模集约经营

反向抵押贷款业务的具体运作是风险大、关联面多,需要考虑的事项复杂,业务推出需要投入的资金巨大,回收期较长,必须建立特定的大型的住房养老机构如大型国有商业银行、保险公司开展来运作该业务,依托这些大型金融机构的大规模集约经营,以减弱各种个体运营风险。四大国有银行、中国人寿、平安等大型保险公司设立的众多分支机构在全国遍地开花,而非局限于一地一市的小型金融机构。当然,也可以专门组建特定的大型金融机构来推出反向抵押贷款业务。大型金融机构运作模式严格规范,筹措调度资金容易,抗风险能力强,资

信卓越,容易取得客户的信任,还能有效地降低交易成本。这些大机构的人员业务素质高,学习新知识转而开辟新业务容易,知识、业务迁移的成本低。小型融资机构是无能无力的,如采取小规模的个体开办模式,很可能会出现管理成本高、风险大、不易监管、规模效应差等缺陷。

推行反向抵押贷款制度的社会管理方式,具有规模经济效应、可降低管理成本,同时兼顾社会公平,有利于实现养老生活的资金保障和收入替代的双重目的。据专家对美国不同规模的私人养老金计划的管理成本进行比较,可得出养老金计划与其成本支出呈反向变动的结论。如美国 1991 年小型待遇预定型计划的人均管理成本为 518 美元,而覆盖 1,000 人以上的大型养老金计划人均管理成本只有 62 美元;1991 年小型缴费预定型计划的人均管理成本为 259 美元,大型计划的这一指标只有 46 美元。

(二)资金雄厚,拥有持续经营能力

反向抵押贷款业务的运营跨时长,从老年人将自有住宅抵押给特设机构,到该老年人死亡为止,往往要延续十几年乃至几十年。这就要求特设机构必须是连续营运、正常经营,并有雄厚的经济实力才可以。对一般的企业公司而言,从筹建开张到业务运营,自然是希望公司业务兴旺发达,顺利经营延续持久,但公司的倒闭破产、停业关门者也是比比皆是。特设机构的业务运营同老人的养老事项是紧密相关的,若机构发生破产,养老就成了极大负担,并由此造成严重的社会问题,这种现象自然是不能允许出现。

反向抵押贷款业务的特性要求业务开办机构每个经营周期都有相当数量的现金流入,以保证大规模业务开办在几十年持续运营的需要。反向抵押贷款的资金回收期长,导致资产的流动性大大降低。开办机构在业务初期到此后相当长的时期里,几乎是只有现金的持续流出,而无相应的现金流入。这就需要特设机构能够同时开办有其他业务,并带来源源不断的现金持续注入,该项业务能够保证反向抵押贷款所需要的现金付出,或者说该特设机构能够从其他渠道得到现金的持续稳定、长期流入才可,否则就会因为资金链条的中断,而难以为继。

(三)需要有具备多方面知识技能的复合型人才

反向抵押贷款业务的开办,因涉及面广,涉及房地产、养老保障、金融保险、会计、法律、资产评估等多个部门。此外,这一贷款业务的开办,还需要有多种机构部门的相互配合,需要具备多方面知识技能的复合型人才。当然,特设机构并不期望所有的业务都归由自己承担,这是不现实、不经济的。一般情况下,业务开办机构承担核心型业务,其他一些辅助性业务则外包给资产评估所、会计事务所、律师事务所等中介机构处理。

二、目前我国可能的反向抵押贷款的业务开办机构

借鉴发达国家经验,需要有关政府部门,如金融管理部门、社会保障部门的大力支持和雄厚资金的资助。贷款机构可以是商业银行、保险公司和基金等资金拥有者,政府、房地产企业也有可能成为反向抵押贷款的供给方。这些机构有着规模巨大、延续时期长且拥有来源稳定的资金流等特点。

(一)商业银行

向老年家庭开展反向抵押贷款业务,银行是比较合适的。我国商业银行的资金充裕,实力雄厚,个人储蓄存款中用于购买住房,准备养老的资金占有很高的比重。参与这一抵押贷款业务,可称为相得益彰。房地产贷款业务一直是由商业银行推出,通过多年来向房产商和住户的住房建设和购买的贷款提供,银行对开发与房地产有关的金融产品,已经积累了丰富的经验。对房地产市场的情况熟悉,具有开发和房地产有关金融产品的经验。反向抵押贷款与普通抵押贷款的现金流向几近相反关系,故作为住房抵押贷款发放机构的银行部门,可作为反向抵押贷款供给机构的选择之一。

开展反向抵押贷款业务,为银行增加了一种新的业绩和利润增长的来源,无疑增加了商业银行的竞争实力。但银行资金应用于房贷多为确定性业务,且期限比较明确。反向抵押贷款是一项风险很大的业务,整个运作的期限是不确定的,银行开办此项业务的风险较大,资产流动性也较低,一旦房产出现大幅贬值,会给银行造成大量呆账坏账,对金融体系的冲击较大,不利于经济稳定。

中国目前还没有类似于美国的专门从事住房抵押贷款发放的公司,而是直接由银行向客户发放住房抵押贷款。从资金的流动性、安全性和营利性的综合考核角度出发,银行更倾向于投资短、平、快项目。反向抵押贷款的高风险性,不适合银行单独开展这一业务。在当前我国商业银行的年度考核体制下,银行参与反向抵押贷款的积极性不会太高。

就现实状况而言,本项业务开办初期,为尽量简化业务开办的程序,减弱其中蕴涵的不确定因素,首先将本项业务设定为定期、定额的简单贷款形式。在这一情形下,由银行来开办这一业务是可行的。等经验逐步积累,产品品种增多,不确定性加大时,再考虑寿险公司的参与和合作,也是不错的选择。

（二）保险公司

保险公司尤其是其中的寿险公司，是专门开办养老保险的缴纳与赔付业务的专业机构，经办反向抵押贷款业务应是最合适的。保险公司开办这一业务，可增加新的保险品种和工具，开拓保险业务延伸的领域，对发展我国保险业的作用会很大。它可以使保险产品多元化，扩充资本金，提升资金质量，增加新的利润增长点，有利于我国保险公司适应国际化的需要，加快成为现代金融企业的步伐。鉴于城市房地产持续增值的趋势，本险种将会比其他险种更有利于保险资产的改善和优化，带来的经济效益将是长远而持续的。本业务的开办还具有极高的社会效益，保险公司开办这一业务，必将会提升自身在老年人心目中的形象，提升公司在社会的信誉。

截至2007年，我国保险业集聚的总资产已经突破22,400亿。这些都具有长期性，支付一般发生在10年之后，负债的期限也较长。由于我国多年来房屋价格持续上升，城市土地持续增值的趋势在相当长时期内不会逆转，推行这一险种对保险资产质量的改善会有一定益处。

本贷款业务对业务开办机构提出了很高的要求，一是此业务的开办必须是大规模营运，需要大笔充裕的资金，机构有足够的经济实力支付贷款额；二是为了降低风险，资产和负债的期限要尽可能匹配，这需要反向抵押贷款机构的负债期也需要相应延长；三是房地产价格波动的不确定性及投保人寿命的不确定性，导致反向抵押贷款的风险程度很高。如单独由保险公司承担，可能不堪负重，也与保险公司稳健经营的原则相背离，需要建立有效的风险分散机制。

（三）社会保障机构[①]

反向抵押贷款由社会保障机构开办也是一种可行的思路。社会保险基金和住房公积金等具有资金来源稳定，且来源和支出的时间间隔期长的特点，收集的资金也需要给予很好地运作，以期增值保值。反向抵押贷款属于逆向运作的长期资产，从期限上看，可以作为上述基金投资形式选择的重要依据。社会保障机构可依据自身拥有的大量资金和养老保障资金筹措担负的重要使命，独立开办反向抵押贷款业务，或运用自身拥有资金成为本业务开办的投资者和业务合

———————

① 这里谈到的社会保障机构是一个较为广泛的概念，包括养老保障金、住房公积金、待业失业保险金、大病重病保险金的管理机构，即通常谈到的"四金"。当然这里主要是指养老保障和住房公积金这两块内容，事实上是完全可以合二为一，聚拢一起共同对缴纳人员的住房和养老事项发挥作用的。

作者。

1. 我国的社会保障基金已具备一定的积累,社保基金在资金规模和后续资金的源源不断的供应等方面,可以说已经具备了开展此项业务的经济实力。2002年,全国社会保障基金的权益总额达到1241.86亿元,近几年来又呈现出快速增长之势。另外,参与反向抵押贷款业务是社保基金的一种可以推行的新运作机制和保值形式。

2. 建立强有力的社会保障体系,增加养老资金筹措的新渠道,支持养老事业的发展,本来就是社会保障机构的基本工作。反向抵押贷款作为一种金融参与养老保障的新融资方式,属于社会保障体系的一部分。养老问题关系到整个社会的稳定与和谐,如果将占据人口总数相当份额的老年人弃置一旁,是很难建立和谐社会的。

3. 反向抵押贷款业务具有较大的外部性,政府应当在其中扮演重要的角色,由社会保障机构或政府设立的专门机构来共同配合实施完成。当然,这种方式可能会由于缺乏竞争而导致资源配置的低效率,但本业务作为养老保障的重要内容,决定了必须是长期、稳定、持续地经营下去。

4. 反向抵押贷款业务的具体开办中,如购房售房交易、房产抵押、住房资产价值评估以至房屋产权最终完全归由特设机构掌握,并通过拍卖营运来回收款项等系列工作,则不是社会保障机构的强项。所以,本业务在实际开办中,社会保障机构最多是作为配角而非主力军,它同银行或保险公司、房地产公司的相互配合,应是最好的。

我们认为社会保障机构的参与是实施反向抵押贷款的有益选择,在特定环节通过适当的安排提高部门运作的效率。有的专家认为政府的公信力较高,应当由政府部门开办反向抵押贷款业务,可以得到社会和老人的广泛支持。但是,若由政府参与这一业务,通过收取保险费的方式替借款人保险,很可能使政府成为以此营利的机构,与政府的整体职能相违背,显然是行不通的。总的来说,反向抵押贷款可以由银行、保险和社会保障部门合作实施。

(四)一般企业公司

反向抵押贷款的业务开办机构,应是大规模运作、制度规范、信用良好的大型金融部门或保险机构。一般的企业公司因财力不足,不具备经办反向抵押贷款这一业务的资格。反向抵押贷款运作的前期需要大量的资金,一般的企业公司很可能在运作一段时间后,就因为资金链断裂而使反向抵押贷款整个事项流产,老年人借此养老的计划也无法实施。因此,选择资金实力雄厚的机构作为反向抵押贷款的业务开办机构是很有必要的。

一般企业公司不适合开办反向抵押贷款这一业务,企业是讲求赢利的,而且要求投资与赢利都能实现"短平快",反向抵押贷款模式的运作是时间长、金额多、关系复杂,协议执行中风险较大、内容涉及面广、社会影响大,还要求开办机构能够在此后的若干年内有源源不断的资金流入。因此,该经营机构自身的业务运营必须是持续、正常、稳定的。反向抵押贷款既需考虑收益、损失、权利义务相一致的市场法则,但因涉及公民的养老问题,又不能完全依赖市场机制。一般企业单位的资金有限,无法承担如此重任,而且客户也无法安心将养老的重任交给一般性企业公司。

倘若由一般性企业公司开办这一业务,老年人可能会面临较大信用风险。如某企业同老年人签订了反向抵押贷款协议后,取得了该住房的抵押权,并凭借此项权利向银行取得了相当数额的抵押贷款,如企业带着这笔款项逃走(这种情况我们不能说不会发生),或者将取得的款项用于其他方面的投资出现亏损时,就无法向老年客户发放贷款,也无法偿还银行的贷款。这就势必会给老人和贷款银行造成极大损失。如果贷款银行凭借手中的房屋产权证书,逼迫老人迁出房屋,势必又会造成严重的社会问题。再如企业破产、资金来源中断等,对老人而言肯定将是一场大的灾难。当然,将资产证券化引入反向抵押贷款的业务后,一般性企业可以作为投资方,间接地参与反向抵押贷款业务,也是为解决老年人的养老保障问题作了贡献。

(五)房地产企业

由于近年来国家宏观调控等原因,住房金融、土地管理政策等都发生了大的调整。房地产企业正处于重新"洗牌"的关键时期。即使是实力雄厚的大房地产公司,也很难保证自己的资金在较长时间内都能处于充足的状态,信用状况难以保证。另外,传统住宅建造得过多了,也需要在住宅的建造、营销等方面来点制度与观念的创新,搞点新的花样出来。反向抵押贷款的推出就是正当其时,可以很好地发挥这一功用,房地产商也可以在这一业务的推出运营中得到最大的利益。

按照一般常规而言,房地产业兴旺发达之时,房产商只要将住宅建造开发好并顺利销售出去,就可以稳稳当当地将大笔利润拿到手,万事大吉。在这种情形下,要让房产商操办反向抵押贷款业务,辛辛苦苦地长期经营下去赚几个小钱,房产商还真正有些瞧不上眼。加上它们在开发金融产品方面并不具有优势,房地产公司很难成为开展反向抵押贷款业务的理想机构。但在住房的回收、更新建造、资产估价、房价预测等方面,房地产部门则具有较强的优势,适度参与这一业务还是必要的。当我们设想中国式的以房养老业务,是将住房的反向抵押贷款业务与建造养老基地,实施基地养老连接在一起,这就对房产商们提供了亟待开发、容量无限的老年房产市场。房产商在这方面是可以大展宏图的。

考虑到我国目前的国情,反向抵押贷款模式的具体实施有一定的难度。目前保险公司对房地产业务的介入,仅仅涉及财产保险业务的房产保险,对这一业务的开办不是很熟悉,有三件事难以把握:一是抵押房屋的价值评估和价值预测;二是抵押房屋期间的管理与维护;三是收回房屋后的整理与营销。这三件事正是房地产企业的长项。开展这项业务不仅将进一步促进房屋销售,而且将为房地产从业人员开辟新的业务领域。因此,加强房地产业与寿险公司的合作是必要的。

(六)房地产中介机构

房地产中介是住房交易市场的重要组成部分和管理服务机构,可以为房地产开发经营与消费供求市场提供专业化的评估、交易、代理、经纪及咨询、维护等服务及善后,它们能够为反向抵押贷款提供专业化的服务。反向抵押贷款中涉及房产价值评估、抵押房屋的回收交易、咨询教育等多个行业和机构,这些行业和机构的发展水平,直接关系到反向抵押贷款运作的效益,如住房价值评估直接关系贷款双方的权益。在反向抵押贷款"无追索权"的特殊条款下,住房资产评估的准确性尤为重要。

在反向抵押贷款合约结束时,需要对抵押并收购进来的大批房屋进行妥善处置,这些房屋相对于新房,具有交易量小、地点不集中、交易成本大、不符合专业分工的特点。这类事项若是依靠专业性的金融保险机构来运作,显然非其长项,吃力不讨好,成本也显得太高,房产中介机构就正好来发挥作用。反向抵押贷款业务中涉及各种法律,并非金融、房产机构的长处;中介机构将有限的资金投入长期限的反向抵押贷款业务,也非明智之举。故反向抵押贷款的成功运作,需要有中介机构的强力配合才可。

房地产公司对房产及房产金融行业有深入的了解,很多人员直接从事房地产金融研究或是与银行业务实现对接,这就更加有利于房产公司将部分业务转移至这个全新的中介咨询业务上,同时也为自身开辟了新的利润空间。

同发达国家相比,我国房地产中介机构还处于自有资金少、科技含量低、服务质量不高、市场占有率低等状况。近几年来,美国"21世纪不动产"进入中国大陆①,主要采用特许加盟模式推行全面的房地产交易、保险、评估、信托等的一站式服务。房地产中介服务运用丰富的信息资源,多样化的服务手段,为客户提供合理、便捷的交易及咨询服务,丰富和扩大了住房市场。

第三节　商业银行开展反向抵押贷款业务

一、商业银行开展反向抵押贷款业务的优势及其运作模式

银行积累资金充裕、财力雄厚,个人储蓄存款中用于购买住房、储备养老的资金也占有较高比例。我国的房地产贷款业务一直是由商业银行进行操作的,商业银行对国内房地产市场的情况非常了解,对开发与房地产有关的金融产品、房地产的估价及资产转让等方面,有着较丰富的经验,可借此实现业务的临近转移。另外,商业银行拥有大量的资金,能够满足反向抵押贷款的启动预算,还可通过反向抵押贷款证券化的形式,提高贷款资产的流动性,这会使业务开展的交易成本变得较低。

商业银行在反向抵押贷款模式中具体运行的程序可以是:

1. 有以房养老需要的老年人,以自己拥有的住房产权为抵押向商业银行申请反向抵押贷款。一般地说,参与本业务的老年人的年龄应当超过62岁或65岁。

2. 商业银行对住房的价值、增值潜能、折损和老年人的预期存活年限等情况进行综合评估后,经过精确的计算,每个月支付给抵押房产人一笔贷款的数额用于养老用费,这实际上是住房还没套现的价值。

3. 商业银行制定一套符合情况的抵押贷款程序,贷款的款额每隔一定时期根据市场利率、房价波动、抵押房产人预期寿命等情形的变化等重估一次。

4. 抵押房产人去世、出售或搬离该抵押房产时,房屋的产权收归商业银行所有,商业银行出售或出租营运该房屋,弥补前期发放贷款的本金和利息,同时取得一定的收益。

---

① 21世纪不动产是全球500强之一Cendent公司旗下的品牌,由美国两位房地产经纪人菲舍尔和巴特莱尔1971年采用特许经营方式创立,目前在全球41个国家和地区开设近7000家加盟店,为世界最大的不动产服务提供商。

　　商业银行开办反向抵押贷款业务的初期,限于经验不足,相关的平台未完全建立,也可以采取较为简单的办法,即贷款期限固定、利率固定、房屋价值固定的"三固定"的办法。老年人将住房抵押给银行,根据事先的制度规定,根据住房的现时价值、现时利率和期限,计算每期可以贷放的款项并付给老年人。到期后根据实际情形再根据当时的情形重新计算贷款款项,或者由老年人或其子女出售房产结清贷款本息。为业务开办的稳妥起见,可以遵循谨慎性原则,每期可贷款的额度适度打一个折扣给付。

　　比如,某老年人现年 65 岁,拥有住宅的现时价值为 30 万元,已知当时贷款利率为 4% ,双方协商好贷款期限为 15 年①。列出计算公式为:

　　每年可以贷款额度×(年金终值系数,利率,年限) = 抵押房屋现时价值

　　将数据代入,得到:每年可以贷款额度×(年金终值系数,4% ,15) = 30 万元

　　每年可以贷款额度×20. 024 = 30 万元,解方程得每年可以贷款额度约为15, 000 元,每个月为 1, 250 元。

　　15 年期内,贷款额度就依照计算的结果每个月 1, 250 元如数发放,15 年期满时,抵押房产人用住房的价值结清整个贷款的本息。为谨慎起见,在双方协商同意的前提下,每个月的贷款额度也可以只发放 1, 000 元,未全部发放部分到最终结算时再全部结清,有剩余部分还可以再留给子女继承,如有不足也应由子女代向银行缴还。这个业务应当是很少风险,也是双方都能够较为容易接受的。

二、商业银行开展反向抵押贷款业务的不足与积极性的缺乏

　　向老年家庭开展反向抵押贷款业务,商业银行是比较合适的,但反向抵押贷款是一项营运时间长、风险很大的业务。银行考虑多方面事项,对参与本项业务固然会有较大热情,但如真正要开办本项业务时,又会顾虑重重,对开办反向抵押贷款缺乏积极性。原因主要有以下几点:

　　1. 银行是一切讲求确定性的,如普通的贷款业务,期限、利率、贷放与偿还

---

　　① 这里的因素设定的依据为:预期寿命以当时 65 岁的老年人大致可以存活寿命 80 岁计算,尚有 15 年;利率依不考虑通货膨胀状况下的复利利率计算,4% 应当是一个可以接受的数据,在发生通货膨胀时,房价也会以同样的速率或更高的速率上涨;住房价值依照当时住房评定的价值计算,为 30 万元。设定用年金终值系数计算可运用数值,是因为贷款的发放是依照每个年度或月份定期定额地发放,用年金的简便办法是完全可以的。至于说三大因素可能在整个贷款期间发生的数值波动,这里未予考虑。

的额度等,大都具有较高的确定性。反向抵押贷款业务却有较多的不确定,贷款到期的时间不确定,它可以是确定固定期限,但更多的是依据借款人实际存活的寿命期限而定;贷款利率不确定,事先的贷款合同上虽有确定的利率并明确记载,但实际执行利率却因年代久远,期间利率调整而应给予一定的调整;还贷的方式不够确定,它可能是借款人用房子还贷,也可能是用该住房变卖后的价款还款,或是借款人从其他渠道另行筹措资金来还贷;还贷人不够确定,它可能是借款人亲自于贷款到期一次性归还累积本息,但更可能是借款人死亡,其子女用房产或现金向银行还贷。

2. 相比普通的住房抵押贷款,反向抵押贷款持续时间长,风险大。在普通抵押贷款中,银行的风险随着贷款到期的临近而逐渐减小;而反向抵押贷款中,随着贷款到期的临近,风险却越来越大。一旦房产大幅贬值,会给银行造成大量坏账,对金融运营的冲击较大,不利于金融体系的稳定。

3. 银行经营的业务要求稳妥、保险①,反向抵押贷款业务却以时期长、风险大、运用资金多而著称;银行的业绩、利润考核指标是按年度进行,反向抵押贷款业务利润的最终获得,却需要经过 10 多年甚至几十年,到结算时期(即老年人最终辞世,银行无须继续支付贷款,相反要将贷款本息全部回收为止),才能最终确定这个项目是否真正赢利。

4. 商业银行参与反向抵押贷款业务的不足,还在于银行讲求"短平快"的,开办的业务多是 1 年或 1—3 年的中短期限,5 年期即为长期限。反向抵押贷款持续的时间很长,可能达到十几年,这使得银行资产与负债的期限很难匹配。另外,银行的存储放贷多用于确定性业务,由于反向抵押贷款的制度要素存在着利率、期限、标的的不确定性,负债期限的不确定性也较高。

5. 贷款利率的确定是很大的难题。目前我国的房地产市场价格变化和人民健康水平的提升,都处于快速发展时期,确定抵押贷款的合理利率的难度很大。理论上说,合理的抵押贷款利率,既要能够保证银行获得相应的利润,又能够吸引拥有住房而又有现实资金需要的人,尤其是对生活素质要求较高而收入来源有限的老年人。反向抵押贷款利率的确定涉及房地产市场走势、人均预期寿命等因素,如利率确定偏向消费者,银行的风险就会加大;如利率确定偏向银

---

① 在这里形成鲜明对照的是,保险公司经营的业务却并非保险,而带有极大的不确定性。或者说保险在将"保险系数"给了客户的同时,却将业务开办中蕴涵着的种种风险留给了自己。

行,消费者就会觉得不很合算。但什么样的贷款利率才是合理的,才对银行和消费者都具有吸引力? 需要在大量稳定可靠的数据统计分析后,经过多方论证,综合各方面因素,认真经过精算才能确定。

6. 银行在金融体系中处于核心地位,从事这种贷款期限较长的个人住房反向抵押贷款,会大大减少拥有资产的流动性。商业银行资产经营中必须符合的安全性、流动性和收益性中,流动性最为重要,失去流动性,商业银行的资产质量将受到严重影响,可能引发贷款被迫转让、投资证券被迫出售等事项。

7. 住房反向抵押贷款风险较大,借款人除了房产之外,几乎没有其他收入来源,还款来源主要依赖于借款人过世后对抵押房产的变现收入,而抵押房产的变现收入具有不确定性。如果没有第三方机构如保险公司对借款人的还款来源提供担保,商业银行开展此项业务的积极性肯定不会高。

8. 反向抵押贷款的评估标准如何设定,事项非常复杂,除估算房屋价值及房价未来的走势外,还要估算老人的寿命,银行要培育类似保险精算人的测算群体,需要做大量的前期准备,绝不是一两年就能解决的,要获得赢利需要经过的时间周期就更长。这需要考虑银行能否承担这样长时间的赢利成本。

9. 反向抵押贷款涉及老年人的住房问题,当老年人的实际寿命远远超过预期,老人得到的款项累计本息,已经将抵押住房的价值消耗殆尽时,银行很难按照合同约定把老年人"扫地出门",这也会影响银行的积极性。

10. 除反向抵押贷款外,老人可以有多种方式参与以房养老事项,如房子较大、地段较好的,可出租部分房间,或将自己的房子出租而另租地段较差、面积较小的房子居住,甚至可以将好房子卖掉,换差一点的房子居住。这样需要办理反向抵押贷款的可能只剩下地段、面积都不太理想的低质房,这无疑会大大增加银行的风险。

11. 银行对这种涉及广泛、内容复杂的大型金融产品的开发经验欠缺,包括对借款人的寿命预期、养老金市场的敏感、产品的定价、整体风险的防范等都有较大欠缺,存有一定的先天性缺陷和明显不足。

12. 国内商业银行内部业绩考核的方式和经营理念,是阻碍银行推出反向抵押贷款的主要原因。反向抵押贷款要获得赢利需要经过较长的时间,一般要十多年甚至二三十年后才能有回报,这就必然存在着业务开展的长期性与年度短期考核的现实矛盾。目前的状况下,大部分银行对经营部门的业绩考核是按年度进行的,在任的经营部门负责人显然不会对后任期间才能产生效益的贷款品种产生兴趣。

如由银行开办反向抵押贷款业务时,应建立健全内部机制,严格反向抵押贷款审查和发放程序,严格资金管理,改变目前"只重眼前,忽视长远"的做法,建立长效的反向抵押贷款业绩考核指标。尽管反向抵押贷款有借款人的住房资产做抵押,还款有一定的保证,但其风险仍然很大。银行必须寻求相应的风险规避措施来防范和降低各项风险。

三、开办反向抵押贷款的营利状况及业务开办机构营利目标的评判

银行举办反向抵押贷款业务,是否就是非常赚钱,不完全是这样。银行在业务开办中要长时期地垫付数额极大的资金,要承担极高的风险,而可以获取的收益却并非很高。比如,这一业务具有长期性,没有十多年乃至二三十年完成不了一个资金循环,其延续期限也即银行真正实现赢利的时期,这取决于老年人申办这项业务后的实际存活寿命,或对该幢住房做其他方式处理的时期。事实上,这项业务是专门对老年人开办的,机构也很难将营利性置放在第一位加以考虑。

比如,每个老年人的住房价值以平均数 30 万元计,抵押时期以 15 年计,平均抵押付款即扣除各项利息费率的折扣后的余额以 20 万元计算,再以 15 年除以 2 计算(本项付款的方式是前期少,以后逐步加大到总的额度 20 万元,故此以平均数计算)。老年人将住房抵押给银行后,银行就要按章程在老人的生命结束前,即 15 年内按期持续向老年人支付房款,直到该老年人身故或将该住宅做其他方式处理为止。不考虑累计利息,银行在 15 年内的平均占用款项为 10 万元。这还只是一个老年人。一个银行以 10 万个客户参与计算,这笔占压款项就达到 100 亿元。而银行收回这笔钱财,则还要等到 15 年期满。

金融保险部门在开办个人金融业务时,应当从其观念认识、指导思想、制度设计等方面,真正认识到个人金融业务开办的重大意义,真正以客户为本,站在客户的角度和立场,为满足客户的各项金融需要,提供各种优质的金融服务业务。同时围绕居民个人持家理财生活对金融保险的需要,包括日常生活开销、住房购建、养老保障、接受教育、耐用大件品购置等各个方面,来安排储蓄、贷款、保险产品与服务的设计,要自觉主动地为客户出主意、想办法。机构在这其间是大有文章可做的。

但这里还想提出的一个新的价值评判的标准与思路。评价各类金融保险业务开办的成败得失,对其做出成本、收益、风险的经济分析是必要的。但这种分

析又包括两种,一个是部门单位自身的成本、收益与风险,以判断此项业务是否值得开办;另一个是与此相关的外部社会的总的成本、收益与风险。比如,该项业务的开办是有利于整个社会的总的人力、物力、财力资源的节约和优化配置,提高了社会的总效益,或者说是将社会的风险给予了较大的释放与减轻,或是正好相反。这种事涉外部社会的成本收益风险的比较评析,同样是评价该项业务应否开办的有力证据,或者说是更为有力的依据。如某项个人金融业务的开办,可能对业务开办机构是得不偿失,很不应当予以开办,但它对全社会的整体利益增进有相当好处,这项业务就是绝对值得开办的。

　　比如,我们评价金融保险部门开办反向抵押贷款等以房养老业务的成败得失,是仅仅考虑金融保险部门自身的成本效益评析,还是将其同整个社会的成本收益的分析做通盘考虑,即将这一金融保险业务的开办,不仅仅是就金融保险自身的小圈子里给予风险、收益、成本的评析,尽管这种评析是非常重要,还必须将其置于一个更大的全社会的范围内,对其做整体的分析评价。单就金融保险部门而言,开办这一类业务,因其风险大、成本高、收益低等,是不大合算。最简单的应对方法,就是坚决不开办这一类业务,至少是不积极推进这类业务,或者是迫于有关方面的压力,是虚应故事地开办,像教育储蓄、教育助学贷款的初始开办中的某些做法,都深深地印证了这一点。

　　金融机构毕竟是一种独立经济核算、有自己独立利益机制、自主决策运行的经济实体。机构为开办这类业务可能受到的某种损失[1],也应当由国家或社会给予相应的政策补偿与优惠津贴。总之,不能让银行为社会做好事,而使自己吃亏。同样,如果某项金融业务的开办,对业务开办机构是绝对合算,却会对社会带来众多的负面效应,机构就应当牺牲自身的小利益,坚决不开办此项业务。

第四节　寿险公司开办反向抵押贷款业务

一、寿险公司开办反向抵押贷款的运作
(一)寿险公司开办反向抵押贷款业务的介绍

依靠保险公司尤其是其中的寿险公司从事反向抵押贷款业务,是完全可行

---

[1]　事实上,金融保险机构开办反向抵押贷款等业务,只要把握得好,是不会遭受任何损失的,只是相比较其他金融保险业务的开办,以及本业务开办中的成本与收益、风险的极不对称等,故此显得不大合算。

的。公司本身就开办有养老保险业务,并借此积聚了大量长期的资金,且寿险公司人员业务素质高,学习开辟新业务较为容易,知识、业务迁移的成本低,目前已有现成的遍布全国的分支机构和强大的营销体系。寿险公司与商业银行合作开办本项业务更为有利。现有的保险险种比较齐全,能为商业银行降低风险,也为自己借机打入房地产资本市场,开拓一个广阔而又富有利益的新领域,提供了一种新的途径。

寿险公司不仅应承担房屋拥有者的人身保险和房屋财产保险,我们认为还应当由其来开办反向抵押贷款保险业务。寿险公司开办的寿险业务大都是 5 年乃至 30 年的长期限,同反向抵押贷款业务要求的长期限是相吻合的;寿险公司开办的业务大都是具有高度风险和不确定性的,这同反向抵押贷款的特点又是正好吻合一致的。一般情况下,反向抵押贷款到期后的贷款总额会小于房屋价值。对寿险公司来说,无疑是一个很好的商业保险项目。就此而言,在我国由寿险公司开办反向抵押贷款业务,相比银行而言应是更为合适。

寿险业务中最大的风险是保户预期存活余命同实际存活余命差异的风险,这可以通过“大数定理”的办法来消除这一风险。这一点同反向抵押贷款业务的风险,显然有较大的相似性,也是寿险公司开办这一业务的最大好处。为了本业务的顺利推出,寿险公司内部成立专门的特设机构也很有必要,可指望将此项业务举办得更好,也更能发挥这一业务开办的初衷。

养老者在将自己的房屋抵押或出售给特设机构之后,仍将继续居住该幢住房。为此就必须对该幢住房的长期使用居住中的维护保养及安全完好等,办理相关的财产保险。这一保险可称为强制性保险,而且它同反向抵押贷款业务是同样的程序和权责利关系等,而且都是“反其道而行之”,是按相反的途径来的。所以,这里的住宅保险费的缴纳,也应当是该养老者而非是特设机构缴纳。

(二)寿险公司在反向抵押贷款模式中的运行机制

反向抵押贷款模式在寿险公司的开办,同商业银行中的具体开办运用模式是不同的。寿险公司在反向抵押贷款模式中的运行机制,可以体现在推行“房产养老寿险”的业务上。所谓“房产养老寿险”实质上是反向抵押贷款的一种别称,是指在有以房养老需要且达到寿险公司规定年龄的老年居民中推行“抵押房产、领取养老金”的寿险服务。具体做法是:

1. 已经拥有房屋产权的老年投保人将房屋的产权抵押给寿险公司,或者说用这笔产权蕴涵的价值向保险公司缴纳保费。

2. 寿险公司对房屋的现值、将来增值及折损情况进行综合评估,按其房屋的评估价值减去预期折损和预支利息,并按社会人口的平均寿命计算,将该房屋价值"化整为零",分摊到投保人的预期寿命年限中去,按月将现金支付给投保人。

3. 投保人继续保留该住房的使用支配权直至最后亡故,或迁离、出售该住房时,寿险公司将该抵押的房屋收回,进行销售或拍卖。

4. 在此基础上还可以制定一套允许房产"赎回"的办法,即在不损害寿险公司利益的前提下,为投保人留出一个随时可以退出的通道。投保人亡故后,寿险公司给其子女购买这套房屋的优先权。这有助于满足有些老年人希望身故后让其子女享有这套房屋的愿望。

寿险公司开办的反向抵押贷款业务,同银行开办这一业务的最大不同点在于,各项贷款制度因素如房价、利率、预期余命等的设定,都是依照该因素的本来面目行事,也就是说要考虑这些因素本身的实际波动情形等,在整个贷款期间给予相应的定期或不定期的调整。

(三)针对反向抵押贷款应着力发展的保险业务

针对反向抵押贷款业务的开办,寿险公司至少可以着力发展如下新型保险业务作为配套产品:

1. 房屋实体保险

房屋实体保险属于一种家庭财产险,我国的财险公司已经开办了这一项业务。《个人住房贷款管理办法》第七章对此已做了专门规定。该办法第25条房屋保险规定:"以房产作为抵押的,借款人需在合同签订前办理房屋保险或委托贷款机构代办有关保险手续。抵押期内,保险单由贷款机构保管。"第26条规定:"抵押期内,借款人不得以任何理由中断或撤销保险……"根据这些规定,我们可以发现,该办法的实施使我国目前的房屋保险具有以下几个特征:一是强制性,即凡是以所购房屋申请抵押贷款的,必须办理房屋保险;二是不可中断或撤销;三是保险期限较长,个人抵押贷款购房的贷款期限可达15—20年,在整个贷款期限内,都需要保险保障。这一特点决定了这种保险业务的保费收入具有可递增性,保险责任主要包括在保险期限因火灾、暴雨、冰雹、空中运行物坠落、外界物体倒塌等10余种原因造成房屋损坏,或由于防止灾害采取的施救支出。在经过一段时间的实践后,可以在总结经验的基础上完善并逐步推广这一险种。

投保人参与反向抵押贷款业务时,住房实体保险应是必须附加投保的业务,以防范可能发生的抵押物风险。

2. 反向抵押贷款保证保险

这是在寿险公司和银行联合开办本项业务时,老年客户向银行申请反向抵押贷款,贷款银行为预防可能会发生的长寿风险,要求贷款对象投保的险种。老年客户在借款时向寿险公司缴纳一定数额的保费,寿险公司作出偿还贷款的保证,银行相应地给予贷款者贷款。由于贷款的偿还有了十足的保证,银行就可在利息和贷款期限等方面给予一定的优惠。在贷款期限内,如果抵押房产因发生意外情况不能偿还贷款,则由保险公司偿付银行的贷款损失。作为一种履约保证保险,它的开展可能会给寿险公司带来一定风险。由于房屋是一种不动产,不动产的买卖转让必须依法办理过户手续,相较其他保证保险,在风险管理控制上的难度相对要小一些。

3. 应对无追索权损失的保险业务

美国开办的反向抵押贷款业务,有个很重要的条款就是"无追索权"。这就是当老年客户的实际寿命大大超过了预期,而住房的价值也在多年的贷款期间被消耗殆尽,按照规定,该老年客户以后生存阶段仍将继续从金融保险机构获取应当拿到手的款项。老年客户最终需要向金融保险机构归还的款项,将严格限定在抵押房产本身的价值以内,机构不得向客户抵押房产以外的财产追索。金融保险机构由此产生的经营性亏损,只能由自己承担,而不能向客户身上转嫁。为了保障机构的正当利益,防范这类长寿风险,机构实施无追索权的条款时,要求老年客户同时参加保险公司开办的一种保险业务,机构发生这种因老年客户长寿而导致的损失时,即由保险公司给予相应的赔付。

4. 住房价值保险

这是预防住房价值可能会出现的下跌而开办的保险业务,目前在美国的某些州已经开始实行。住房的价值在正常的情形下,呈现为长期的上涨趋势,不大会出现下跌,但也不排除特殊情况的存在。如果真正出现了下跌,也是系统性的大规模的事项,难以由保险公司给予很好的抵挡。有了住房价值保险后,虽然不能对这类风险以彻底的防范,但终究会发生一定的效用。

二、寿险公司开办反向抵押贷款业务的状况

保险公司担负着反向抵押贷款的险种开发、营销及理赔的任务,其活动贯穿整个房产养老寿险业务的全过程。

（一）寿险公司开办反向抵押贷款业务的一般情形

根据我国实际情况，从技术上说，目前最适合开办反向抵押贷款业务的金融机构应当是寿险公司。寿险公司是专门开办养老保险的缴纳与赔付业务的专业机构，拥有雄厚的资金条件、丰富的专业知识、完善的营业网络等，经办反向抵押贷款业务是较合适的。我们认为最好的状况应该是寿险公司借助于拥有的众多优势来担此重任。为具体业务运作及管理考核的方便，在寿险公司内部专设反向抵押贷款开办的机构。

反向抵押贷款业务不同于一般的寿险业务，它在传统的寿命预期风险之上又增加了住房的实物风险和价值波动风险，期限长且风险大，现金流出量大且需要长期持续的支出，而款项或住宅的收回却需要在十多年乃至数十年后才能实现。反映在寿险公司的资产负债表上，就是资产的流动性低且安全性差。这需要反向抵押贷款机构的负债期限也相应延长。从目前我国的金融机构来看，我国大型寿险公司已初步具备了业务开办的基础和经营运作的资金、技术实力。

反向抵押贷款业务是以住宅为人们养老的资金来源，住宅的价值高低及其使用价值的完好状况，又同财产保险发生紧密关联。住宅的价值高低，决定了养老者可获取养老金的数额高低，而这一价值的高低，又还取决于其使用权限及使用维护的完好。这又需要财产保险能够在参与期间，对该住宅继续使用中的安全完好办理相关的保险。正如目前的家庭在办理按揭贷款买房时，还必须依照相关规定，为该贷款的归还办理相关保险一样。

本产品在设计时需要考虑借款人的预期寿命，寿险公司在产品设计上具有更大的优势。但此项业务要涉及贷款的发放，涉及抵押房屋的评估、维护与销售，需要寿险公司与银行、房地产部门进行充分的合作。

（二）寿险公司开办反向抵押贷款业务具有可行性

1. 大型寿险公司是专门从事养老保险的缴纳与赔付业务的专业机构，有严格规范的运作模式、抗风险能力强、资信卓越、人才集中、技术领先、数据完备、容易取得客户的信任等，具有先天性优势。截至 2007 年第 3 季度，我国保险业集聚的总资产已经突破 22,400 亿元。这些都具有长期性，支付一般都发生在 10 年之后，负债的期限也较长。

2. 反向抵押贷款业务在法律上可行，推展本贷款业务在现行法律上不存在大的障碍，只要征得中国保监会等上级机构的批准即可。

3. 推展该项业务具有一定风险，但风险可控、收益对等，寿险公司完全能够有效控制这些不利因素,在合同条款设计时预留营利空间,确保与风险相对等的收益。

4. 推展反向抵押贷款业务不仅开辟了寿险公司新的业务领域,同时使保险产品多元化,在提供增值服务的同时,为寿险公司获得可观的新营利空间,提高寿险公司的竞争能力。我国多年来房屋的价格呈现持续上升的态势,城市土地持续增值的趋势在相当长的时期内不会逆转,推行这一险种,对于保险资产质量的改善会有一定的益处。

三、寿险公司开办反向抵押贷款业务的有利之处

反向抵押贷款业务开办的过程中,对发展我国保险业的作用会很大,寿险公司可以获得如下好处。

1. 反向抵押贷款业务是寿险服务的延伸和寿险业务的衍生。保险产品的不断创新,是保险公司经营策略的重要组成部分,是保险公司经营过程中所追求的目标。当今保险市场可供投保人选择的众多寿险产品中,还没有反向抵押贷款产品的踪影。保险公司应抓住机遇,在取得调研数据、组织保险精算、设计条款、制定实务规则和确定销售模式等,要尽快获得批准,将本产品推向市场,为扩大业务领域,争取更多的市场份额和树立良好的公司形象打好基础。

2. 如今市民们的投资理财意识和操作水平比以前有明显提高,多渠道的投资理财方式和多样化的操作手段,已被多数市民所掌握。购买新型人寿保险产品已成为投保人的理财渠道和工具之一。对手中有房、身边少钱的中年或接近老年的人群来说,将自己的房产作抵押换取养老金,是他们很希望思考的问题,有了反向抵押贷款就可以解除他们的后顾之忧。

3. 开办反向抵押贷款业务,不仅丰富了保险市场,还促进了房地产业和房地产中介业务的发展。保险公司在开办这一业务的过程中,为处置支付被保险人养老金义务完毕后抵押的产权房,将委托房地产中介机构采取转让、拍卖、销售或其他方式,这将涉及抵押物的估价等事宜。有了反向抵押贷款业务,对需求者是个福音,对欲购房者来讲也多了产权房处置的渠道,对搞活房地产市场必定带来利好。

4. 开办反向抵押贷款业务,可以使保险机构的资产额迅速增加,由单纯的小额投保、大额赔付,变为一部分保险是大额抵押、分期给付;可以使保险产品多元化,有利于我国保险公司适应国际化的需要,加快成为现代金融企业。

5. 我国加入 WTO 后,保险业必将面临国内外保险公司的激烈竞争,开办反向抵押贷款业务,适当扩大保险资金的运用范围,使保险公司根据风险成本利润比最佳的原则自主投放保险资金,以多样性的投资提高保险公司的营利水平和偿付能力。

6. 目前我国有关法规对于保险公司从事经营活动范围的限制很严,这有利于避免风险,同时也就缩小了赢利空间。实行了反向抵押贷款保险服务,使得寿险公司有机会把保险业务同房屋的长期经营结合起来,进入一个空间广阔而且长期赢利丰厚的经营领域,肯定可以促进我国寿险业务的发展。

保险公司现在有的是钱,缺的是安全而有稳定收益的产品,22400 多亿元保险资金没有很好的投资出路。保险公司担心的是房屋价格大幅度下跌,而就在它们犹豫不定的最近几年时间里,我国城市的房屋价格和土地是持续大幅增值,早推行这一险种对保险公司的好处就很大了。当然现在实行时间也不算晚。我们盼望将这种有利经济发展、有利人民生活、有利建设和谐社会的保险服务尽早在我国建立起来。

四、寿险公司开展反向抵押贷款的困难与化解

寿险公司开展反向抵押贷款的困难,可以通过如下途径加以化解:

1. 参考美国反向抵押贷款市场的风险承担、分散机制,在产品推出初期以低息或无息贷款等形式提供一定的启动资金,对开展反向抵押贷款的寿险公司给予一定的税收优惠,鼓励其开展业务。

2. 通过监管机构对反向抵押贷款产品资产负债管理(ALM)提供一个较完整的操作规范,加强监管制度建设,严格监管执法,为反向抵押贷款产品发展营造一个公平有序的市场环境。

3. 政府建立房地产质量、交易和公允价值市场数据库,为贷款机构提供指导性意见,寿险公司加强与有资格的中介机构如房地产评估机构等的合作。

4. 借款人在每期从贷款机构取得相应贷款时,应当扣除一定数额的款项作为其缴纳住房价值保险的保费,以备万一房价出现下跌时,贷款机构可因此得到一定的主动权,并减少风险的发生。

5. 在反向抵押贷款业务产品推出后,由政府或指定的专门机构对寿险公司开办这一业务的现金流进行担保。另外,允许寿险公司本身或其他金融机构从事反向抵押贷款的资产证券化业务,也是解决现金流问题的途径之一。

　　本项业务对寿险公司的不利之处在于,在实行这一险种的最初几年,不会给寿险公司带来多少赢利,经理人的"业绩"表现不明显。但这时给付金的支出也比较少,投保人的房屋资产和末付的给付资金却都在寿险公司账上,可以在一定的条件下进行经营和依法获利,对于寿险公司来说最终还是利大于弊。预期赢利也是可以计算得出来,并按照规定反映在报表上的。只要寿险公司不以"急功近利"为经营指导思想,相信是可以鼓励经理人员积极开展这项利在长远的保险业务的。我们相信这是一块赢利丰厚的经营领域,肯定可以促进我国寿险业务的发展。

第五节　银保合作的前景

一、银保联手开展此项业务

　　我们认为住房反向抵押贷款的开办机构,由保险公司联合商业银行共同开展本项业务是最为合适,同时再辅以社会保障机构积极的合作及其他中介部门的参与。具体而言,应建立以保险公司和商业银行为主体,社保机构和其他部门为补充,房地产、律师、会计师等中介机构参与其中的运作体系。此外,还需要有关政府部门,如金融管理部门、保监会、社会养老保障部门的政策支持和资金支持,联手协作,对此实施必要的协调与监控。

　　在国内各地环境不尽相同的情况下,为了使住房反向抵押贷款未来的实施更具有普遍性,在开展本业务的具体时间表上,可建议采用日本的做法,先选择一家或几家金融保险机构推出此种产品,在条件相对成熟的城市选择几个地区作为市场试点。试点城市应当同时具备房地产二级市场发展程度较高、金融机构可用资金具备一定规模、房地产市场的预期发展良好、房地产评估业等中介机构的发展较为成熟、银保联手开办业务获得批准、当地居民的投资消费生活的意识观念领先、房屋产权情况较明确、相关法律法规环境较完善成熟及监管机构的运作环境良好等条件。同时,当地财税部门应给予商业银行一定的优惠政策,待条件相对成熟后再向全国范围做全面推广。

二、银保联手开展此项业务的必要性

　　1. 反向抵押贷款销售和管理,主要依赖银行和保险公司现有的销售网络,该产品的成功推广需要专业房贷机构、保险公司和银行等金融机构的互相合作。

该产品在设计时需要考虑申请人的预期寿命,保险公司在产品设计上具有更大的优势。

2. 对于抵押物的毁损、贬值等,均可由保险公司负责保险。房产到期变现时,商业银行与保险公司以一定比例分享房产的增值部分。目前,国外有很多保险公司单独开办此项业务。

3. 我国的房地产贷款业务一直是由商业银行推出,保险公司对房地产市场的情况不是很熟悉,缺乏开发和房地产有关的金融产品的经验。银保联手,既可以发挥商业银行充足的资金优势,又可发挥保险公司的保障和风险承担优势。保险公司必须和银行进行足够的合作,才能开发出适合我国的反向抵押贷款产品。

4. 业务开办机构和借款人双方的盈亏,主要取决于借款人的寿命长短。此项业务的开展中有可能出现诸如借款人实际寿命较预期寿命延长等风险。为解决此类问题,借款人在业务开办初始就应向与商业银行联合开办此项业务的保险公司投保。当出现风险时,商业银行就可以获得保险公司的赔款。

5. 我国住房抵押贷款保险市场还存在很多不足,住房保险品种单一,仅限于所抵押的住房本身,参与保险的机构单一。目前由于政策的限制,中国内地的保险公司尚未具备金融信贷的功能,未取得参与住房抵押担保的保险市场的资格,国内保险资金还不允许直接参与房地产投资,因此只能通过与商业银行联手开办此项业务。

6. 房地产保险还可以通过资产证券化的方式,起到信用增级的功能,提高被保险人的信用程度,同时大大地拓展保险公司的业务空间。

当反向抵押贷款以普通贷款的一般含义来操办时,对贷款期限和利率加以严格规定并执行,作为银行如此设计和开办业务是无可厚非的。但作为寿险公司,则应发挥自己的长处,用自己擅长的应对不确定性的经验和风险防范机制,来应对反向抵押贷款业务经办中的较多的不确定性和存在的较多风险。

银行与保险公司建立合作关系,合作开办反向抵押贷款业务,借用银行雄厚的资金来源,银行出资金,保险公司给予相应的保险,可谓相得益彰。只有在银行的大力参与下,本项贷款业务才有源源不断、取之不竭的资金;只有在保险业的介入下,才能分散贷款发放、运营及回收中的种种风险;只有银行和保险公司的通力合作,才能使反向抵押贷款这一金融产品得到高起点的稳步发展。保险公司尤其是寿险公司长期从事养老保险的经营,在寿险产品的开发和推广上有着丰富的经验。

三、混业经营与分业经营对银保合作的影响

(一)分业经营与混业经营对反向抵押贷款运作的影响

鉴于反向抵押贷款模式运行的复杂性,具体的运作中,应当是以银行、保险公司或特设机构等相关部门的联合运作为最好。但这就涉及与现行政策法规的不相容问题。在我国的目前状况下,银行业、保险业、证券业和信托业原则上仍实行分业经营,井水不犯河水,甚至在保险业界的人寿保险和财产保险业务也不允许相互侵入。我国现行的《证券法》和相关的《银行法》等法规,都明确提出"证券业和银行业、信托业、保险业分业经营、分业管理。证券公司和银行、信托、保险业务机构分别设立"。这种"分业经营,分业监管"的做法,事实上极大地限制了机构投资者各自的发展空间,将商业银行的业务范围限制在一个狭小的范围。同时,保监会、证监会、银监会的相继成立及加大监管力度,已使金融创新尤其是一些跨领域的特别复杂的金融工具的创新,尽管口头上是非常重要,但在实际运作中则是变得日益艰难。

反向抵押贷款的具体运作中,贷款一经发放就由各个家庭现实地用于消费,缺乏完善的风险分散机制,要开拓一项新的业务,需要经过很长时间的论证。我国目前从事住宅抵押贷款证券化的专业技术人才相当缺乏。这些都不利于反向抵押贷款资产证券化的开展,从而使反向抵押贷款模式的顺利运行产生问题。

在我国的目前状况下,分业经营应当认为是很必要的,是符合我国现实状况的。然而,从长远发展的趋向来看,分业经营势必要逐步走向混业经营,目前推出的银证合作、银保合作等联手拓展业务,已经得到特别允准和广泛认同。这对我们这里着力探讨的反向抵押贷款模式的推行,显然是有强相关作用的。它决定着反向抵押贷款的推出,不要说能否顺利健康地运行下去,首先是其"出生"能否得到特别批准,顺利发放"准生证"的问题。

(二)分业经营向混业经营的转变

反向抵押贷款的产品开发中,从目前的分业经营模式向混业经营模式的转变是必然的,这样才能为反向抵押贷款业务的推出提供好的运作平台。最近几年来,国际范围内的金融、保险乃至证券、投资等各项广义金融活动出现了自由化、融会化的态势,以金融超市为代表的混业经营模式大量出现,传统的严格意义上的分业经营已不可能再继续下去。新型金融产品和金融工具的大量出现,

也因其日益大型化、复杂化,很难简单地认定应将其归类为某种狭义金融产品,专由银行予以经营;还是属于保险产品,应由保险业专门经管;或应归属于投资工具或证券投资融资手段,由投资业或证券业界独立操作。在发达国家里,储蓄机构、投资银行、保险公司、投资公司、信托业、养老金以及各种基金之间的传统界限已经变得日益模糊,或者干脆消失。这一趋向正反映金融(广义上的金融)运行与发展的基本态势,引起了金融机构属性的一种革命性的变化①。

　　外资金融机构今天已经全面进入我国的金融市场,在带来一定挑战和市场竞争压力的同时,也为国内金融机构带来了快速发展的大机遇。外资金融机构的大举进入,将促使国内金融机构增强市场竞争意识与危机感,促进金融体制改革的进一步深入,通过与外资金融机构的竞争与合作,国内金融机构的市场竞争能力、风险控制能力、产品设计能力等,将能得到较大提高和迅速改善。可以预见,住房抵押贷款的证券化在我国的实现已经是为期不远,反向抵押贷款业务的推出,也可以为住房抵押贷款的证券化及二级市场的建设提供有益的操作经验。

---

① 引自 Anthony M. Santomero(1997): Insurers in a Changing and Competrtive Financial Structure, The Journal of Risk and Insurance. 1997, Vol. 64, No. 4. p. 727。

第五章　反向抵押贷款运作

反向抵押贷款的具体运作中,贷款运作的机制、机理、指导思想等应当如何确立,贷款业务运作中涉及的各个机构的角色分工与定位,运作中的制度建设、程序授权、信息披露等等,都是本贷款业务推出的核心内容所在,也是大家所关注的。这里以本项业务做得最好的美国的情形为例,说明反向抵押贷款运作的基本状况,并对本业务开办中款项的给付方式及可能会出现的违约等的处置等予以相应的探讨。

第一节　反向抵押贷款运营市场与模式

一、反向抵押贷款运营市场的划分

反向抵押贷款的业务能否成功运行,取决于运行机制的良好设计及与此相关的各市场的健康发展,为此应积极引入竞争机制,鼓励各个金融保险机构大力参与,现分析如下:

(一)反向抵押贷款市场

大量金融机构进入市场不仅可增加反向抵押贷款的种类,实现产品多样化,还可通过相互竞争降低反向抵押贷款的费用,产生优良的贷款产品。美国反向抵押贷款市场面对的最大优点,或说是最大障碍之一,是联邦住房管理局和房利美占据了市场的绝对主导地位,私人机构则只有一家,且抓住市场的份额也只有区区的不到5%。这种情况导致缺乏竞争,使反向抵押贷款的成本居高不下。考虑到本项贷款业务开办的期限较长,参与机构需要大量的资金。适合进入这个市场的机构包括商业银行、保险公司和社保基金等。政府应鼓励这些有一定资质的金融机构进入反向抵押贷款市场,购买反向抵押贷款证券,以改变机构的资金配置状况,增加竞争程度。

(二)反向抵押贷款证券市场

一个金融产品的成功与否,流动性是相当重要的。政府可以设定反向抵押贷款资产证券化的标准,统一格式,允许金融机构将反向抵押贷款的资产证券化。在贷款未到期前,在二级市场出售后回笼资金,从事其他业务,或者在更大范围内开展反向抵押贷款业务,降低运作风险。

反向抵押贷款证券市场上交易的是一系列以反向抵押贷款合同为标的的资产,资产经过信用评级之后,以其未来所产生的现金流为担保,通过发行反向抵押贷款证券的方式,出售给市场上的投资者。这个市场是反向抵押贷款的二级市场。资产证券化增强了反向抵押贷款的流动性,分散了这一业务的风险。开办机构通过反向抵押贷款证券市场,无须等到住房拥有者死亡、搬迁、出售住房,就能提前收回资金并顺利运营周转。

(三)反向抵押贷款保险市场

在我国,我们认为不应由政府来对反向抵押贷款业务开办中的风险进行保险,而应由保险公司承办此项保险业务。应鼓励各大保险公司进入反向抵押贷款保险市场,造成相互竞争的局面,从而降低保险费率,减轻房屋拥有者的沉重负担。政府部门要做的就是尽可能地给予相应的政策优惠,同时对机构经办这一业务发生的损失给予一定程度的核销和"兜底"。

(四)二手房交易市场

反向抵押贷款的最后落脚点,是房屋拥有者的房产转让与本息偿付。如果贷款到期时,老人或其继承人无力偿还贷款,若在二手房交易市场无法以合理的市场价格出售其房产;或贷款机构将房屋拥有者抵押的房产在二手房交易市场无法获得合理的价格,则贷款机构或保险公司将会遭受损失,这必然会严重抑制反向抵押贷款的健康发展。政府应出台有关二手房市场的制度、规则,大力推动二手房市场的健康、稳定、持续发展,对二手房市场进行严格监管,防止二手房市场的大起大落,损害反向抵押贷款业务的开展。

二、反向抵押贷款参与经营机构的功能定位

(一)反向抵押贷款运营机构的选择

我们认为,本项业务的属性应当是以市场经营性为主、福利保障性为辅。它主要是通过市场机制的运作,运用经济核算的手段来制定相关事宜,为维持自身的运转需要考虑一定的赢利;同时,又需要考虑这一抵押房屋的特殊目的——养

老晚年保障的特定用途,不应将营利色彩看得过于浓厚,可准予相应的税费如营业税、契税、土地出让金等的减免,从国家政策上对此以积极的鼓励和支持。

国外反向抵押贷款的供给者一般分为两种类型,即非营利机构(如政府、养老保障基金、住房公积金管理机构等)供给者和营利机构(如银行、保险公司等)供给者。反向抵押贷款的非营利机构供给者一般就是不以追求利润为目的的公共供给者;营利机构的供给者是私人供给者,利润是它们参与业务的主要考虑因素。

(二)美国反向抵押贷款的运营机构

在不同国家,反向抵押贷款的业务开办机构不尽相同。加拿大唯一的反向抵押贷款 CHIP 是由私人的专业公司提供的;新加坡则是由职总英康保险公司推出的,政府是否参与尚在讨论之中,未成定论;英法等欧洲国家大都是作为一种单纯的金融保险产品运行;美国则是由政府和私人房贷机构同时提供,但政府提供担保的产品占市场的绝大部分。以上几个国家,虽然设计和提供住房反向抵押贷款产品的机构不同,有的是营利性的,有的是非营利性的,但其销售和管理往往依赖于银行或保险公司众多的机构网络,需要专业房贷机构、保险公司和银行等金融机构的互相合作。

美国有三种反向抵押贷款产品:住房权益转换抵押贷款(HECM)、住房权益保留抵押贷款(Home Keeper)和贷款机构自保的反向抵押贷款。其中 Home Keeper 是由政府通过 Fannie Mae① 提供的,受国家财政支持,具有社会优抚的性质。HECM 由银行和信贷公司向民众销售,由联邦政府通过美国住房管理局(FHA)提供违约保险,可以说是一种半公共半私人性质的反向抵押贷款;Financial Freedom 则是雷曼兄弟公司这个私人机构提供的,是一种贷款机构自保以营利为目的的反向抵押贷款。可见,美国根据反向抵押贷款的需求层次,设计了不同的产品类型,分别由不同的机构来实施,政府给予的支持也不同。但总的来说,美国政府对反向抵押贷款的支持力度非常大,特别设立了几个机构为反向抵押贷款提供资金、技术和政策上的支持。如 FHA 为反向抵押贷款供给者提供联邦再保险,Fannie Mae 和 Freddie Mac② 也为反向抵押贷款市场提供了较大的支

---

① Fannie Mae: Federal National Mortgage Association,一个营利性的抵押贷款组织,其债券受联邦政府的默示担保。

② Freddie Mac 又称房地美,是美国国会特批的一家全国性的住房抵押贷款公司,主要业务是抵押贷款的证券化。

持,如购买市场上所有已经出售的反向抵押贷款产品,并以资产证券化的形式保证它们在二级市场上的顺利流通。

三、反向抵押运营的模式

尽管我们希望将竞争机制引入反向抵押贷款市场,通过市场化实现反向抵押贷款的运行,但又因为反向抵押贷款承担的社会功能,即养老保障的重任,而被赋予浓郁的福利色彩,需要政府的大力参与。因此,我们考虑可将反向抵押贷款市场定性为基于市场化运作,并由政府福利、政策优惠倡导的,不以营利为目的的政策性金融业务。从某种角度比较而言,反向抵押贷款与国家助学贷款相近,该业务更加适合由政策性金融机构来操作,将其划入政策性金融业务范围,与养老和社会福利事业相连接的合理性更大。

(一)反向抵押贷款运行的一般模式

反向抵押贷款运行模式包括有:(1)市场运营模式;(2)政府福利模式;(3)政府福利加市场的兼营模式。第三者又可以政府与市场在其中占据比重的不同,包括多种具体状况,如大政府、小市场或大市场、小政府等。当然也可以称之为市场运营模式为主、政府福利补贴为辅或相反等。运营模式及属性的界定,主要取决于反向抵押贷款推出是采用完全的市场模式,还是具有福利性质的政府模式,抑或是两者的结合。从前面对美国反向抵押贷款运作模式的探讨,可以清晰地看出,美国模式相对于法国、新加坡模式具有明显的优点。从实际运行效果来看,也以美国反向抵押贷款市场最为成熟和完善,值得我们大力借鉴。

应当采用何种营运模式,首先要考虑国情和家情。既然是将其视为一种贷款,使得老年人依据自身的房产价值的转换来取得养老的财力;而非财政向养老保障事业的大举拨款或救济补贴,这就肯定了应当主要采用市场运行模式;如将它作为养老保障事业的贷款,又必须考虑被赋予的社会保障属性。这是我们对反向抵押贷款模式应当持有的基本观点。

(二)不宜使用完全的政府模式

反向抵押贷款产品的推出,假如按照某些人员的说法,完全由政府来开办,采用政府福利补贴的模式是大错特错的。原因有以下方面:

1. 老年人口队伍的日益庞大,生活费用的日益昂贵,这一切若都依赖于政府来解决,是不可能的。政府没有如此之大的财力来做如此庞大的事项。政府最好的做法,就是给政策,给出路,具体的实施则应当依靠社会组织来实现。

2. 政府没有必要也没有能力独立完成所有这些事务。

3. 我国还没有类似美国的 HUD、FHA、Fannie Mac 等机构来开展反向抵押贷款业务。即使政府想把反向抵押贷款作为一种社会养老保险方式推出,国内的条件也是不够成熟。政府是否有能力、有必要完全凭借自己的力量,把反向抵押贷款推广开来值得商榷。

在我国日益走向成熟的市场经济的今天,政府不宜大包大揽,也无力大包大揽。

四、反向抵押贷款不宜使用完全的市场模式

政府在反向抵押贷款的运作过程中,要求能发挥关键性的作用,主要是为反向抵押贷款的运行提供一个良好的制度环境。模式运营的关键就在于反向抵押贷款产品应有政府担保,既包括对老年客户的保险,也包括对贷款机构的保险。这一点对于反向抵押贷款推出的前期阶段尤其重要。

目前我国的现实国情决定了反向抵押贷款运行模式,还不宜使用完全的市场模式。这是因为:

1. 我国的社会主义市场经济还不成熟,信用体系不够健全,法律制度环境不很完善,把这项涉及众多老年人群切身利益的事项完全交由市场运作,不可避免地会出现这样那样的问题。如果由于产品设计不当,或不法机构借此侵害老年人的经济利益,发生各种各样的经济纠纷的话,就是得不偿失。这在英国反向抵押贷款开办的初期有着深刻的教训。

2. 发达国家设计反向抵押贷款的目的,是为"住房富裕、现金贫困"的退休老人提供一条养老的补充途径,是对老年人养老保障的"锦上添花",以期使老年人的养老生活更有保障;我国推出反向抵押贷款的目的,在大多数的情况下还属于"雪中送炭",是对生活难以维持但又有一定房产的老年人而专门开设。这就更不宜完全采用市场经济模式。

3. 为老年退休人员提供必要的社会保障,本来就是政府的职责所在。由此,社会保障部门的参与就是必不可少。如前所述,即使在市场经济比较成熟完善的美国,反向抵押贷款的运作也不是完全的市场机制,政府在其中的补贴优惠、亏损"兜底"等,发挥了积极的功用。

4 反向抵押贷款是一个全新的产品,需要对此组织深入系统的理论研究,进行大量的产品宣传推广,需要对消费者进行宣传教育,要有众多的专业人员对借款人进行免费的贷款申请前的培训咨询教育。社会保障部门要负责组织反向抵押贷款项目的论证、消费者的前期教育、培训咨询人员、甄选合格的贷款机构、借款人资格界定、为借款人提供免费咨询、进行产品设计、建立风险规避机制、设立保险基金、二级市场的培育乃至监督项目的运行,制定消费者保护规范、提供风险规避机制等等事宜。这些都需要有大量的费用支付,都不是私人机构愿意承担也无力承担的。

5. 反向抵押贷款的推出,需要客观社会环境与相应条件的必要配合。市场的自发演变是缓慢的,政府的参与推动能够促进相关制度环境的早日完善。国家大力支持并配合出台相关的政策,是反向抵押贷款顺利实施的必要保证。

6. 反向抵押贷款是外部效应很大的一种特殊金融产品,如对社会养老保障、国民经济增长等,都可以发挥相当积极的功用。反过来也可以说,本产品的尚未推出对社会养老保障事业和老年人的负面效应,如"端着金饭碗讨饭吃"等也是极高。为此,政府在其中给予相当的政策优惠,就是必需的了。

五、反向抵押贷款宜采取政府福利与市场相结合的新模式

国外开展的反向抵押贷款无外乎三种模式:政府开展型、政府支持型、私人开展型。通过前面的介绍,可以看出,美国涵盖了全部三种模式,日本、新加坡是政府支持型的,加拿大是私人开展型的。我国开展反向抵押贷款是必然的,但我国应该选择哪一种发展模式呢?

具体而言,如系完全的政府福利模式,首先政府有没有大量资金可用于养老保障事业,是否可以在反向抵押贷款事业运行中给予大量的补贴,就是个大问题;如完全依赖于市场模式,那么有相当多数老年人单单依靠自身的房产所转换的财力,又无法独自应对养老的严峻局面,机构操作遇到的众多风险难以依靠自身的力量给予化解。这就需要将两者尽量好地结合到一起。

结合我国的国情,我们认为应选择政府支持型的发展模式,即政府出台财政优惠支持政策,由商业保险公司开发产品并进行销售,允许保险公司以营利为目的经营反向抵押贷款业务。当然,银行和其他金融机构也可以参与这一业务。这一选择是基于以下原因作出的:

1. 我国的保险公司有着丰富的寿险产品定价的经验,能够控制业务开办中的大部分风险。除房地产价值评估和抵押房产的处置外,反向抵押贷款的经营过程非常类似于一般的寿险年金产品,保险公司运用精算技术对反向抵押贷款

进行利润分析、准备金评估和偿付能力计算等，可以说是驾轻就熟。另外，大型保险公司有庞大的分支机构可以进行反向抵押贷款产品的推广和营销。这些事项显然是政府不可能具备也不需要完全具备的。

2. 保险公司单独开展这一业务，恐怕难以控制经营中的非市场风险，尤其是政策性风险。反向抵押贷款业务与房地产市场的发展是紧密相连，我国的房地产市场受政府监管的力度越来越大。政府出台的每项关于房地产或利率的政策，都会对反向抵押贷款市场产生巨大影响，政府事先通过政策或立法，对贷款机构的风险进行分担是必需的。

3. 我国反向抵押贷款的运行模式，宜采用福利性政府模式或福利性模式与市场模式的结合。在政府的政策引导和优惠支持下，银行、保险公司、住房信贷部门、房地产业的积极参与及大力支持，是该项目成功的必要条件。带有福利性质的政府模式需要政府财政在反向抵押贷款运行过程中承担部分责任，如果产品设计得当的话，反向抵押贷款的运行不会对财政产生太大压力。美国 HECM 示范项目的成功运行经验，值得我们借鉴与吸收。

4. 政府模式与市场模式的结合，是指市场上既有政府保险的反向抵押贷款产品，同时也鼓励商业部门开发自己的产品。商业部门产品没有政府的保险，政府不对其产品开发设计进行干涉，但要接受政府的监督与管理。这种模式的好处在于可以鼓励市场竞争，增加了市场供给，对产品设计的改进也具有促进作用。

5. 反向抵押贷款行为的推出，应当采取市场化的操作模式。但要使本事项得以完全成功，并真正在养老保障方面发挥相当功用，促使广大的居民家庭有兴趣参与这一事项，金融保险部门乐意开办这一业务，必须有国家财税部门的积极参与、政策优惠和财税支持。所以，国家财税部门对反向抵押贷款模式的推出，应当担负重要的责任。

六、反向抵押贷款运营模式选择应当考虑的因素

反向抵押贷款业务在中国的具体开办模式，必须要以中国养老保障的实际情形而定。应当看到，在我国目前的现实情况下，尽管经济体制改革取得了伟大的成就，但老年人在其中参与分享的部分还较少，大多数老年人的境况仍然不算富裕。

老年人的贫困并非出于自身原因，如好吃懒做等所致，而是新中国成立后数

十年计划经济体制及今日的市场经济体制转型等带来的。过去的计划经济时代实行的是低物价、低工资、低福利加晚年的养老保障。大家每个月的工资收入就是生活费收入，其余的一切如养老保障、住房、子女教育、医疗保险等都指望政府来解决，而政府也大包大揽了这一切。当经济体制发生巨大转型，原本可以信赖的单位不知所终，这些老职工就立时被推到"边缘化"的境地。现在实行的市场经济则是完全相反，养老保障需要依靠老年人自身来承担相当的部分，这对于低收入的老年人来说显然是不可能的，这就导致相当多城市老年职工的贫困无助。就此而言，国家对这部分老职工是欠了账的，实施反向抵押贷款并在政策上给予一定的优惠措施，也是国家对老职工的一种经济补偿。

再者，对广大的农村而言，养老保障体系更处于几乎为零的状态。农民的贫困并非这些农民天生的懒惰所致，相当部分老年农民的贫困无助，是过去国家对农业征收的税费过于沉重，工农产品价格的"剪刀差"过于庞大所导致。国家对"三农"的投入过少，而索取过多，也引致广大农村持续处于贫困状态。今日的农民大量进入城市成为农民工，但仍然为工资福利待遇方面的"剪刀差"所困惑，同样的技术和工种，农民工的收入要远远低于城市职工，而应当享有与城市职工同等的福利待遇如教育文化、医疗居住等又是难以落实。就此而言，政府应对这部分老年人担当起相应的责任来。明晰这一点，更需要政府在其中切实拿出大的举措，对这部分老年人以相当的补偿资助才可。

退一步说，即使许多老年人晚年无法应对养老的局面，是出于自身年轻时代的好吃懒做，没有很好地积累起自己应有的财富；或属于目前众多年轻人身上出现的典型的"月光族"，未能通过自身的节俭，为自身的晚年生活准备足够的财力，但政府对这部分人员的养老也无法持完全无视的态度，还是需要给予相当的救济资助。假如该老年人的养老出现较大障碍，只是其家庭的原因所导致。比如，儿女是西装革履、高楼大厦居住，整日是高档消费，老父母却是朝不保夕、艰难度日，起码的日常生活也难以维持。这就必须找其不孝子女"算账"，必要时还应动用国家法律解决这一问题。但是，如果老父母有自己的房产，只是现金有较大的欠缺，动用自己的房产为自己养老，就是皆大欢喜、顺理成章之事了。

第二节 反向抵押贷款模式的运作流程

一、运营过程中的角色分工

对我国开展反向抵押贷款模式提出了初步设想,考虑到我国目前的国情,这一模式的具体实施是有一定难度的。反向抵押贷款在我国能否成功推行,应具体分析各运行主体的分工与定位,充分考虑房屋拥有者、贷款机构和保险公司、政府等有关方面的经济利益及其所承担的权利、责任和风险等内容。

(一)发起者和服务商相分离

在美国,反向抵押贷款业务实现了发起者和服务商相分离的制度,其具体运作方式如图5-1:

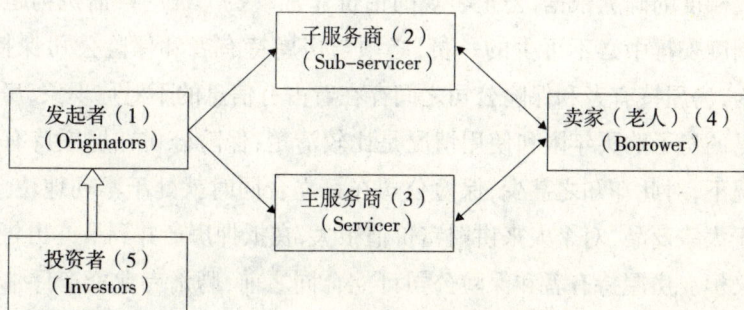

图5-1 美国 HECM 的一级市场运作方式

如图5-1所示,在整个反向抵押贷款运作的过程中,主要存在四种角色分工,他们分别是反向抵押贷款发起者、服务商、卖家和投资者。

(二)业务开办机构

反向抵押贷款在我国尚是一项亟待推出的全新金融业务,熟悉这个产品的人并不多,特别是老年人对此更是知之甚少。贷款发起人主要负责反向抵押贷款合同的签订,负责该项金融产品的营销,对广大老年人群体进行宣传教育,找出其中潜在的目标客户群,建立客户群的相应资料库,促进反向抵押贷款市场需求的不断增大,大力发展和完善反向抵押贷款市场。

反向抵押贷款业务的运营周期长、风险大、运作起来比较复杂,需要业务经办人员有较丰富的专业知识。前期需要大量的投入资金。如开办机构没有很强的筹资能力,很可能会因资金流断裂而难以为继。反向抵押贷款业务中,会涉及住房的财产保险和住房拥有者的人身保险。财产保险是指反向抵押贷款合同成立后，需要为抵押住房进行保险，以防止抵押住房的不正常毁损给开办机构带来损失。住房拥有者在取得贷款收入后，也可以通过购买寿险年金的方式，进一步减弱可能遇到的各种风险。

（三）中介咨询机构

中介机构主要指中介咨询机构和资产评估机构。

1. 中介咨询机构可以是政府指定的有资质的权威机构，也可以由贷款机构指定，但应允许客户有一定的选择权，以避免其中可能发生的垄断和欺诈现象。中介咨询机构必须具有提供这一业务咨询的资格，主要为住房拥有者提供咨询，使客户在全面认识反向抵押贷款的基础上，选择最适合自身情况的贷款产品。

2. 资产评估机构负责确定抵押住房的价值。住房的评估价值是反向抵押贷款贷放额度的确立依据，公正客观的估价非常重要。资产评估机构是反向抵押贷款制度安排中必不可少的一员，必须与房屋持有者和保险公司保持中立。这是因为，房屋持有者和保险公司之间存在着占有信息的不对称现象，房屋持有者对自己的房子购买年限和使用情况是比较清楚，保险公司在房屋持有者不告知的情况下，对此却知之甚少，保险公司在订立合同时就处于不利地位。另外，房产属于大宗商品，对个人来讲财富价值很大，在抵押房产并到最终出售时必然是慎之又慎。房屋持有者和保险公司订立合同之前，聘请专业资产评估机构对房屋进行公正客观的估价，对双方当事人都是明智之举。

（四）担保监管机构

为落实政府对反向抵押贷款运营状况的担保与监督，应当成立相应的担保机构来担当这一事务。贷款模式运作中，担保监管机构的设立并切实发挥作用是必要的。该机构一般由政府设立，主要有担保服务和监督管理两大职能：担保服务职能是指这一机构为借贷双方都提供担保，减小借贷双方的风险，降低借贷双方的交易成本，促进反向抵押贷款业务的开展；管理监督职能是指订立行业标准，制定管制措施，监督反向抵押贷款合同的执行情况，处理可能发生的投诉行为，防止中介评估机构和房产收购机构可能的"合谋"行为等，以使反向抵押贷款的市场更为规范和有序。

之所以要设立担保监督机构并且最好由政府来设立，缘由是社会保障是政府的基本职能，任何对此实施市场商业化的社会保障行为，政府必须加以规范和有序化，不然很可能会导致社会的不稳定现象。养老是社会保障的重要内容之一,房产是个人财产的主要部分,政府如对此不闻不问,任由贷款业务完全由商业化行为完成,由于利益的驱使,很可能会造成一些混乱局面,从而造成重大的经济损失和社会不稳定的现象出现。另外,反向抵押贷款制度安排本身存在很大的风险,保险公司和房屋持有者都需要有一定的风险分摊或分散机制,最好的风险分摊的协调者就是政府。

(五)服务商

反向抵押贷款的合同签订后,即产生了贷款的管理和服务问题。通常情况下,发起者会选择由自己做服务商,这会为它带来可观的收入。服务商主要为发起者提供技术支持,签订合同的人员培训和相应的标准化文件模块的构建工作。这些工作有效地降低了发起者的发起成本,对发起者来说是至关重要的。同时,服务商需要为卖家提供票据服务,定时收取卖家缴纳的财产税和风险保险金,同时处理客户相关的咨询问题。资料显示,截至 2000 年,自己做服务商的发起者只占所有服务商数量的 15%[①]。这是因为发起者在考虑选择服务商时,必须综合考虑服务收入和客户的满意度问题,客户满意度的提高会带来贷款合同数的增长和公司信誉的提高。据调查显示,更多的老人倾向于选择信誉高和更为熟悉的机构作自己的服务者。目前,美国大约有 80% 的反向抵押贷款的服务商是由 Wendover 一家公司完成的,该公司的服务质量和水平都是一流的,在业界享有极高的声誉。

(六)投资者

反向抵押贷款的投资人,其资金通过业务开办机构流入反向抵押贷款市场并投资这一业务。投资者可以是私人,也可以是金融机构。投资的最好方式是对反向抵押贷款业务实施资产证券化,投资人通过购买证券的方式,就可以简单地达到投资的目的,同时充分利用资产组合的原理,对购入的具有不同期限的证券进行"资产池"组合,从而增加收益的可能性。

投资者在反向抵押贷款中起到间接然而又是十分重要的功能。投资者主要进入二级市场,对他们认为较有前途的住房资产证券进行购买,发起者则将手中的住房资产加以转让,经特设机构(Special Purpose Vehicle,SPV)以资产证券化的方式进入二级市场流通。在美国,投资者通常拥有较多的信息从而成为市场

---

① 详见 Edward J. Szymanoski, *Evaluation Report of FHA's Home Equity Conversion Mortgage Insurance Demonstration*, U. S. Department of Housing and Urban Development, March 2000。

的指导者。Fannie Mae 是最先发起设立与反向抵押贷款(HECM)相似业务的机构,但从未涉入反向抵押贷款的一级市场。作为一个中立者,Fannie Mae 经常出台一些相关的辅助措施和信息手册,为买方提供可信度很高的市场信息。同时,作为业内有着丰富经验的大型专业机构,Fannie Mae 大量购买那些值得购买的反向抵押贷款证券。截至 2000 年,Fannie Mae 手中持有的证券规模,已达到所有反向抵押贷款证券的 50% 以上。

(七)住房拥有者

这里所说的住房拥有者是指对住房有独立产权的所有者,愿意在家养老,且年龄已达到一定标准的老年人。他/她必须拥有所居住住房的完全所有权,且该所有权可以随时转让。产权模糊或只拥有部分产权的人则不属于此列。如某人原享有福利分房,后来并没有买断所在单位为其垫付的部分。从法律上讲,此人尚未拥有这幢房子完全独立的产权,不能算是严格意义上的房屋持有者。为什么这么定义呢? 业务开办机构是商业性机构,以营利为目的。它之所以接受住房拥有者以住房为抵押的贷款申请,允许住房拥有者在贷款到期后可以让渡住房产权来偿还贷款,目的并不是做最后的收购者和拥有者,而是在取得住房产权后,再将住房转让出租营运等赚取一定的利润。这样做的前提条件是房屋产权必须清晰并且易于转让。如果住房产权是模糊或残缺的,最终变现出现困难,开办机构就会对这项贷款业务失去兴趣。

反向抵押贷款客户的界定是清晰的,在美国政府资助下开办的 HECM 贷款,对客户的标准规定为年龄 62 岁以上,拥有一定自有产权的住房,每个月的收入不高于一定的标准等。后一标准在不同情形下是有差异的,自由基金公司开办的反向抵押贷款,就不存在这一规定。HECM 贷款则必须采用这一强制性措施,以防止广有钱财的人员也来分享国家给予的税费优惠。

(八)政府

政府首先以担保者的身份进入反向抵押贷款市场。美国的反向抵押贷款的业务推出中,政府部门主要提供三项保证:(1)在任何情况下,借款人在其生前都不会被迫离开住房、出售抵押住房来偿还债务;(2)反向抵押贷款属于"不可追偿"贷款,无论借款人寿命多长,其债务总额都以住房价值作为上限,超过住房价值的债务无须偿还;(3)如果开办机构无法继续向借款人支付年金,将由政府担保机构负责继续支付。美国政府的担保实质上是福利性的,不但鼓励了老年人放心申请反向抵押贷款,还提高了金融机构抵抗风险的能力。

政府以监管者的角色管理反向抵押贷款市场。政府的有效管理有助于实现公平交易和公平竞争的信贷秩序,促进反向抵押贷款市场的稳定发展。由于借贷双方市场力量的不对称,一般来说贷款机构处于强势地位,容易通过欺诈等手段来损害借款人的利益。借款人如果对市场产生不信任感,就会对市场的健康发展起到负面影响。美国反向抵押贷款发展的早期,政府监管相对较少时,诈骗猖獗,社会对反向抵押贷款的误会较多。现在,美国政府强有力的监管,提高了市场竞争的公平程度,使得买卖双方都提高了参加交易的积极性,整个市场也因此蓬勃发展。

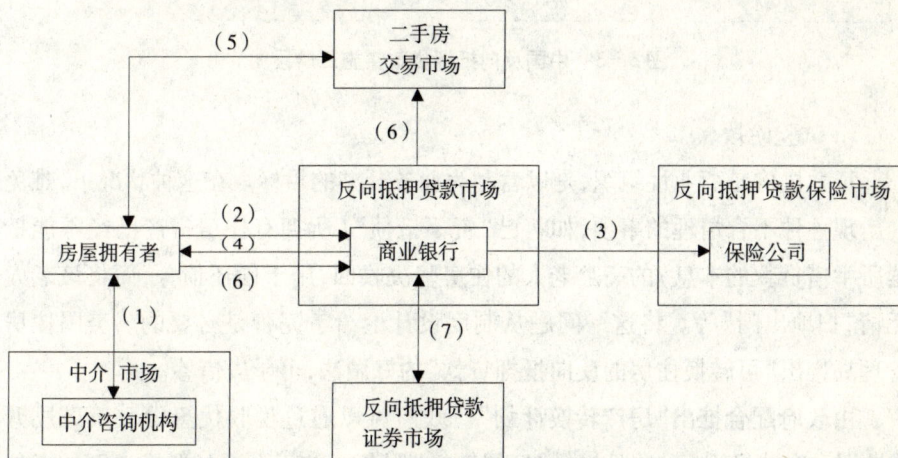

图 5－2　运营模式中的交易关系

说明:
(1)住房拥有者在贷款之前选择有一定资质的独立中介咨询机构,进行反向抵押贷款咨询。

(2)进行住房评估后,住房拥有者与开办机构签订反向抵押贷款协议,将住房抵押给开办机构。

(3)开办机构受住房拥有者委托向保险公司投保,包括以住房拥有者为对象的人身保险和以住房为对象的财产保险,以及与反向抵押贷款运营相关的各种保险。

(4)开办机构按合约规定的方式向住房拥有者提供贷款。

(5)房屋拥有者死亡或贷款到期后,住房拥有者或其继承人或开办机构在房地产二级市场上出售房产或以其他方式处置房产,从所得收益扣除相关费用后的净余额中偿还贷款本金和累计利息;或由商业银行变卖房产收回贷款。

(6)开办机构也可以将缺乏流动性,但具有可预期收入的反向抵押贷款债权资产,通过在反向抵押贷款证券市场上发行证券的方式予以出售,提前收回贷款。

(7)担保管理机构为开办机构和住房拥有者提供担保,并且管理监督反向抵押贷款市场。

二、我国反向抵押贷款可行的运作模式

(一)反向抵押贷款的"三阶段推进"

由于中国目前正处于经济转型时期,市场经济各项制度尚未完备,因此有专

家建议在引进反向抵押贷款制度时可以分三个阶段实施,见图5-3。

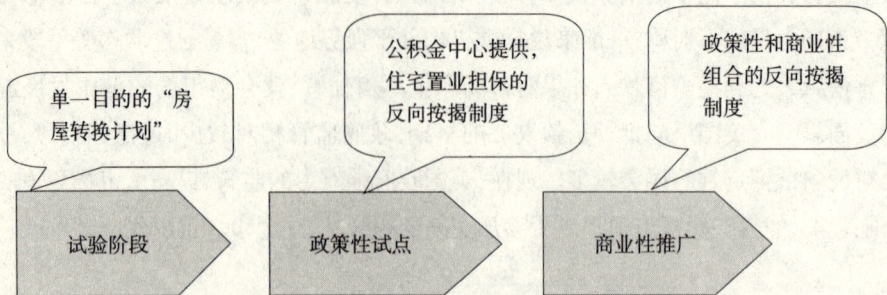

单一目的的"房屋转换计划"

公积金中心提供,住宅置业担保的反向按揭制度

政策性和商业性组合的反向按揭制度

试验阶段 → 政策性试点 → 商业性推广

图5-3 中国反向抵押贷款实施三阶段图

1. 试验阶段

贷款机构是商业性组织,是以营利为业务开办的目标。在这种状况下,难免会出现种种不合情理的事项,如将已"资不抵债"(所拥有住房资产已经不能抵偿所举借贷款的本息)的高龄老人的住房坚决收回,用于偿还债务,而将该老人无情"扫地出门"等。将这一问题从制度设计上给予完善是必要的。美国住房管理局推出"可转换住房的反向抵押贷款"的好做法,可予以借鉴。

由政府配合推出"房产转换计划"。政府可以通过税收优惠等政策鼓励开发市场化的老年公寓,并且提供"房屋转换"服务。老年人通过置换自己的老住宅,住进市场化的老年公寓。只要老年人在世,开发商就必须每月定期返还部分购房款作为养老费用。如北京北六环路上开发的小汤山太阳城,是一个大型的老年住宅区,住宅的营销上就推出了"投资返本入住"的营销方式。60岁以上的健康老年人一次性支付100%房款,就可以入住太阳城,自入住的第二个月起,开发商每个月向老人返还入住的本金,直到20年期满将所有的本金全部归还完毕为止。若入住老人的寿命不到20年,也在其死亡时一次性将未结清的款项付清。太阳城在返本入住的房产中,并不出售产权,老人只拥有终身的使用权。此项目在北京如今已经收到了良好的经济和社会效益。

政府也可以考虑推出一些单一目的的房产转换产品,投石问路。如政府可以推出支付长期护理或者社会养老费用的"房屋转换计划"。规定几家养老机构专门受理此项业务,老年人可以把房屋转换成长期在家的护理费用,或者是入住养老院的费用。通过此种转换计划,老年人可以在家享受长期专业护理或入住养老院。专门机构负责处理这些转换的房产,并把处置的费用转给社会养老机构作为储备资金。这就为部分生活贫困、住房不宽裕而又需要护理的高龄老人开辟了新的居住养老方式。还可以选择的一种做法是,具体操作中将售房和养老两块分开,将自己的房屋出售或抵押给特设机构,将所得的房屋余值作为进入养老院的那笔费用。

2. 政策性阶段

总结第一阶段的经验教训,开始实施专业化的反向抵押贷款制度。先在一些房地产市场比较发达,政府职能运行良好的城市(如北京和上海、杭州等地)进行试点。鉴于反向抵押贷款属于新兴业务,笔者建议开始时只推出有担保的反向抵押贷款,即由当地的公积金中心提供贷款,住宅置业公司提供担保的政策性反向抵押贷款。利率可以适当低一些,手续和程序都要简单,这样不但有利于进一步推广,也可以减少老年人的顾虑并降低贷款费用。在普通按揭贷款中,住房公积金管理中心作为政策性金融机构已经积累了丰富的经验,反向抵押贷款不单单是一种商业行为,更具有社会福利功能,公积金管理中心也就应当顺理成章成为反向抵押贷款的一个政策性金融机构。

3. 商业推广阶段

在总结前两个阶段的经验之后,引进商业性反向抵押贷款业务(可以是有担保的,也可以是无担保的,商业性保险公司也同时可以参与),这样可以更好的形成竞争机制,降低贷款成本和各项费用。也可以仿效普通按揭的组合贷款,老年人可以申请组合反向抵押贷款。不过,有所不同的是,反向抵押贷款毕竟具有部分社会福利性质,在贷款比例设计时,应该是政策性贷款比例较大,而商业性比例较小。这与普通按揭正好相反,建议政策性有担保的反向抵押贷款占80%,而商业性反向抵押贷款尤其是无担保的占20%左右,这样可以把老年人和贷款机构的风险控制在一个有效的范围之内。

(二)反向抵押贷款的运作模式

反向抵押贷款的运作包括反向抵押贷款的一级市场和二级市场,如图5-4所示。反向抵押贷款证券化为反向抵押贷款提供了资金来源。

反向抵押贷款的具体操作模式分为三阶段:

第一阶段:养老者将房产抵押给金融机构或特设机构,具体经办事项包括有房屋价值评估、借款抵押协议签约、每期支取款项测算、公证处公证等内容。

第二阶段:养老者于有生之年定期向业务开办机构支取养老金(一般为年金形式出现),这一过程可长达十数年乃至数十年;机构根据房价、利率及老年

图表:

```
              ┌──────────────┐
              │  房产评估机构  │           反向抵押贷款一级市场
              └──────┬───────┘
                   房产      反向抵押贷款
                   评估
┌──────────┐        │        ┌──────────┐      ┌──────────┐
│  借款人   │◄─反向抵押贷款──│ 贷款发放机构 │      │  保险机构  │
└────┬─────┘       └────┬─────┘      └──────────┘
  住房或还款      ┌─────────┐    出售贷款  购买贷款
     │          │ RM 咨询部门│      │      ▲
     ▼          └─────────┘      │      │
  ─ ─ ─ ─ ─ ─ ─ ─ ─ ─ ─ ─ ─ ─ ─ ─│─ ─ ─ ─│─ ─ ─ ─ ─ ─ ─ ─ ─
┌──────────┐  ┌─────────┐ 信用增强 ▼      │    信用评级  ┌──────────┐
│  服务机构  │  │信用增强机构│────────► SPV ◄────────────│信用评级机构│
└────┬─────┘  └─────────┘         └──┬──┘            └──────────┘
  住房          反向         │   支付买价
  或还款        抵押         │      ▲
     │          贷款证券      │      │         ┌──────────┐
     ▼          │            ▼      │   RMS销售 │ 证券承销商 │
┌──────────┐              ┌──────────┐        └──────────┘
│  托管机构  │─本金和利息(扣除费用)─│  投资人  │ 反向抵押贷款二级市场
└──────────┘              └──────────┘
```

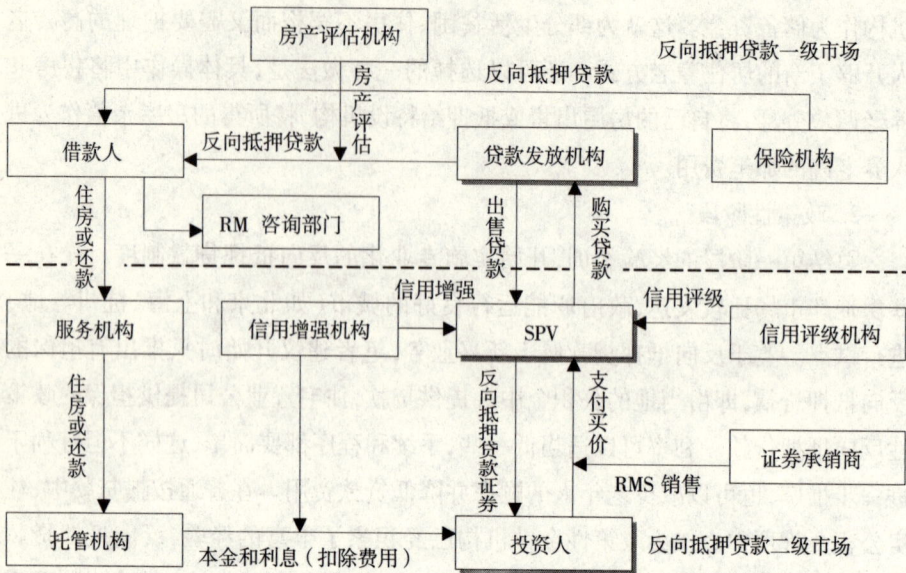

图 5-4 反向抵押贷款一级市场及二级市场运作

人预期寿命的波动,定期或不定期地对养老金的数额酌情予以调整。

第三阶段:该养老者死亡,房屋使用支配权正式转归业务开办机构并做拍卖处置。

三个阶段中尤以第二阶段包括事项繁多,历经时间长。第一、三阶段可由开办机构操作,第二阶段由业务开办机构或同社会保障机构共同操作。

设立专门的反向抵押贷款业务开办机构,为老年住户实现反向抵押贷款的愿望,贷款运营可按照如下流程进行:

1. 拥有住房自主产权的老年人在政府认可的机构进行反向抵押贷款的信息咨询,明白参与反向抵押贷款之后的权利和义务,在审视自身条件后向贷款发放机构提出反向抵押贷款的业务申请。

2. 业务开办机构进入业务的前期调查,主要包括房产调查、老年人的身心健康和资信状况调查、家庭成员是否赞同等的调查。如本计划可以与保险公司的一些养老险种挂钩的话,在此过程中可考虑联络保险公司共同参与合作以求降低部分调查成本。

3. 调查工作转入评估阶段。在老年人选择何种类型的反向抵押贷款意愿的基础上,结合已有的反向抵押贷款计划资料根据评估结果进行精算,厘定出合理的养老金费率,并设计出相关合同。

4. 贷款发放机构初步审查合格后,证明业务开办机构可以受理并正式受理申请业务。委托房地产评估机构对住房进行客观评估,在满足双方各自的条件下正式签订合约,保险机构为双方提供保险,保证借款人能根据合约获得相应的权利,也保证向贷款机构支付债务总额超过住房资产的部分。

5. 正式合约生效后,反向抵押贷款计划开始执行,住房所有权仍属老年人,老年人按照合约要求维护好住房,贷款发放机构同样按要求支付贷款给借款人养老金。

6. 业务开办机构将大量进入执行阶段的养老金合同进行汇总和分析,在众多的样本下运用精算技术分析可能发生的风险和执行期间,将其分类打包,成为一个个对应住房产权的资产组合。

7. 业务开办机构向商业银行或资信可靠有承办此业务资格的其他金融机构,出售此资产组合,可向保险公司和担保机构寻求对此债务进行保险或担保,并支付后者一定费率。

8. 在老年人死亡、永久搬离、出售住房时,合约到期,住房所有权转移到贷款机构。

9. 业务开办机构将房产转入二手房拍卖市场或租赁市场进行出售套现,收回成本并取得利润,或招标将部分房地产拆旧建新、更新改造等,以激活价值,所得资金划入银行账户。

10. 在整个反向抵押贷款一级市场的运作中,政府有关机构定期监督管理资料库中正在执行的反向抵押贷款计划,进行妥善的管理和维护,做好市场培育、政策扶持、税费减免、监督审查、信息咨询、保险及在必要时提供资金支持等工作。

11. 当反向抵押贷款证券化条件成熟后,贷款机构将反向抵押贷款卖给(或委托给)从事反向抵押贷款证券化业务的特殊目的载体(Special Purpose Vehicle,SPV),即专门的资产证券化金融机构,从 SPV 取得出售反向抵押贷款的资金;SPV 对贷款库中的反向抵押贷款资产重新包装组合,经过政府或私人机构的担保和信用加强并经过信用评估后发行抵押贷款证券,再经中介机构即承销商将这些抵押贷款证券出售给投资者,从最终投资者处获得销售资金。

在整个流程中,业务开办机构发挥着核心作用,通过集中大量反向抵押贷款业务进行精算和定量,对风险进行汇总分析和打包,并通过资产证券化的形式予以出售,以搞活资产结构,从而使该市场的收益更为稳定和规范化,能够为作为资金提供方的金融机构所接受。由业务开办机构梳理整个业务,借款人只作为业务的终端。这有利于整个业务的顺畅开展,便于与政府、商业银行、保险公司、二手房拍卖中介等机构开展合作和沟通。发挥规模效益,提高管理和监督效率,降低各业务环节的操作成本。

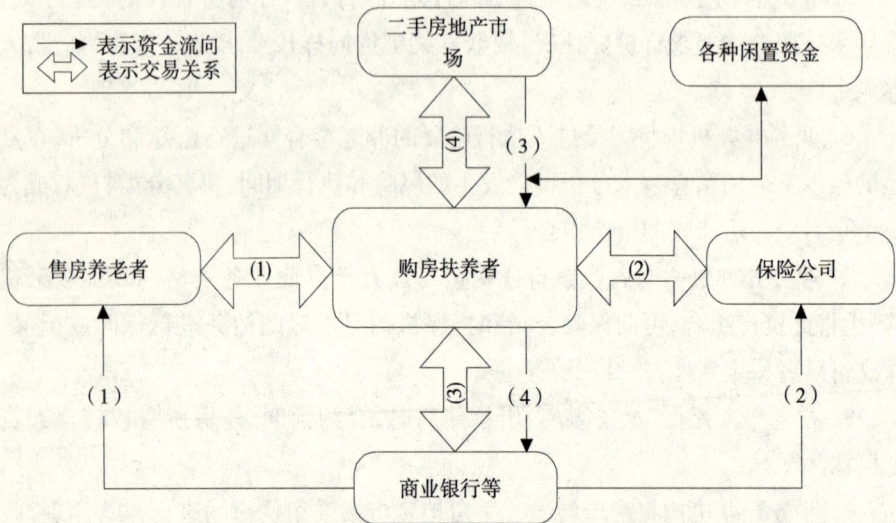

图 5-5　反向抵押贷款模式中资金流向及交易关系简化图

说明:

交易关系

(1)——房屋售购,房屋的所有权从个人转移到特设机构;

(2)——特设机构向保险公司投保,包括以借款人为对象的人寿险和以房屋为对象的财产险;

(3)——特设机构以房产作为抵押向银行贷款,所得资金用于支付保费和养老金,并委托银行办理相关业务;

(4)——在借款人死亡后,特设机构出售或出租相关房屋。

资金流向

(1)——银行受托定期支付(如月、年)养老金;

(2)——银行受托支付保费;

(3)——业务开办机构出售或出租房屋,取得资金;

(4)——业务开办机构归还银行贷款,并支付委托手续费。

　　反向抵押贷款的基本运行机制如图 5-5 所示,合约期限一般指合同生效时到投保人去世这段时间,给付金额的计算,是按该房屋的当期评估价值减去预期折损(或升值)和预支利息,并按技术调整过的"大数"平均寿命计算,分摊到投保人的预期寿命年限中去。

第三节　美国反向抵押贷款市场供给机构

一、美国反向抵押贷款业务开办的一般介绍

反向抵押贷款作为一种新兴的金融工具，在国外较早被提出，尤其是美国已形成了一定意义上的成熟操作模式。按照美国《银行法》定义的反向抵押贷款，是指有不动产抵押保全的贷款，即居民以自有产权的住房为抵押，定期向金融机构取得主要用于养老费用的贷款，其放贷对象是养老金不足而拥有住房产权的老年人，贷款到期则以住房出售的收入或直接以该住房资产还贷。其中的"不动产"必须是1—4人固定居住的家庭，有独立拥有的房产或是多个抵押人共同拥有的房产，并强调反向抵押贷款的抵押物不能是证券，不能是其他财产的所有权，也不能是租赁财产或和他人共有的财产①。

这里的"合法贷款机构"则被规定为：任何银行、信托公司、国家银行联盟、储蓄银行、储蓄和贷款协会、联邦储备银行、联邦储蓄和贷款协会、信用联盟、联邦信用联盟和任何授权的抵押银行，以及其他FHA特别授权的实体。美国的反向抵押贷款提供者主要提供经联邦保险的产品，运行机构比较多。

与美国高度发达的金融保险市场相比，我国的金融市场、房地产保险市场还处于初级阶段。房地产保险品种单一，基本上以抵押住房保险为主，而产权保险、抵押贷款保险、委托保险、交易保险在我国几乎还是空白。我国也没有依托国家信用建立完善的住宅抵押贷款保险体系，而在美国，联邦住宅管理局（FHA）和退伍军人管理局（VA）积极为广大借款人提供担保，实现了信用升级，进而有力地增强了金融机构的贷款信心。我国房地产界对建立类似FHA和VA机构的呼声由来已久，这些机构在我国的建立也只是时间问题。

二、反向抵押贷款业务的发起与授权

在美国，反向抵押贷款的供给机构包括五种不同反向抵押贷款产品的供给。美国的反向抵押贷款（HECM）业务，是由美国联邦抵押联合会（FNMA）在1986年发起并实施的。该项业务受美国联邦抵押联合会颁布的法规政策和条例框架的约束，得到美国政府的相当重视。

---

① 参照美国《联邦银行法》第6 - h款。

反向抵押贷款业务并非一切金融保险机构或非金融机构都可以随意开办。在我国,对反向抵押业务开办机构的选择,还可以扩大范围,如像美国反向贷款业务的开办,在开办机构的准入上,参照美国《联邦银行法》第 6-h 款,《联邦不动产法》第 280 和 280-a 款的解说,美国政府在联邦住房管理局(FHA)下专门设立 HECM 项目管理部门,对反向抵押贷款业务实施全面管理。只有经美国联邦住房管理局授权的合法贷款机构,才拥有开展反向抵押贷款的排他性权利。

其他有关经济实体若期望从事这一业务,并获取联邦住房管理局的特别授权批准时,应当符合如下标准:

1. 除了《联邦金融主管机构条例》410.1 款规定的金融职责要求之外,所有从事反向抵押贷款业务的经济实体,都必须从联邦或州级管理部门取得不可撤销的备用信用证书,并且账面上必须长期保有满足未来 12 个月贷款需求的至少 300 万美元的余额,第一期信用证书期限至少要两年。Dun & Brad street 信用服务评级公司连续三年评级达到 4A1 或 5A1 的贷款机构,不受条件(1)的限制。

2. 发放信用信函的金融部门不能隶属于贷款机构。

3. 贷款机构必须有 1,000 万美元以上的资本。

4. 贷款机构可以依靠母公司来满足(3)款的条件,母公司必须拥有 1 亿美元以上的资本,并向主管部门书面保证向贷款机构注入不低于 1,000 万美元的资本金。

除上述要求之外,该经济实体向抵押银行主管机构申请开展这项业务,必须以书面形式进行。书面申请应包括以下内容:①姓名、地址、电话、贷款机构业务的主要领域;②负责反向抵押贷款项目执行官的姓名;③有关免责事项及相关证据;④一份备用信用函;⑤一份最近的财务报告;⑥A. M. Best 公司签发报告的复印件;⑦主管部门向其指派反向抵押贷款代理服务机构的证明;⑧任意一份贷款机构和符合条件的信托者签订的合同;⑨信托者和指派机构的名字、地址、电话和主营业务;⑩一份贷款机构承诺有限放弃赎回权的证明复印件;⑪主管部门需要的其他材料。

三、反向抵押贷款业务开办的手续程序

申请反向抵押贷款的房屋所有人,都必须事先提出申请并签订贷款协议。一般地说,申请人年龄必须不得小于 62 岁,且用来抵押的房子需为申请人主要居住地(principal residence)。单套房子对各种反向抵押贷款都是适用的,那些可移动的住所和被共同所有的房子没有资格申请这一贷款。特别规定的一个限制

条款是,房主在获得反向抵押贷款后,不得再参与任何以房产为抵押的其他贷款。

房主申请到反向抵押贷款后可以继续居住在原来的住房,但有责任承担房子的维护费用和税收。房主出售该住房、永久性搬出或个人死亡后,为反向抵押贷款的到期日,以贷款利率历年累计的贷款额要求归还。一般而言,房产出售后的现金归还,房产价值超出贷款本息总额的部分作为遗产继承。但房产价值如低于贷款额本息,在联邦住房管理局有保险的反向抵押贷款中,其不足部分由保险机构提供,借款人无须支付超过房产价值部分的贷款。其中所需要的保险费在给付的贷款额中提取。

反向抵押贷款业务开办的各关联方及业务开办的手续程序,颇为复杂,大致可描述为(如图5-6所示):

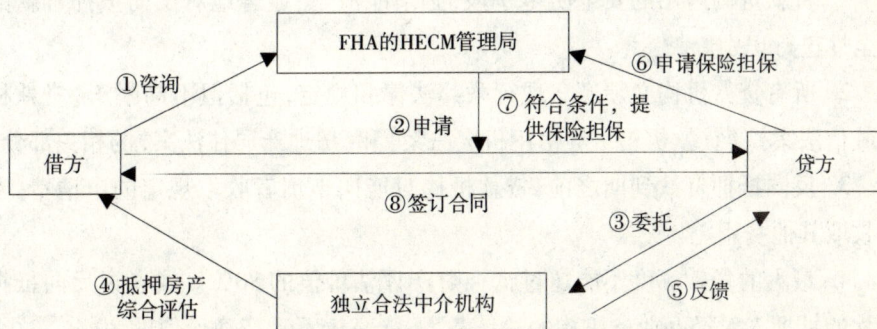

图5-6 反向抵押贷款业务开办的各关联方及业务开办的手续程序图

说明:

①借款人即反向抵押贷款的申请人,首先去执行反向抵押贷款业务管理的联邦政府住房管理局就有关反向抵押贷款的开办与实施的具体状况提出咨询;

②反向抵押贷款的申请人,向经办此项业务的贷款机构,即有关银行和其他经办机构,提出对自有住房实施反向抵押贷款的申请书;

③经办机构对借款人提交的申请书给予详细的书面审查,然后委托社会上权威、独立、合法的中介机构,对申请人的有关情况给予审查与资产评估,包括申请者个人和住房的基本状况和其他需要审查的各种事项;

④独立合法的中介机构接受委托,对申请人抵押房产的价值及其他情形给予全面详尽的审查和资产评估,最终作出综合评估书;

⑤独立合法的中介机构将审查得到的结果,即综合评估书提交委托部门,即贷款机构;

⑥贷款机构决定接受申请人的反向抵押贷款的申请,并向政府住房管理局提出要求保险担保的申请;

⑦联邦政府住房管理局审查相关文件,认为符合有关条件规定,决定给予申请人提供反向抵押贷款的保险担保,并反馈给贷款机构机构;

⑧贷款机构与借款人,也即业务经办机构与申请人签订反向抵押贷款的合约。同时在长时期里履行合约。

四、280 和 280 - a 贷款条件及附加条款

在美国,反向抵押贷款在开办机构的准入上,涉及的相关法律有美国《联邦银行法》第 6 - h 款,《联邦不动产法》第 280 和 280 - a 款,政府通过在联邦住房管理局(FHA)下专门设立 HECM 项目管理部门对反向抵押贷款的业务开办机构予以管理。只有经美国联邦住房管理局授权的合法贷款机构,才拥有开展反向抵押贷款的排他性权利。此处,我们仅介绍《联邦不动产法》第 280 和 280 - a 款。

(一)根据第 280 和 280 - a 款,反向抵押贷款的业务开办机构必须满足以下条件

1. 贷款机构运用的安全防范手段,必须能清楚、显著地对反向抵押贷款的安全性进行识别。

2. 所有贷款机构必须遵守现行联邦法律和规定,包括但不局限于《贷款机构诚信法案》、《贷款机构平等信用机会法案》和《房地产居住法案》的相关部分。

3. 反向抵押贷款到期之前,贷款机构只能向申请者收取规定的申请费,不得收取其他费用。

4. 最大的贷款额度不能超过抵押财产评估价值的80%。或者说反向抵押贷款的抵押人对经办业务机构的总债务,不能高于不动产净价值的80%。这个80%不包括抵押人违约所造成的贷款机构遭受的实际损失。贷款比例的计算公式是:

贷款比例 = (贷款本金 + 相关费用)/不动产评估价值 < 80%

贷款本金和相关费用包括贷款本金、利息与贷款相关的费用、成本、支付,贷款用于购买养老金用途的收费,用于保全抵押贷款的不动产的税收和保险费用等。不动产的评估价值是指对被抵押的住房给予一定的价值评估。

5. 抵押者可以在贷款期限内随时预付贷款而不受处罚,还贷灵活。

6. 贷款机构不能向抵押人要求或使用除用作保全抵押贷款的不动产之外的财产。

7. 贷款机构如向抵押者支付贷款迟延 15 天以上,机构应该受到该笔贷款利息的两倍罚款。

8. 如果可能的话,贷款机构必须向申请者提供一份由当地信息服务和咨询部门准备的详细、中立的声明。另外,在抵押者提交证明律师、房地产发展咨询

机构或者其他咨询部门已经向其解释反向抵押贷款事项的书面陈述之前,任何贷款机构不能签发反向抵押贷款。

9. 在 280 和 280 - a 贷款期限末段,抵押者可以要求重新评估不动产,以增加每期支付直至贷款期满。这种再评估可由贷款机构单独进行,费用由抵押人承担。如评估结果显示抵押之不动产已经发生了增值,贷款机构必须向抵押人增加每期支付的贷款额度直至期满。

10. 依据支付不动产税和保险费用和抵押人个人费用支出的要求,贷款机构和抵押人可以商议成立一个由抵押人或承受抵押人控制的专门储蓄账户,以支付上述费用并保障不动产的完整性。储蓄账户资金来源于反向抵押贷款。

11. 安全协议必须包括下列内容:①合同终止条款清单;②贷款机构有义务向抵押人通告可能导致合同终止的事件内容;③抵押人指定的第三方当事人姓名,贷款机构有义务向他提供可能导致协议终止的事件的书面通知。贷款机构也可以向抵押人安全协议中指定的第三方当事人提供一份承诺放弃赎回权的文档的复印件,并通知当地部门。利息应该按期累积,计入抵押人费用支出,或者记入贷款本金。

12. 用于购买养老金用途的反向抵押贷款,需要符合下列条件:

(1)签发养老金的公司必须是取得纽约州执业执照并被评级为优秀的公司。

(2)养老金托管人必须满足的条件是:有合法执业资格的银行机构或保险公司;跨州托管人必须指定监管部门为其反向抵押贷款的代理和服务机构;托管协议必须服从法律规定;养老金必须由托管人或保险公司直接支付给抵押人;不管贷款机构或投资者是否在托管业务中得利,抵押人都要求得利。

(二)附加条款

1. 有关反向抵押贷款的附加条款为:

(1)贷款机构必须提供一个免费电话号码和一个负责解答申请者和抵押者问题咨询或投诉的人的姓名。如果没有免费号码,贷款机构必须接受对方付费电话。

(2)贷款机构必须保有近三年的开展反向抵押贷款业务的所有账簿和记录,并允许主管部门核查,贷款机构应该承担核查的所有成本和花费。

(3)如果贷款机构业务超出该地域范围时,贷款机构应该指定主管部门作为反向抵押贷款业务的代理和服务机构。

(4)贷款机构必须把反向抵押贷款合同和其他文档提交给银行主管部门审查。

(5)反向抵押贷款的申请必须呈现为书面形式,经办机构不允许接受电话申请,但不限制贷款机构接受潜在购买者就该产品的电话询问。

(6)经办机构不允许要求或接受申请者或抵押者判断供词。

2. 有关280贷款的附加条款为:(1)贷款机构可以保持一个账户,用于支付不动产的税收和保险费用;(2)安全协议可以允许贷款机构享受不动产再评估中的部分增值;(3)贷款机构可以要求抵押人投保抵押保险作为本金或累积但免付的利息。

3. 有关280-a贷款的附加条款为:

(1)贷款机构可以保有一个账户,用于向抵押者支付贷款期间需要支付的不动产税收和保险费。

(2)如果不动产仍然是抵押者的唯一住处,抵押人可以在一生中保持对其不动产的使用权。

(3)贷款机构在期限内将反向抵押贷款支付完后,有权终止合同,并且可以取得不动产再评估增值部分的不高于20%的部分。

(4)抵押人可以继续持有作为本金或免付利息的抵押保险,但这个保险必须签署承受抵押人的名字,作为其收益,这个要求不适用于任何已经在二级市场出手的贷款。

(5)在提供反向抵押贷款之前,贷款机构必须准备一张以“贷款机构有限放弃赎回权”的表格,以备监管部门确信这份协议已经设立了协议终止条款。

(三)关于反向抵押贷款的抵押不动产的特别说明

1. 抵押者需要保证不动产的完整性,并进行必要的维修。

2. 如抵押人不能对不动产进行必要维修以保持其完整性,贷款机构可以安排维修,通过下列途径支付费用:(1)从储蓄账户中支取;(2)从每期支付中支付,但支付额不能大于每期总支付额的25%;(3)增加贷款本金。如建立有储蓄账户,贷款机构优先选择从储蓄账户中支取。

3. 在向抵押人支取必要维修费之前,贷款机构必须书面通知其问题所在,除非存在致命的隐患。

4. 贷款机构有权检查抵押者对住房不动产的使用情况,并对其使用中可能会危及贷款机构利益的行为组织干预。

（四）美国反向抵押贷款费用的最终规则

1999 年 1 月,HUD 制定了和 HECM 相关的房产规划费用的最终规则。其要点包括:

1. HECM 的收益不能在贷款开始时就分配给房产规划公司。

2. 如果借款人从一次性支付的 HECM 贷款中取出总值的 25%,贷款机构必须进行调查,确认这些资金没有付给房产规划公司。

3. HECM 的借款人应使贷款机构确信他们没有未完成或未付清的义务要用初始贷款支付,除非是要求的维修费用和贷款服务费用。

4. 客户从 HECM 得到的初始贷款,不能用来支付费用给房产规划公司。

5. HUD 批准的顾问必须询问潜在的借款人是否同意支付房产规划的费用。如果同意的话,顾问必须解释何种程度上这种第三方服务是不需要的,在何种程度上这些服务可以通过 HUD 咨询机构得到。

联邦法律和 HUD 最终规则都会遏制多数时候被滥用的房产规划费用。然而,如果有人想通过协助安排反向抵押贷款收取"财务规划"或"房产规划"费用,借款人应该小心对待。除了设立反向抵押贷款的贷款机构,借款人没必要对其他任何人支付任何费用。

五、贷款行为的终止

在下列情况下,业务经办机构可以终止实施反向抵押贷款:

1. 抵押者出售、转让或赠送已经被抵押不动产的任何部分,不论这是自愿或是非自愿行为,甚至是法律所为。

2. 抵押人已经死亡,本项业务即宣告结束。

3. 抵押人已经有了其他房产,或为其他原因已经不再将抵押的不动产作为其主要定居住所。

4. 抵押者无力支付不动产税或者依照安全协议无法缴纳所有保险费。

5. 抵押人自愿申请破产或在法庭的监督下和债权人达成协议。

6. 抵押人无力维持抵押不动产的完整性。

抵押者如果无力付税或无法持有所需要的保险金,按照美国有关法律的规定,贷款机构必须在 10 个工作日内研究此事,并向抵押人和第三方发出书面通知。抵押人无力付税或无法保持所需要的保险时,除非贷款机构尽一切努力做了应当做的工作,不构成合同终止条款。抵押人在发生某种变故,或因其他缘由,需要中止此项抵押业务时,有义务尽快以书面形式向贷款机构陈述所发生的事件。

六、基本规定介绍

1. 无贷款到期日。规定 HECM 贷款的交易是永久性项目,在贷款者的生命周期内或迁出前不能改变,业主有完全自由决定住宅的出售或迁出,并对不可预见、预知的未来环境提供保护。

2. 资产保护。当贷款需归还时,欠款总额如超过当时出售房屋的价值,超过部分不需要贷款者承担;若小于房产价值,其差额称为剩余价值,仍属于业主或其受益人。

3. 有独立法律顾问。贷款者在申请前,必须首先咨询律师,由律师回答有关问题,对各种方案优劣比较分析,并提出参考意见,最后出具已经律师辅导的证明书,才可呈交放贷者报 FHA 批准保险。

4. 解约权。在贷款签约后 3 天内,无须任何理由,老年人可以宣布取消这笔交易。

5. 利率限制。规定利率依据美国财政部通过联邦储备金委员会公布的票据到期 1 年期利率,可适当上浮,并规定在整个贷款期内利率封顶。

6. 贷款者可预留部分房产不作抵押,留作今后生活不能自理,不能住在原有住房时,作为进养老院之用。

7. 限制获贷成本。限制借款人为获取贷款而被迫需要缴纳的各类合理或不够合理的费用。这个限制包括费用项目和费用标准两个方面。

8. 贷款者支付的保险费(MIP),为最大认领数的 2% 或房屋价值的 2%。另外,每年需支付当年贷款预付额的 0.5% 的保险费。这项保险费可以作出保证,如管理贷款账户的公司(通常称作贷款服务者)一旦发生差错,政府将干预并确保能继续进行贷款预付。MIP 保证当客户需还清 HECM 欠款时,客户的还款额不会超过住房的价值。

9. 逼迫老人签约或侵占老人的权利等,属虐待老人行为,可提出申诉,并有专门机构受理。具体有关运作的规定,HUD 专门出版有官方的手册给客户发送。

七、信息披露条款

在接受住户的抵押贷款申请之前,贷款机构必须向贷款申请者披露下列信息：

1. 抵押者事前应向有关部门和人士咨询反向抵押贷的详细情况，并作出如下声明："你必须向税收、法律和金融顾问咨询，或者向适当的权威机构咨询……"

2. 贷款机构免费电话号码和负责解答咨询和投诉的人的姓名。

3. 一份声明，允许申请者向纽约银行管理部门书面投诉。

4. 向申请者阐明可能导致贷款终止或加速的事件条款。

5. 声明贷款允许贷款机构有权享受不动产的未来价值分成，即"增值分成"。

6. 声明累积利息记入抵押者费用或贷款本金。

7. 声明只有不动产可以作为此种贷款的保全抵押。

8. 声明贷款可以提前归还而免受处罚。

9. 所有抵押人需要承担的费用、成本和支付项目。

10. 声明抵押人有权指定第三方当事人（如自己的儿女等）。

11. 贷款需要展期和做再融资时，需要给予的限制条件描述。

12. 贷款利率水平和利率是否固定。

13. 贷款机构资格证明，应依照有关条款就养老金的可行性、如何购买以及使用事项等给予咨询。

14. 是否建立临时储蓄账户及账户的用途。

15. 储蓄基金建立和使用的目的。

16. 所需要的保险种类和花费。

17. 是否有抵押经纪人开展该项抵押贷款的经纪业务。

18. 声明允许贷款机构参与住房价值升值后的"权益分成"。

19. 贷款机构认为合适的其他信息。

以上各项条款必须按规定提供给抵押人，供其掌握信息使用。申请人在依照有关条款接受咨询之前，贷款机构需要将有关事项和支付时间表交给抵押人。

第四节　反向抵押贷款的给付方式

一、反向抵押贷款的给付方式

反向抵押贷款根据其贷放机构和条款的不同，可分为许多种类。老年人可以在咨询机构的帮助下，选择最适合自己需要的类型。当借款人和贷款发放机构签订贷款合约之后,就可以收到给付的款项了。大部分时间,人们都把反向抵押贷款看做是一种年金式给付,即按月给付直到老年人去世为止。然而从实际情况开展来看,在不同的反向抵押贷款类型中,老年住户收到款项的方式,也即机构给付方式会有所不同。具体给付方式依贷款制度设计而定,借款人可根据自己的需要选择最适合的方式。

反向抵押贷款还可以分为无期限和固定期限两种。无期限时,只要借款人一直占用该抵押住房作为主要居所,就可从放贷机构处每月收到固定款项直到借款人死亡或从该房中迁出为止。到时,以出售住房作为还贷的唯一来源。固定期限是借贷双方约定还贷日期在有限期限内借款人可收到放贷者每月支付的款项。到期借贷人可出售住房或以其他资产还债。借款期越短贷款额可越大。

按月提取的办法通常有定期方式(Term Plan)和终身方式(Tenure Plan)两种。终身方式是借款人每月提取现金直到自己过世为止。定期方式是借款人自己选定一个固定年期,在这个年期内,每月提取现金,借款人在定期计划中一般能提取较高的每月金额,期满后金额便停止发放,房主选择的年限越短,每月金额可提取越高。按月提取一般不与通货膨胀指数挂钩。这就是说,每月可以提取的金额是固定的,不会随着通货膨胀(通货紧缩)而上升(下降)。因物价在长期来说一般会持上升态势,每月提取金额的购买力会随时间而下降。

二、具体给付方式的介绍

根据美国开展的反向抵押贷款情况,借款人可以根据自己的需要选择贷款领取方式。选择方式按给付时间划分有一次性给付、信用额度给付和按月给付三种方式;按照给付的期限有定期给付和不定期给付;按给付的数额有固定额度和非固定额度。借款人具体可选择的方式有:①一次性给付(lump-sum);②一次性定期给付(term plan);③信贷额度(line-of-credit);④固定每月给付(定额抵押贷款);⑤定期给付(限定给付期限);⑥规定信用额度,一定额度内允许借款人随意提取;⑦以上几种方式的组合。

(一)信用额度给付(A Line of Credit)

信用额度给付是最受欢迎的一种给付方式,是指在谈好总的给付额度后,借款人根据自己的用款需要,贷期内随时都可以给付所需要的款项。所谓信用额度指借款人根据需要与贷款机构将住房的抵押价值,在考虑相应的贴现值之后,设定一个最高给付限额,低于这个金额的款项,借款人可以随时领取,既可以只领取一次,也可以多次领取,直到全部借款金额被领取完毕。信用额度给付方式广受欢迎的原因,在于其灵活性,尤其具有应付不时之需的功能。当借款人在整个余存寿命期间,因医疗、旅游、偿债、消费等需要款项时,可随时随意支用房款,能够较好地满足自己的不时之需。这种方式吸引那些收入并非不足,但要应付不正规的非预料花费有困难的老人。

(二)一次性全额给付(A Lump Sum)

一次性给付是在贷款合约签订后或其他需要款项的时间,机构一次性将所有的应付款项全部付给借款人。事实上,一次性全额给付可以看做最高信用额度给付方式的一个特例,其金额相当于最高信用额度的一次性提取。这种方式等于借款者释放了所有的房屋产权,将其转化为反向抵押贷款收入。首先由借贷双方聘请独立的第三方机构,对房屋价值进行评估,确定一个公允价值,扣除借款费用和利息,借款人一次性领取全部金额。除非有特殊需要,借款人一般不会选择这种给付方式,因为越早领完意味着将来给付的利息越多。

大额给付不仅可以满足所有信用额度方式针对的潜在需要,还因其数额较大,借款者可以用这笔钱购买终身养老年金,再用终身养老年金来保障自己余存生命期间的生活费给付。在这种安排下,年金发放转由保险公司负责。由于大额给付的贷款总额较高,借款人及其子女偿还欠债的可能性较小,房屋难以赎回。

(三)固定年金给付

反向抵押贷款的借款者采用固定按月给付方式,贷款机构将向借款者每月给付年金,直至借款者去世。如老年人依照其房屋的评估价值,考虑一定的贴现系数和余存寿命,计算可以获得的抵押贷款的总收入,然后再平均分配至借款者预期的在世年限中。这种方式最符合以房养老的本意,可以保障房产的所有价值在自己的生前能够得到最好的尤其是均衡的运用,满足养老的需要。

(四)规定合同期限

这种给付方式在美国反向抵押贷款开办的初期使用较多,目前已经基本淘汰。其基本思路是:(1)借款人以自有房产为抵押,与贷款机构订立贷款合同,贷款机构在一定时期内按月分期给付给借款人,并且规定贷款期限,一般为10—15年。(2)在贷款期限内,贷款机构每年或每月向借款人等额给付抵押款,借款人再用这笔钱财应用于日常养老生活的开销。(3)贷款到期时,借款人不需要用其他资金来归还贷款,只需要把房产所有权转交给贷款机构即可,并且通过房产增值共享机制享受一定的房产增值收益。贷款到期,即使老人仍然在世,也无法继续得到给付,反而要对以前已经得到的贷款立即予以偿还。

老年人对自己的寿命是没有办法精确预期的,这种方式实际上并不适合作为反向抵押贷款的给付方式。如果自己实际寿命高于贷款期限,在贷款到期需要偿还,而该老年人又健康长寿时,如没有能力赎回房产,老人也无合适的处所妥善安置时,将面临被"扫地出门"的悲惨境遇。这显然是老年人不希望看到的,也与反向抵押贷款养老的开办原则相背离。从运作的实际情况来看,这种方式的效果是很糟糕的。一般的情形是贷款到期后不一定要马上偿还,可以等到老人去世或出售房屋后再归还累计贷款本息,但在此期间新的贷款将不再予以发放,已有贷款的利息将继续计算,若该老人仍旧是身体健康,预期死亡尚有较长期间时,这笔利息费将是相当可观。

(五)定额每期给付

这种反向抵押贷款是在贷款合同签约后的若干年内或整个有生之年里,由贷款机构每年或每月向老年住户等额给付抵押款,老年住户再用这笔钱财应用于日常养老生活的开销。这种给付方式又可包括定期和非定期两种形式。定期定额是指事先规定一个贷款期限,如 10 年、15 年等,在贷期内等额发放贷款,贷款期满即需向机构归还贷款本息;非定期定额则是指从贷款合同签约到住户最终死亡的整个存活期间,都由贷款机构每期等额给付贷款本息。

(六)定期年金给付(Fixed Term Annuity)

这种给付方式是指借贷双方确定房屋净值后,商定一个年金领取期间。在该期间内,贷款机构保证无论借款人是否生存,都要给付年金至约定期间期满。这种领取方式相当于借款人用房屋净值向贷款机构购买了一个定期年金,借款人领取金额和贷款机构给付金额都是确定的,都等于房屋净值。反向抵押贷款的本质功能,是补充老年人的养老之需,采用年金给付方式可以为老年人提供源源不断的现金流,最能实现这种功能。

(七)终身年金给付(Tenure Annuity)

这种给付方式是年金给付方式的一种,是房款在整个余存寿命期间都呈现持续、等额的系列给付。这种方式的好处最为明显,也最符合以房养老的本意。老年住户应当得到自己死亡后的房产价值,整个余存的生命期间里是平均地有保障地得到,便于计划开支。缺陷是老年人在各个时期的消费状况并不完全相同,尤其是在发生大病重病不愈或其他意外变故之时,一次性需要较多资金时,就很难有相应资金给予满足。这同时说明,老年人的养老期间必须有一笔可供随时动用,满足不时之需的存款。

与定期年金给付方式不同的是,它相当于借款人用房屋净值向贷款机构购买了一个终身年金。在这种给付方式下,由于给付期间等于借款人的剩余寿命期间,借款人活的时间越长,给付的金额就越多;活的时间越短,给付的金额就越少。在终身年金给付方式下,借款人给付的借款总额可能大于、等于或小于房屋净值。在终身方式下,只要房主继续生活在该住房中,每月都可拿到款项。但如房主搬离该住房,贷款会被立即终止。

(八)混合方式给付(a Combination of a Line of Credit and Annuity)

所谓混和给付方式是指把信用额度和年金给付方式进行组合,满足借款人的多种财务需要。如先确定一个信用额度,用剩余的金额再购买一个定期年金或者终身年金。混合给付方式也很受借款人的欢迎。贷款给付与贷款期限的相互联络,又形成如下几种方式:(1)无期限和信用额度组合。贷款机构可获得一笔信用额度和贷款机构居住在住房期间的每月贷款预付;(2)固定期限和信用额度组合。贷款机构可获得一笔信用额度和固定期限内每月贷款预付。HECM项目允许贷款机构在任何时候改变贷款给付方式,如改变期限,暂停给付或要求整笔给付等,手续费限在20美元以内,以方便老人的需求,交易是极其灵活的。运作的关键是由政府部门主导和监管,同时金融、保险、法律等部门积极加入。

从反向抵押贷款在美国的开展情况来看,据彼得·钦罗伊的调查(如表5-1所示)。HECM的所有借款者中间,借款人多倾向于选择一次性给付的方式,而非年金的形式,这似乎暗示着他们拥有对自己预期的充分信息。在联邦住房管理局HECM贷款中,最流行的给付方式是规定最高信用额度的方式,占68%,限期给付和终身给付方式总共只占13%。只有15.0%的借款人选择年金的形式,这显然出乎我们的预料。有约10%的人选择定期和分期的混合给付方式。住户可以在信用额度内随时随意支取。HECM规定,对于尚未给付的贷款资金,可给付余额将随时间按照贷款利率同步增长,借款人可以选择分期方式给付款额,时间越长,其数额也就越多。

表5-1　给付方式选择

给付方式	给付期限	给付特征	理想程度	欢迎程度	占据份额
终身年金给付	终身	每月固定	最理想	一般	15%
一次性给付	一次性	一次性大笔支取	不理想	不好	7%
固定期限给付	固定期限	期限内每月固定	不理想	不好	10%
最高信用额度给付	终身	随时支取	较理想	最好	68%

三、给付方式选择的主要影响因素

贷款给付方式的确定固然有多种情形,但同贷款期限、可贷款额度、利率费率的确定有密切关系。如业务开办初期即采取一次性整笔给付的办法,其可贷的额度应当是较低的;分期等额给付的方式,总贷款额度则可以表现得较高。原因即在于适用利率及利息给付额度的不同。影响老年人给付方式选择的因素主要有如下几个方面:

(一)贷款成本

贷款成本直接影响着老年人可以得到的贷款数量,成本越高,所能得到的贷款额度就越少。从美国的开展情况来看,反向抵押贷款的成本是高昂的,这些成本主要包括前期费用、期间费用和利息费用。前期费用是指贷款的发起费用、贴息、抵押贷款保险费、手续费等,这对于不同的给付方式来说是相同的;期间费用主要是指服务费用,一次性给付方式下不存在这种费用;利息费用是贷款期间所计利息,由于不同给付方式的现金流不同,加上反向抵押贷款期限较长,这部分费用的差别是最大的。

在其他方面都相同的情况下,一次性给付的利息费是三种方式中最高的,全部贷款都要在整个期间内计息。按月分期给付按照贷款的实际给付进行计息,利息费用低于一次性给付的费用。在最高信用额度方式下,利息只根据实际借款额计提,实际借款额由借款人根据自己的需要决定,借款越多利息就越高,反之越低。

(二)预期寿命

预期寿命包括两方面的含义,一是预期寿命的长短,二是其不确定性。美国学者 Case 和 Schnare 在 1994 年对 2,500 份反向抵押贷款的借款人进行分析发现,年龄越小,预期寿命越长,就越倾向于选择终身给付方式。显然,如选择限期给付,一旦寿命比贷款期限长出许多,在贷款停止给付后老年人很可能遭遇到生活困难;相反如借款人预期寿命比较短,从终身给付中获得的收益也有限,这时限期给付可能更符合老年人的需要。

　　寿命的不确定性会对给付方式选择产生影响。人们选择反向抵押贷款的强烈动机是保障未来的生活、获得心理上的安慰。如寿命的不确定性很大,为了保证未来不发生财务危机,借款人更倾向于选择最高信用额度或终身给付的方式。不过,Fratantoni 在 1999 年运用理论模型分析发现,这种不确定性对给付方式选择虽然有影响,但作用并不大。

　　（三）**拥有资产与收入情况**

　　资产与收入是指借款人除反向抵押贷款以外拥有的货币资产与收入,包括养老金等固定收入及各种非固定收入。它对给付方式选择有明显影响。反向抵押贷款对借款人的收入没有最低限制。这部分收入越少,借款人从反向抵押中得到收入的边际效用就越高。低收入的借款人,获得贷款主要是为了应付日常开支的需要。采取按月分期付款的方式比较合适。收入水平较高者,使用反向抵押贷款主要是为了应付未来的紧急事件,解决日常开支的需求并不迫切,采用最高信用额度的形式更为合适。

　　（四）**房屋评估价值**

　　房屋评估价值不但决定了老年客户所能得到的贷款数量,对给付方式的选择也产生一定影响。房屋评估价值越高,借款人获得的信用额度或月度给付就越高。从美国的开展情况来看,如果房屋评估价值低于 10 万美元,采取按月分期给付方式所得到的月度给付很少,对借款人日常生活意义不大;而那些评估价值高于 20 万美元的房屋所有者通常都有足够的其他资产,可以利用其他资产来满足生活需要(Merrill,Finkel,Kutty,1994),不需要将房屋价值变现来养老。对房屋评估价值较低的借款人,选择最高信用额度或一次性给付可以带来更高的效用;对于房屋评估价值比较高的借款人,选择按月分期给付可以得到可观的每月给付,明显提高生活水平,更符合借款人的需要。从实际情况来看,借款人的房屋评估价值越高,选择最高信用额度的可能性就越小(Case,Schnare,1994)。

　　（五）**贷款给付期间**

　　反向抵押贷款的给付可按月进行。如按季度或半年度、年度分期发放,但还是按月发放为最好。便于每位老人自觉根据当月的收支状况予以周到的预算安排。如按季度、半年度或年度来给付贷款,则显得时期过长。在目前的货币电子化和结算工具便捷化的状况下,按月给付方式并不会增加业务运行成本。给每位客户设置一个账户,每月初或月末即会将当月的给付金额直接转到每位客户的账户,并于当日到达结算。

给付方式的选择,是综合借款人各方面因素和需求的结果。除了以上方面,还有一些因素会对借款人的选择产生影响,比如参加养老和医疗保险的情况、家庭成员的人数与收入状况等。如借款人参加了养老保险和医疗保险,防范未来紧急需要的动机就会减少,从而会更倾向于分期给付。家庭成员状况也是考虑因素之一,如借款人不是单身,其预期寿命将根据家庭成员中年龄最小者确定,预期寿命的不确定性也会增强,从而影响给付方式的选择。

四、多种给付方式的抉择

(一)贷款机构应推出多种给付方式

贷款给付方式的选择中,贷款机构应当主动地提出多种给付方式,以便于借款人自主选择,最终得到自己适意的方式。借款人在选择中需要注意自己的实际需要,如希望将拥有房产等额逐期地转化为持续稳定的现金流入,以保障各期生活费能有可靠稳定的来源,应选择等额不定期贷款给付方式;如借款人手中颇有钱财,日常生活费已有足够保障,申请反向抵押贷款只是为着随时有大笔款项以应对偶然性的大笔支出,可选择最高信用贷款模式。

贷款给付方式决定了利息的计算方式,如是复利还是年金,是现值还是终值。贷款期限有定期和不定期两种,不定期贷款相似于寿险年金计算方式,实际运作期限相当于借款人的实际存活期限,将其更多地视同于反向抵押贷款年金的方式予以运作,比较名正言顺;定期贷款则类似于一般抵押贷款,计算及运作都较为简单,机构营运的风险也较小。但这个预定期限同老年住户实际存活余命的差异,包括短命差异和长命差异两种,长命差异就是老年人实际存活寿命长于贷款期限的部分,这笔额外的款项给付从何处筹措就是一大难题。

若贷款机构只能拿出某一种贷款给付方式,就只能应对某部分老年住户的融资需求,使得业务开办的规模不能做大做强,永远只能停留在缓慢发展的境地,同时因业务数量的过少,也会使业务成本居高不下,对继续经营这一反向抵押贷款业务丧失信心,完全无利益而言。对客户而言也因各项收费标准过高,每月可取得的贷款额因扣除较多费用而所剩无几,或者说相关的业务开办费在整个贷款额度内占据了较大份额。客户会感觉很不合算,从此不愿意再继续参与这一业务。众多潜在客户则会因此而裹足不前,难以成为现实的消费者。

(二)借款人对给付方式的抉择

借款人所能获得的贷款金额主要取决于三个因素:借款人(即房屋所有人)的年龄、当前利率及房屋价值和区位。区位是指该住房具体坐落的地段,在美国一般是以县为单位来区分地段。这里可以看出美国在这方面的工作非常细致,一些大州如纽约、加利福尼亚州、得克萨斯州等面积大,人口多,州内情况变化也很大,一个县的范围基本差别则不大。

借款人获得款项可以自由选择一次性总付、每月定额给付及信用额度给付三种方式,也可以选择该三种方式的任意组合。一次性总付和信用额度给付的总金额一致,给付的次数不同。每月定额给付的金额是根据当前利率计算出来的,还要结合借款人的预期寿命,利用保险学精算原理,其现值应当与一次总付/信用额度给付的金额相等。

选择每月定额给付的借款人可以选择一定的年限,如 5 年、10 年、15 年,也可以选择生存给付方式,即只要借款人还活着,贷款机构就应当每月给付。不同给付年限下每月的给付额是不同的,每月定额给付如有确定期限,该期限届满后,贷款机构不再向借款人给付。如果借款人没有违约,债务仍然要到借款人死亡、迁出等事项发生时才能要求还款。

虽然各个国家采取的给付方式、额度不同,但都与借款人的年龄、当前利率、房屋价值息息相关。借款人的年龄越大,意味着其预期存活年限越短,预期还款期也越短,借款到期时的利息也越少,因此所能获得的贷款金额也越大。当前利率越低,意味着到期时的利息越少,所能获得的贷款金额也越大。房屋的价值越大,意味着贷款到期时房屋所担保的价值越大,所能获得的贷款金额也越大。但是,无论房屋的价值多大,单笔反向抵押贷款是有最高限额的,这个限额取决于房屋位于哪个地域,该地域单套住宅的平均价值决定了这个最高限额,该最高限额每年均根据房产市场行情的变化调整。根据 2003 年最新调整的限额,最高是在一些大都市的市中心,可达 280,749 美元,最低是在大部分农村地区,也达到了 154,986 美元[①]。

---

① National Reverse Mortgage Lenders Association (2003), Larger Reverse Mortgages Available Because of Higher Loan Limits, http://www.reversemortgage.org/newsitem44.htm. 2003 年 5 月 16 日。

第五节　反向抵押贷款的违约及规避

一、反向抵押贷款业务实施的违约

反向抵押贷款业务的开办中,首先需要由贷款机构和借款人之间就反向抵押贷款的各种具体事项达成一致的意见,并签署反向抵押贷款合同。

借款人将自己的住房申请参与反向抵押贷款,以用自己死亡后还很可能遗留的房产价值的提前变现套现,来养度自己的余生。大家在决定是否参与这一行为时,总是会非常慎重,思之再三,同子女、亲友、同事做反复讨论,然后才可能成行。当人们最终接受这一新兴贷款模式,同贷款机构签订了有关协议书,事实上也已经从住房的抵押变现中领到了相当的款项,并用于改善晚年期的生活。但在漫长的合约执行期里,极可能会发生种种不确定的事项。当相关的环境条件发生重大改变时,能否将本模式转化为其他形式的房屋处置或以房养老模式?模式的转换是否可行,转换的依据何在? 此外,还不免会发生老年客户或业务开办机构的违约现象。

应该指出,环境条件变动导致的后果可能是积极的,也可能是消极的;可能是对参与双方都有利的,也可能是只对一方有利,而对另一方不利。对双方都有利、积极的后果当然最好,但是很多情况下,出现的状况可能是只对一方有利,而对另一方很不利,此时,有利的一方就应该想办法补偿另一方的不利,这就存在着双方的利益协调问题。

这里将重点讨论反向抵押贷款中的违约现象。老人在参与反向抵押贷款行为后,是否会出现因环境、制度变迁,或自身健康状况的变化,而出现违约行为?这种违约行为,既可能是客观情势的影响而不得不为之,也可能是主观心理的人为违约。前者如城市规划的变更,抵押住房的被迫拆迁,发生火灾、地震、水灾等人力不可抗拒的自然灾害,使住房实体本身产生了相当的毁损,从而使该项业务的运作已成为不可能之事。后种违约则完全是个人的心理意识或客观情形发生变化而产生,如家人反对、房价上涨、利率调高与降低、抵押房屋出售或另作他途,或找到更好的养老资源获取方法等,从而对人们再继续参与这一业务产生种种疑问,进而导致各种违约。此外,贷款机构是否会因为环境向不利于自己的方向变动而出现停止向借款人支付年金等违约行为? 都值得探讨。

二、反向抵押贷款实施的解约

（一）反向抵押贷款实施中解约的由来

对各种违约现象的考虑中，鉴于贷款机构的非营利性和业务的大规模开办，首先可以消除一般营利性机构开办这种业务时，可能会发生的因损益考虑而提出的解约，或是为尽早得到房产而恶意违约驱逐老人甚至"谋房害命"等风险的发生。但机构也会因支付危机而无法将该合同长期执行，或因为片面考虑"短平快"的目标要求，而不愿意再做这种长期性业务。再如老年人已出售了住房，但看到房价上涨而想要毁约，或因家中意见不统一提出毁约，或违约后期望将住房再次出租，或用于有风险的抵押等。老年人对房屋维护不当，还可能会产生隐性违约。老年人出售住房后仍居留在原房屋内，这就与向其支付养老金的特设机构间形成一种委托代理的关系。违约风险可通过合同设计过程中的谨慎周密及法律规范来监督和保障。

比如，甲的住宅在办理反向抵押贷款时，被评估价值为 30 万元，并据此签约支付每期房款。该住宅的未来价值走向，不外乎上升、持平和下跌三种。当该住宅的价值呈现为上升趋势后，甲会感觉继续按照原来的房价计算抵押房款，自己吃了大亏，会坚决要求退约。而住宅的价值呈现为下跌趋势后，甲则会感到有便宜可占，会坚决履约而不会提出退约。这就在住宅的抵押与被抵押的双方间产生一种博弈行为。这种博弈只是一种零和博弈，一方的损失正是另一方的收益，反之亦然。所以，当抵押房产者出于自身经济利益的考虑，坚决要求悔约时，自然使得保险公司受到相当的损失。保险公司应得到的风险收益，因对方悔约不可能到手，而应承担的风险损失却要因客户的坚决履约而必须承担。

（二）贷款机构提出解约

贷款机构的违约行为一般可以分为主动违约、被迫违约与因借款人失误在先而被迫解约三类。

1. 主动违约。这是贷款机构基于利益的考虑而故意违约，如预计未来房屋价值低迷，不能从老年人的房产处置中获得预期收益，当违约所产生的利益超过违约所产生的损失时，贷款机构就可能会出现故意违约。

2. 被迫违约。这是指贷款机构因某种原因而不能给付反向抵押贷款款项所发生的违约行为。这并不是金融机构故意不想支付款项，而是没有能力支付。反向抵押贷款对金融机构的运作规模、信用情况、资金充足率等方面，都有很高的要求,否则将无法保证其定期向老年人支付金额。客观经济社会情形发生较大改变,如政策法规、利率变革、GDP 增长、房价波动等,出现较大程度的改变,已足以影响反向抵押贷款产品的整体实施,或对其实施出现有重大系统性风险难以消除,从而将对机构自身的存在带来巨大威胁等。此时,贷款机构只得宣告结束该项金融保险产品的继续运作,同时与客户办理清盘结算。

3. 借款人的违约行为在先,如借款人提供虚假信息,如虚报年龄、健康状况申报不实,图谋骗取机构贷款;借款人对已经做反向抵押的住房做不利于贷款机构的非法处置,如重复抵押、提供担保、出售出租给他人,或"一女多嫁"骗取多重贷款;借款人对已经做反向抵押的住房野蛮装修、对住房的缺损有意隐瞒或放任不管,对住房的维护保养不负起应有责任。

这些事项都会损害贷款机构的合法权益,使得被抵押物的实物受损、价值贬低,或产权不清、矛盾纠纷丛生。对以上种种行为,贷款机构应当在合约中详细列示禁止行为的条款,并明确"如有违犯即中止合约的实施,强制收回贷款累积本息,并给予相应的罚款处理"。这种处罚是合理正当的。

(三)抵押房产人提出解约

反向抵押贷款的条款制定中,还应考虑到借款人可能会有的反悔、要求解约事项。对此种事件的发生,贷款机构除努力宣传,促使其改变想法外,否则只能对此违心地表示同意①。这时,借款人应当将已经收到的款项连同累积的利息,以及贷款机构为此业务开办所发生的合理费用等,都全部交还贷款机构,从而解除此项合约。这种解约的原因有:

1. 机构自身制定条款有偏差,可能出现事项及预防措施不清晰,或未在条款中加以明确规定。

2. 合约实施中,机构和客户对条款的解释存在严重的歧义,各自向有利于自身利益的方面引导,发生争执。

3. 贷款尚未到期,但借款人预期自己的寿命不会很长,要求对贷款合约的期限予以变更,适度增加每期应给付的养老款。

4. 借款人已同子女谈妥,晚年养老用费完全由子女供给,这幢住房也将作为给子女的遗产传留。

---

① 事实上许多老年人的想法已经很固执,或者说是难以理喻,很难再做很好的劝说,即使劝说也不会有很好的效果。

5. 借款人对本项业务不是很熟悉,对业务开办后自己对住房的权利将受到若干限制不很了解,或因受到亲友同事的影响等,对参与此项业务的好处产生种种怀疑,从而要求解除本项合同。事实上,即使是专业人士若不经过专门的学习,也无法对反向抵押贷款的基本内容及相关事项有较透彻的理解。

6. 借款人在合约履行的长时期中另外搞到经济来源,或继承了一大笔遗产,或偶尔性摸彩票获取大奖等。因情况发生变化,已不必要从抵押房产中寻找资金渠道。

如上事项的发生,都可能使得某一方或双方提出终止合约的要求。对此事项的处理办法,应当同上述情况保持一致。这些事项都可能会时常发生。贷款机构同样需要同借款人坐在一起认真协商,一般而言应给予同意,同时协商好善后措施。

借款人按照协议支付了相应的贷款本息、结清本项业务后,贷款机构是否能够要求对借款人实施相应的违约罚款,以赔偿其损失呢? 这需要认真考虑。事实上,贷款机构为开办这项业务所发生的合理费用,经详细计算,并经借款人予以确认并清偿后,双方的抵押贷款的关系,已经宣告结清,不应当要求额外的处罚或赔偿。但由此对机构开办业务造成的资金筹措与运用的计划打乱等种种负面影响,则应考虑交付一定的违约金。

(四)客观情形导致解约

某些重大事项的出现,如战争、地震、洪水、火灾等,是事先难以预期,条款中无法给予明确规定,如日本、中国香港等地的楼市交易价的大幅下滑,居民财富严重缩水,许多贷款购房的中产阶级一举呈现为"负产阶级"。在这种情形下,反向抵押贷款是很难持续开办下去。

战争因素的影响同样需要加以考虑。笔者在某次对来自各地的学员做以房养老的讲座时,有位来自部队的学员就提出了万一发生战争时,这一贷款项目将如何开办的问题。我国政府的主基调是和平与发展,是要努力创造出一个和平的氛围和可持续发展的环境,使我国的整体综合国力逐步提升向一个个新的台阶,走上富国强国之路。但战争的阴影或威胁也不能因此而完全排除。当然,将来一旦发生某种大规模的战争时,那就不仅仅是反向抵押贷款产品能否继续推行,而是整个经济社会、国家、居民、单位等一切经济现象与经济行为决策,都需要做出重大的调整。

在反向抵押贷款实施的长达 10 多年、20 多年的长期限中,是很可能会发生种种意想不到的事项的,需要对原贷款合约以相应的变革,或干脆放弃这种贷款养老方式,对这些问题不必给予过多的考虑。

三、借款人违约的原因剖析

(一)反向抵押贷款业务开办中借款人的违约行为

在以反向抵押贷款为目的的反向抵押贷款业务的开办中,如果将"售出房产,年金养老"或"抵押房产,年金养老"的两种模式相比较,贷款机构更乐意接受"房产抵押"的形式,以使自己有较多的周旋余地。售出房产时,则还需要办理有关的产权转移证书,从法律上来确认这一权利转让的行为,显然比住房抵押证书的办理,要麻烦得多,所需费用也大得多。另外,在抵押模式下,抵押房产一方可能会发生某些反悔行为,这使双方的利益都会因此而受损,但问题处理则表现得比较简单。借款人将贷款机构的原支付的各类款项并计算利息、毁约费补偿后交达对方即可。而在出售模式下,某方要提出反悔解约,问题就表现得复杂化,甚至是不可能之事。

在抵押房产、年金养老的模式下,借款人的违约通常有哪些诱因呢?这种违约将对贷款机构造成利益上的损害,借款人当情况变化有利时就坚决遵守合约,情况变化不利时就违约,这在事实上又形成一种逆选择行为,从而对贷款机构开办这一业务造成相当的损害。借款人可以提出反悔,贷款机构是否也可以提出反悔,坚决要求为已参与业务的人员办理注销手续。比如,人寿保险业务在1996年、1997年之际,保险收益率高达9%、7%之多,而目前的同等寿险的收益率则只有2%多一点。寿险公司为此造成的利差损失,据保监会的不完全统计,将要高达500亿元之多。那么,是否可能由寿险公司宣告,终结原开办的高收益率业务,或宣告降低收益率? 这显然是不可行的。

(二)借款人违约的原因

1. 子女或亲友坚决反对,认为如此做法将损害了他们应有的财产继承权利,愿意以向老人支付赡养费的形式来督促老人停止对住房的抵押或出售行为。

2. 市场住房价格已有较大幅度上升,老人感觉原签订的售房或抵押养老的协议中,房价规定得过低,使自己的利益受到相当的伤害,要求毁约或重新计算房价和养老款。但若该住房的市场价发生降低时,特设机构是否有权利要求毁约,或要求降低每期支付标准。这应当是相同对待的。

3. 老人预期将不久于人世,原预定之存活寿命过高,每期收到养老款项过少,于是要求反悔或修订条款。如从反面来讲,若特设机构感觉该养老者的寿命已超出原设定寿命,可向该养老者的款项支付,已远远超出该住宅本身的价值,要求毁约或宣告停止款项支付时,又应当做何处理呢? 这其间都有种种事需项给予深入的研究。

反向抵押贷款的偿还,有到期后的正常还贷付息,也有非正常的提前还贷付息,结清款项。提前还贷又有主观、客观、自愿或被迫等多种情况。当业务开办机构要求投保人提前偿还贷款及累积的本息时,总是抓住了投保人的某种"错处"。但这些过错是否能够成立,或是否真正对业务开办机构的利益导致若干损害,则应当详细理清。

四、借款人提前偿还贷款的合约终止行为

(一)抵押房产人新购买住宅,抵押房屋已经不再作为抵押房产人的主要住宅

在此种状况下,大多是抵押房产人新购买了第二套住宅,并将生活的重心转移于新住宅,但此种事项是否涉及业务开办机构的利益,则不尽然。相反,抵押房产人能够购买第二套住宅,说明其经济实力还相当不错,但金融风险也在加强,为此要求抵押房产人归还这笔反向抵押贷款的累积本息,也可以提上议事日程。但若不提出这个提议时,对机构的利益维护也非坏事。

(二)抵押房产人出售、转让或对外赠与抵押房屋

当抵押房产人将自有住房抵押于专门机构后,既说明已公开承认放弃对该抵押房屋的部分权利,如再谋求对外出售、转让或赠与该抵押房屋,按规定都会被排除在抵押房产人的权利之外,至少也需要征求业务开办机构对此事项的认同,并结清全部贷款本息才可。但如抵押房产人将自己的住宅向保险公司做了反向抵押,也取得了相当的资金用于改善日常养老生活;又将该抵押房产私下对外出售、转让或转赠,这种私下行为显然是不合法的企图骗贷行为。保险公司完全有权利制止这一行为的发生,并在行为发生后及时给予防范并追回贷款的累积本息,在必要时还应当给予其一定的处罚。

(三)抵押房屋被依法查封、拆迁、征用或充公出售等

反向抵押贷款的业务实施中,众多的风险中其中有一种就是抵押物的风险。如已被抵押的房屋被立法机关依法查封,市政规划中被拆迁、征用,或因社会公共利益的需要等,被充公出售,在这种种事项下,被抵押物品既然已不存在,本反向抵押贷款业务的继续实施,也就因"皮之不存,毛将焉附"而不复存在。在这些状况下,业务开办机构要求抵押房产人就此结束贷款事项,提前归还贷款本息,也就是理所当然。但在以上种种状况下,抵押房产人的房产或被依法查封,充公出售,或被征用拆迁,必然会在利益上受到相当的损失。即使是拆迁征用,国家依法会给予补偿,但却往往是价值补偿不到位。此时,作为抵押房产人而言,固然利益受损,业务开办机构也会因此而连带遭受损失。对此抵押物风险的有效防范,一方面没有一方需要在抵押房产人提出申请时,对其资信、道德品质以及历史上有无违法纪录等,给予认真审查;另一方面还需要对该抵押的房屋是否在城市规划拆迁的范围、房屋的外观状态等,组织客观公正的调查认可。

抵押房屋在申请反向抵押贷款的同时,保险公司一方面为其办理反向抵押贷款,同时还应当要求或强制其办理房产财产保险,以对该房屋在贷款期间可能会遇到的火灾、洪水、地震等人力不可抗拒的自然灾害给予保险。在这种情况下,该抵押房屋在整个贷款期间,万一遇到保险范围内的灾害而致损失时,也能迅速得到财险公司的赔付,不至于遭受更多的损失。所以,反向抵押贷款既是一种房产养老的寿险业务,又同财险有密切相关。

五、业务开办机构的违约行为

若是贷款机构发生违约行为或要求解约时,又应做何打算呢?此种事项同样应在贷款合同中予以明确敲定。

反向抵押贷款的业务实施中,极可能由于业务开办机构自身的原因,如资金流转受阻、调度不灵,已经无力向投保人继续发放贷款,无法发展新客户,更无法维持住原有客户。在这种情况下,倘若机构迫不得已提出停止开办这一业务时,对投保人将会造成一定损失,如正常的反向抵押贷款无法再继续实施,每期正常的贷款发放难以延续。那么,是否应由违约的机构方向客户给予相应的赔偿,或在贷款本息的偿还结算方面给予一定的优惠举措?我们认为,这些都是必要的。

业务开办机构发生的违约行为,因后续资金不足,无力应对愈益增长的市场需求对贷款资金发放的需要,或因业务开办机构自身的经营状况不善,在其他投资领域遇到严重的债务危机,从而对反向抵押贷款业务的继续开办,产生种种不良影响,这都是有可能发生的。尤其是反向抵押贷款的时期特长、关联复杂、手续繁多、市场需求旺盛,且带有某种政策福利性质的贷款业务,这种风险、危机的发生更非偶然。

为避免业务开办机构可能发生的支付危机,反向抵押贷款资产证券化的推出是必需的。如此才能使机构每年贷放的巨额资金,在真正意义上将其搞好用活,也才能使机构接受房产抵押而蓄积的价值贬损的风险得以有效释放。资产证券化在我国已经进入前期研发阶段,正规推出也将为期不远,这将是机构开办反向抵押贷款的一项极大的利好消息。

一般而言,各种金融保险的合约都是由金融保险机构一手操作制定,并公布实施的。但合约的制定中是否在尽量维护自身利益、降低相应风险的同时,也能适度考虑客户的权利和利益,听取客户的意见和建议,以使合约的制定公平合理,同时维护双方的合法权益。如此才能使该金融产品一经推出,就立即受到市场的追捧,而非门可罗雀,无人问津。

还应说明,有些金融保险产品的推出,可能并非金融保险机构的本意。机构或认为这种产品的市场小、风险大、预期收益低;或认为该产品研发推销的阻力大,事项繁杂,从而丧失大力参与的积极性;或认为该项金融保险产品是政府行为而非商业行为,是政府强加于自己头上,不得不做的产物,从而在产品的具体推出中是奉命行事,只要产品推出就是完成国家下达的任务,至于说产品推出后的结果、市场需求、应当起到的经济社会效应是否充分体现,却完全不予以考虑。或还抱有"多一事不如少一事"、"市场尽量小,客户尽量少",最终是"鬼都不愿意上门"、无疾而终最好。这种指导思想下是不可能做好该金融产品的研发、营销并达到预期目标的。比如一度出现的教育储蓄、助学贷款中的种种不正常行为,就是一个明显的例子。只是助学贷款的社会呼吁高,政府决心大,再加上若干国家信用担保、财政贴息、银行风险由政府予以适度化解等优惠政策的陆续实施,最终才使银行有了一定的参与积极性。

六、对违约风险的规避

根据反向抵押贷款合同条款,在贷款机构宣布破产的情况,借款人有领取不到贷款的风险。为此,HECM 项目提供一些重要的消费者保护措施,包括:(1)HECM不允许迫使借款人出售住房来归还贷款;(2)由于反向抵押贷款是无追索权的,无论借款人在死亡、搬离之前住在住房多长时间,借款人的债务最大值为房产价值;(3)借款人在贷款机构倒闭破产时,由 HUD 保证对借款人进行贷款支付;(4)按年调整的利率每年的"利率帽"为2%,贷款期内的"利率帽"为5%,以防止借款人被收取较高利率;(5)限制对借款人收取不必要或不公平的费用；(6)限制贷款机构对借款人收取服务费用的数额；(7)HECM 还允许借款人选择与贷款机构分享房产升值的好处。这种选择权在实践中还没有出现，主要是因为 Fannie Mae 不购买此类产品。

消费者保护措施以及产品设计时纳入这种保护也给贷款提供者带来了风险。对于贷款机构来说，抵押物的风险有三个主要来源：(1)由于借款人居住时间过长导致不断发放的贷款数额超出了住房的价值；(2)利率的上升导致利息量的增加；(3)当贷款到期时，房产贬值以至于房产价值低于预期水平。这些情况下，出售住房得到的资金就无法按照约定弥补全部贷款，贷款机构将遭受损失。选择信用限额或每月支取方式领取贷款的借款人在贷款机构破产的情况下风险最大。但如果选用的是 HECM 贷款，由于有联邦政府的保险以及 Fannie Mae 强大的金融实力和较高的评级，并承诺购买所有的合格贷款，政府确保借款人能够得到所有贷款。私有反向抵押贷款市场没有政府保险，但通过出售贷款进行证券化，风险也能得到有效分散和规避。反向抵押贷款投资者使用类似保险产品的"集合(Pooling)"效应获取稳定收益。

七、反向抵押贷款合同的变更

Robert J. Shiller 和 Allan N. Weiss(2000)对包括反向抵押贷款在内五种房产价值转换合同中的道德风险进行了研究，建议重新设计合同，至少部分或者全部把未来房产的结算价格同一种房产价格指数联系起来，而不仅仅根据房主住房的价值来进行。一旦把未来房产结算同某种房产价格指数联系起来，道德风险就消失了，这是因为房主不能像影响住房的价值那样来影响房产价格指数。贷款机构首先根据房产价格指数和当前房产价值确定一个房产的预计售价，如果未来房产价格对预测价格偏离较大，房主应受到惩罚。仅仅通过部分或者全部把贷款同实际的房地产价格指数相联系，反向抵押贷款的这种惩罚条款就能有效消除道德风险。但是使用房产价格指数的一个问题是"基本风险"，基本风险是指房产价格指数不能很好地反映超出房主影响能力的房产价格波动，主要由经济周期、房地产市场发展状况决定。Robert J. Shiller 和 Allan N. Weiss(2000)认为采用部分指数化在降低道德风险的同时，也部分地降低了基本风险。

反向抵押贷款业务的推行中，当贷款机构和借款人之间已经签订了贷款合同，并开始执行之际，往往会因客观情形的改变，要求对已经签订的合同给予若干调整。这种调整有利于防范违约风险的发生，保护借贷双方的合法权益，应当被允许。合同变更的事项可以包括：

1. 房屋价值的贬值或升值。一般情况下，为避免合同调整的麻烦，可以规定当房价增值减值的比率还超过±10%，合同可不予调整。房价减值的比率超出10%时，即应当调减每期付给借款人的贷款额度。但如房价有较大比例的增值，是否应当调增每期付给借款人的贷款额度，则应予以慎重考虑，即使在调整增加时，也应持慎重态度，使贷款额度的贷放能有一定的余地。

2. 借款人因继承、受赠或其他原因获得一笔款项，要求取消反向抵押贷款的申请时，银行应给予同意。但根据业务举办中发生的若干费用支出，则可要求借款人能支付一定的违约金。

3. 借款人可能会出现房产置换等事项，使得新住房的各方面状况都同原住房有较大不同。这时可视为贷款合同因标的物变更而自行消失。若原老年户主仍然希望对原抵押贷款合同继续执行时，也应当根据新住房的状况更换新的贷款合同。

为方便借款人能更好地归还贷款，尤其是要使贷款合同能够更符合实际情形，贷款机构通常允许人们在贷款期内对原合同约定的贷款期限、还款方式和抵押物进行变更和调整。

第六节　反向抵押贷款业务开办考核

一、银行开办反向抵押贷款业务的考核

反向抵押贷款模式的推出、因其反向操作、逆向思维，故这种贷款实际推出后的经营理念、业绩考核等，都会同传统情形有相当的冲突。

银行经营部门的业绩考核都是按年度进行的，业务经营部门和人员一般受业绩考核指标的影响，不愿意去做未来相当长时期后才可能看到效益的事项。为此，这一考核指标的重新设计就是必需的。但这些重新设计后的指标能否体现业务经营部门的真实业绩和效益，要做到是比较难的。同样的资金如用于住房抵押贷款上，在期限、利息收益、贷放及回收额度等项目上，是可以看得较为清楚的。现在用于反向抵押贷款，一切就都是无从捉摸。

银行对反向抵押贷款的业务开办的考核指标，可以包括：业务开办的基本状况，如开办多少户、每户的房产状况；每年要发放贷款额度、累计发放贷款的额度、每年回收贷款额度、已收回贷款累积本息的额度；贷款的风险状况、房价的涨

跌率等、利率变动导致还贷本息影响等。

二、特设机构开办反向抵押贷款业务的考核

假定由特设机构开办反向抵押贷款业务,有必要对这一业务运作的状况,包括其财务状况等进行预先构想,以确定机构基本的运作模式。此外,还有必要考虑对特设机构的属性界定、组织形式、参与业务的资格、限制条件,该机构相比一般金融机构的特殊组织形式,在规章制度上有何特殊规定,国家相关部门对此应当如何立法。针对特设机构财务状况,如资产、负债、所有者权益、收入、费用、利润等,对住宅资产的计价计量的确认,营运费用成本的核算,再如有关财务指标的列示和状况评析,财务报表的特点等,都应该组织相应的评析。

特设机构在参与反向抵押贷款的业务运营中,鉴于本项业务的高投入、长期投入等特性,在其财务指标的反映上,是否会出现一般金融机构出现的那种高资产、高负债的状况。但特设机构的高负债从何而来呢? 有哪个部门愿意给特设机构以高额负债呢? 如果不依靠高负债,那么,特设机构收购大量的住房资产而发生的高投入,又依照何种渠道和方式将其收回呢? 这都是需要给予特别关注的。

特设机构是否具有财务上的独立性,是值得给予说明的。当特设机构要依赖高额负债来收购大批量的住房资产,机构在帮助一般社会公众将住房资产给予价值搞活、转入流通之时,却使自己的大量资金陷入固定和"僵死"状态。这时又存在着对特设机构经营资金的盘活问题,如何将这笔资金予以盘活,资产证券化是极好的办法。特设机构在长期的营运中,单单靠自身的营运收入(出售住房的收入),是无法用来弥补营运期间巨量的成本费用的,故此随时都需要有巨量资金流入以给予补充。若能够将已经抵押出去的资产,以证券化的形式向社会推出;将最终收购进来的大量房产能有个较为快捷的处置办法,就能够盘活特设机构的资金。

三、反向抵押贷款财务指标衡量的三性

(一)反向抵押贷款指标的流动性、安全性、收益性评析

当今金融机构衡量资产运营状况是否良好,有流动性、安全性、收益性三大指标。反向抵押贷款模式的推出,同这三大指标都是相违背的。大量的现金资产用来购进房屋,且在长达 10 多年的期限里无法流动变现,资产营运周转缓慢,形同压死,虽有资产证券化的形式可解决这一流动性难题,但也带来众多资产营

运周转缓慢的窘境。一般的住房抵押贷款是钱财整笔贷放，逐步分期收回。本种反向抵押贷款模式的运作则正好相反，是钱财在期限内分批支付，最终一次性收回。反向抵押贷款业务的实施，其间有着太多太大的不确定性，因此安全性也不高。至于收益性，特设机构开办此项业务，应该有一定的收益可以谋取，但反向抵押贷款开办的宗旨，是解决有房者筹措养老资金的难题，面对的对象是众多老年人，故特设机构的运营中，是很难将此行为视为一种大的生财之道，此项业务属性的非营利性，也使本业务的收益性不能期望达到很高。

传统住房抵押贷款则是我国目前银行最好的一块资产，三大指标俱佳；而反向抵押贷款业务并非是一种优良的金融品种，流动性、安全性、收益性三大指标衡量的结果，都不能令人满意。面对这一局面，反向抵押贷款模式这种金融创新，就很难被金融机构认可并积极推出。如果仅仅因为机构考核"三性"指标的表现较差而不予推出，对整个社会而言都将是一大损失。这就需要考虑如何对反向抵押贷款的具体运作的状况和结果给予改善，使其成为一种被机构积极认可并乐意运作的优良品种。

（二）对三大指标状况不佳的矫正

1. 增强资产流动性。反向抵押贷款模式的推出，在于使居民手中拥有的非流动的住房资产，转换为可资流动的货币资产。但在居民手中的住房资产流动化的同时，却使金融机构自身拥有的货币资产，转化为流动性很差的住房资产了。金融机构的这种"舍己为人"的做法，如何能使得在"为人"的同时，又尽量地不"舍己"或少"舍己"呢？可以考虑用资产证券化的办法加以解脱，同时在资产证券化的具体运行中，给予一定的绿灯放行。

2. 安全性。反向抵押贷款的"安全性"应属很低，这与其蕴涵的各种风险有关，如住房价值波动风险、寿命预期风险、住房变现风险、支付能力风险、信息不完全和不对称的风险以及道德风险等，大大小小有20多种之多。对这些风险应给予最大限度的防范，以保障这部分金融资产的安全性。这是我们后面要专门讲到的。

3. 收益性。需要说明，住房价值在长期来看是呈现为升值状态的，机构开办这一业务，完全可以从房价升值中得到一定的利益分享，本项业务的收益性并非很差。同时，还可以从制度设计上给予较大的完善，在机构和老年客户之间产生一种双方都较为满意的博弈。还可以考虑国家对此业务以种种税费减免、贴息的优惠。为了弥补这一贷款业务收益性的缺陷，可以考虑从财税政策方面给金融机构以激励和补偿，最终使机构举办此项业务是有利可图的。

　　通过以上的方法可以在一定程度上弥补反向抵押贷款所缺乏的"流动性、安全性和收益性"。金融机构也可以寻求其他的方法来改进反向抵押贷款的"三性"。在本贷款业务的开办中,可通过以下指标来揭示业务运作的风险:

　　1. 房子养老的保障系数有多大,老年人每年度各项经济收入的总额,房产变现收入在总收入中占据的比例有多大。

　　2. 老年人每年度的各项生活费用开销的总额,同收入是否能够持平,有无结余,在收入不敷支用时,有无增收节支的可能性。

　　3. 房子可以变现的年份有多长,同预期寿命相比较,有无留有余地,留有余地的年份有多长。

　　4. 晚年生活中有无一笔积蓄存款,以应对随时可能发生的大笔款项支出。

　　5. 当以房养老的潜力已经挖掘殆尽时,有无其他替代办法,如儿女的赡养,接济、财政的资助扶养。

　　6. 儿女对父母的赡养资助状况如何,能否让自己较为满意。

四、反向抵押贷款的特性及业务开办机构的条件

　　鉴于反向抵押贷款业务的特殊性,业务开办机构将依托实力雄厚的保险公司来共同开办这一业务。业务开办初期需要大量的现金投入,且反向抵押贷款运行时间长、规模大,机构用于购房的资金投入将不在少数。另外,反向抵押贷款业务的运营特性:

　　1. 长期性。本业务运营的期限,将从老年人签订反向抵押贷款合同开始,持续到老年人死亡将该住房的产权和使用权完全转移到特设机构为止,期限长且不可预期。

　　2. 不确定性,主要表现为老人存活寿命的不确定性和住房价值波动的不确定性两方面。老人存活寿命的不确定性使得特设机构每年都将投入巨额的资金以向老年人支付约定的年金数额,且在运营期间,随着老年人参与数量的增加,又需要追加新的资本。直到老年人死亡或反向抵押贷款期限届满时,特设机构才能得到住房产权,并通过对其的运作,以收回前期的资金投入,特设机构的财务状况才能进入正常的运营轨道。

　　由于反向抵押贷款以上的特性,这就需要严格市场准入,要求事先对业务开办机构的资质作认真详细的审查,事后又应对机构资金的贷放比例及整体经营状况以科学的考核与监管。反向抵押贷款业务推出后,在长期内将表现为仅有现金流出而无现金流入,随着业务推广和规模扩大,特设机构需要持续不断地追加资金,为此,机构创办这一业务初期,又无足够的资金垫付,随着业务的不断加速推展,机构有无源源不断的资金保障供应。一般地,反向抵押贷款机构应具备以下一些条件:

1. 经允准可以经办反向抵押贷款的业务机构,应当具有较雄厚的资金实力;

2. 开办机构的资本金应当达到一定的额度以上,机构设置的营业网点达到若干指标以上;

3. 每年经办其他寿险业务回笼的保费现金收入,足以达到开办反向抵押贷款流出现金的若干倍数以上,避免出现可能的支付危机;

4. 机构内精通此项业务,具有高级执业资质的人员应达到若干人以上(反向抵押贷款涉及货币,住房价值评估、变现等诸多业务比较复杂,对从业人员的资质要求也显得较高)。

五、反向抵押贷款业务开办机构的财务分析

对反向抵押贷款业务开办机构组织财务分析,具体包括的指标有资产负债权益、收入、费用、利润以及现金流量等状况,都应该纳入财务分析的范畴,而在这种分析中又都有着自己作为"反向抵押"的鲜明特色。

业务开办机构的资产负债、权益状况,将很可能是由庞大的负债构筑而成的庞大的资产规模,而股东权益部分的数额却并非很多。该业务开办机构的状况类似于一般金融机构,即机构的资产很多,除机构自身实际支配的屈指可数的办公场所、设施器具、车辆和其他办公用品外,主要表现为所购入或接受抵押而来的还不具备完全使用支配权的房产。这部分资产的数额会随着时间的推移,支付房款数额的速率加大而增大。但在资产增大的同时,资金的筹措及搞活就是颇为头痛的事项,不可避免的是负债数额的确确实实的增大。

如何将业务开办机构的两种资产做严格区分,是很有必要的。购房形成的资产,又可以称之为购房成本,它将在销房的收入中予以冲减,并最终得到经营赢利。业务开办机构的营业收入,即将购入的房屋再重新售出后所得到的价款,而当初购进房屋后所支付的价款(或养老款),则可称之为营业成本。营业成本中还应当包括:(1)支付住房价款的长期的利息支出;(2)业务开办机构日常运营中所发生的各种工资费、管理费、设施的折旧费用。最终将营业收入减除营业

成本后,即为营业利润。

业务开办机构的收入与成本费用的状况,是有相当特色的。就是成本发生在先,收入发生在后,两者的时间差距可达到 10 多年之久。这就对机构的营利计算与确定带来大问题。比如,在长达 10 多年的时间里,一直是有投入无产出,有成本无收入,有现金流出而无现金流入,这构成了购房养老机构的最大经营与财务指标特色。

业务开办机构的收入、成本费用及其营利实现,资产、负债及其权益项目的状况。业务开办机构在开办初始需要有数百亿资金的源源不断的注入。从这笔资金的来源渠道上说,该机构不可能拥有数百亿资金,以用于日常的资金不断付出。该机构的成本即资金的支付,构成住宅的成本,费用则是该机构的长期营业管理费、贷款利息、纳税、机构的其他费用。

初始运营的相当年份是只有现金流出,而无现金流入。这一期间要经历 10 多年才会逐步改观。接着是有现金流出,同时有现金流入,但是流入额还是会大大小于现金流出的额度。这种状况将延续相当年限后,才能发生现金的净流入。业务开办机构的财务状况及营利情况,最大的特点还不是经营的营利却是亏损(尽管这种经营模式,我们已经为其设定了营利空间),而在于开办初期及以后的 10 多年中,庞大而持续的现金流出,如何寻找恰当的现金流入渠道。

对业务开办机构的有关财务指标分析的特性中,是否能够展开财务指标分析,如何展开。这里举例说明:设某购房养老机构经批准成立,专门开办购房养老业务。公司初始成立的注册资本为 1 亿元(作为一种准金融机构,这是必需的)。其中用于公司住宅收购中的每期房款的支付问题,鉴于房款支付是分期持续性地出现,公司分批以贷款的形式向银行取得资金,并向银行贷款应支付利息,则同银行商谈一个期限,如 10 年等(考虑反向抵押贷款的期限,即售房者的实际存活寿命时,10 年期是远远不够的),期内每期利息加计入贷款总额,到期后按年支付各期利息。设若贷款利率为 5%(贷款利率应当小于购房投资的营运收益率,如小于 1 个百分点等,小于一个百分点则作为业务开办机构的利润空间)。或者说在银行贷款利率已经确定后,再据此确定住宅收购价款应当支付的标准。住宅收购时的价款评估,应当按照当时该住宅的市场价加以确定。但是业务开办机构的这种收购是完全从当时的住宅市场价格来确定,还是有必要扣除若干百分比,作为业务操办的费用,这是应当考虑的一个重要问题。

第六章　反向抵押贷款制度
监管与政策优惠

　　反向抵押贷款作为一项新兴而又异常复杂化的金融保险业务,业务开办中所需要遇到的种种事项是多之又多。为规范相关的行为,保障和维护业务开办双方合法的权益,来自政府部门的政策法规制定、服务监管及政策优惠等,就是必不可少的。本章以美国反向抵押贷款业务开办中的相关事项为例,对此给予详细的说明,以对我国反向抵押贷款业务的开办有所助益。

第一节　美国反向抵押贷款的监管与服务

　　反向抵押贷款除了是一种不错的金融创新外,还承担了社会保障的功能。那么,在具体到每月的养老金计算上,除了商业化操作,政府是否还能提供什么优惠? 这部分资金又来自何处? 政府是否应对反向抵押贷款的成功运行提供相应担保,为特设机构的运行提供资金支持和税费减免的种种优惠? 此外,政府是否需要制定相关的政策和法规予以支持? 这些内容同样是反向抵押贷款得以顺利推进的关键所在。

一、反向抵押贷款业务开办中制度法规监管的由来

　　美国政府在反向抵押贷款运作中起到非常关键的作用。美国国家住房法案(The National Housing Act)(1987)第二章255节清楚地阐述了美国政府对于反向抵押贷款的政策,其主要目标主要有:(1)为满足部分老年人口的特殊需要,增加贫困老人的收入,允许把不易变现的住房价值转化为可供当期消费的流动性资产或者收入;(2)支持、鼓励私营公司积极参与反向抵押贷款业务,增加反向抵押贷款市场供给方面的竞争;(3)确定反向抵押贷款市场需求规模、改进产

品设计,更好地满足老年人群的需求。

　　在美国有关反向抵押贷款的诉讼案例中,代表借款人的顾问和律师,曾经形容反向抵押贷款的借贷行业是一个"西大荒"的环境,用来纠正非法和不道德行为的监管措施几乎很少。其他消费者权益的辩护者,认为住房与城市发展部(HUD)一直在利用现有资源尽其所能地做事,而联邦政府层次和州政府层次的监管措施都需要做有效调整,以更好地保护消费者。事实上,几乎所有的顾问和律师都认为现有的监管措施不足,很少或根本没有联邦和州政府机构参与反向抵押贷款的咨询行为的监控。相关的研究报告列举了和反向抵押贷款相关的法律和规章,并对现有的州和政府行为的有效性进行了评估。

　　由于相关事项管理和消费者教育的缺乏,反向抵押贷款这个相对较新的产业涌现出了许多风险。一些贷款机构企图占老人的便宜,强加给老人过高的费用和不公平条款,或者让老人借到太多当下并不很需要的款项。反向抵押贷款业务开办中,借款人用房子做抵押是有风险的。对大多数借款人来说,利用房屋抵押借款是自己一生中做出的最后重要决定,这个决定所产生的心理影响和财务影响同样是巨大的。基于反向抵押贷款产品本身的复杂性,许多对此感兴趣的老人没有足够的金融经验,理解贷款条款的难度大于普通抵押贷款借款人的平均水平,信息不完全、不对称的风险就会被成倍放大。

　　在最近的几年里,老年人口的总量已经是持续显著增长。随着反向抵押贷款市场的增长,其中存在着大量的消费者权益保护的问题,如不及时处理将会被迅速复杂化。联合国大会把1999年定为国际老人年,认识到老人的房子除了物理意义外还有心理的和社会的意义。联合国制订的《老龄化行动国际计划》建议各个国家制定的住房政策,要帮助老人"在自己家里生活得越久越好"。因此有必要对反向抵押贷款的贷款前的咨询活动,进行一次全面检验,然后考虑可以进一步确保借款人公平地位的消费者保护措施。

二、联邦法律、法规和建议

(一)反向抵押贷款依据的法规

　　反向抵押贷款的管理方式在多数方面,与传统抵押贷款基本相同。特别是针对反向抵押贷款的法律主要是美国法典第12篇1715节的第20款,它批准了住房与城市发展部的HECM贷款。这在研究报告的第一部分D节有更为详细的介绍。许多部分都对反向抵押贷款产业不同方面的监管负有责任。来自住房与城市发展部的管制,要遵守美国规章法典24节的206部分对HECM程序规则的规定。对银行类贷款机构的监管机构要根据诚信借贷法案(TILA)来披露信息,联邦行业协会(FTC)也要遵守TILA进行非银行类贷款机构的监管。联邦行业协会同时受理消费者投诉,并提供有关消费者教育的出版物。

反向抵押贷款前通过咨询来教育消费者的行为是必要的,现有的联邦法令法规很重要,但这些规章并没有对此进行高质量的控制,结果是贷款机构和顾问人员的行为远没有标准化,在质量上相差甚大,而对贷款前咨询的监管则是微乎其微。

(二)美国联邦制度的有关制度变革

随着反向抵押贷款业务的开办,以及人们对这种贷款特性认识度的增强,联邦和州政府的立法在反向抵押贷款业务推行过程中逐渐完善。全美退休人员协会(简称AARP)于1997年9月公布了一部由他们编纂的示范法"The Model State Law on Reverse Mortgages"以供各州采用。联邦政府授权HUD发行HECM计划,并且对相关的监督和代理机构责任和义务进行了明确的规定。美国国会通过的规制贷款行为的"The Truth in Lending Act"(TILA该法被编入美国法典第15编第16章)以及美联储发布的作为该法补充的"Lending Regulation",作为规制贷款的基本法律,前者的§1602(i)及后者的226.2(a)(20)、Subpart E及附件G和K均对反向抵押贷款作了特别规定。规定银行监督机构负责监督银行贷款进行信息披露和履行TILA,联邦贸易署(the Federal Trade Commission,FTC)负责监督非银行贷款机构履行TILA中的条款,并负责接待借款者的投诉和基本教育。但是法规中并没有对贷款机构和中介机构在贷款业务开办前,进行前期咨询的品质进行详细规定,法规只是规定最小限度必须进行的教育和宣传范围,因此会出现良莠不齐的现象。除了联邦法律外,有30多个州制定了州立法规制反向抵押贷款。相关的判例法也开始出现,如1994年第五巡回上诉法院判决的First Gibraltar Bank v. Morales案和由加利福尼亚州北区地方法院判决的McCarthy v. Providential Corporation案。

1999年5月7日,房利美(Fannie Mae)对其购买的反向抵押贷款的规定进行了调整,包括发起费用、质量控制和其他事项。在新政策下,HUD推出的HECM贷款的发起费用,不能超过2,000美元或要求贷款最高数量的2%。房利美是二级市场上HECM贷款的主要购买者,这个限制和对房利美房屋保留计划贷款的限制是一样的。这个新政策实际上对HECM贷款的发起费用进行了绝对限制。HECM 贷款费用可以是任何数量,但只有 1,800 美元可以通过贷款融资。然而,如果有第二个购买者进入市场的话,HECM 贷款机构受房利美发起费用的政策限制将会减少。

房利美新政策还禁止了"桥梁贷款",在 HECM 的规章里,最高有 1,800 美元的贷款发起费用可以通过 HECM 贷款融资。如果发起费用超过了 1,800 美元,贷款机构可能会提供一个独立的"桥梁贷款"对其余部分融资。虽然这种行为在法律上是合法的,但事实上是一种绕过 HECM 融资限制的变通办法。对桥梁贷款的禁止,结合 HECM 发起费用的新限制,将会使反向抵押贷款业务更容易操作,成本也会更低。这是因为在 HECM 和房屋保留计划贷款中,对贷款机构收取费用的限制只有发起费用和服务费用,后者每月最高只有 30 美元。新政策将 HECM 贷款的发起费用有效限制在 4,160 美元(HECM 贷款的最高额度为 208,800 美元,4,160 美元为这一数额的 2%)及以下。虽然这些新政策会对消费者有利,但 HUD 和房利美必须继续对贷款行为进行监控,确保 HECM 和房屋保留计划贷款的其他费用,不会增加来补偿降低的发起费用。

此外,任何想要把反向抵押贷款卖给房利美的贷款机构,必须建立内部审计和质量控制体系,来对贷款质量和遵守房利美政策和程序的情况进行衡量和监控。对于 HECM 贷款中贷款机构的行为,许多人认为 HUD 没有对此进行有效处理,以上政策变化将会提供一种有效的监管结构。

(三)贷款机构必须满足的要求

房利美在二级市场购买其贷款之前,贷款机构必须满足其他如下的要求:

1. 贷款机构必须用房利美的反向抵押贷款辅助软件或类似软件,计算出 HECM 或房屋保留计划中借款人的成本和支出,如果 HECM 贷款相关成本比房屋保留计划更低,必须给借款人提供 HECM 贷款。

2. 贷款机构必须通知借款人在获得反向抵押贷款的同时,不必购买任何其他机构的商品或服务,包括第三方的推介服务。

3. 贷款机构必须对 12 个月以内推介超过 5 位借款人的来源进行调查,确保此推介者的商业行为是合理的,并且必须对推介来源进行细心调查,确保他们没有采取"不公平或欺骗性的商业行为"。

4. 贷款机构必须对自己和推介来源的关系以及从推介来源获得的任何补偿进行披露。

5. 对那些希望通过反向抵押贷款再融资的借款人,贷款机构必须对其解释与现存贷款相比后再融资贷款的成本。

6. 如果借款人居住或保留房屋的期限不足 1 年,贷款机构必须获得借款人关于如此短时期内获取反向抵押贷款的情况和动机的书面解释。

7. 贷款机构不得收取不合理或过高的费用,如贷款发起时的现金费用(在贷款完成时"融资"并且被称作现金返还),不能准确描述的其他现款支付的费用,促进或推介服务的费用。

8. 贷款机构必须给借款人提供房屋修缮费用的信息,并且必须对要求的修缮工作进行合理监督,确保费用合理以及工作圆满完成。

(四)对总贷款利率(TALC)提早进行披露的建议

TILA 的 Z 部分要求对反向抵押贷款的总贷款年利率(TALC)进行披露,这种利率是衡量反向抵押贷款真实成本的最容易理解的方法。

消费者教育和用户组织现在正寻求对总贷款利率提早进行披露,而现在 TALC 必须在贷款完成日 3 天前进行披露。这个利率可以让消费者比较不同反向抵押贷款产品的成本。但现在的 3 天时限无法给消费者提供现实的比较机会。到那时借款人已经支付了申请费,并且准备完成贷款。此外,对总贷款利率(TALC)披露的时间段也不够充分。总贷款年利率根据贷款期限的三个时间段,分别计算反向抵押贷款的成本:①贷款完成两年后;②借款人预期寿命期间;③超出预期寿命40%的期间。

然而,两年期的披露期间设定后,一种主要的反向抵押贷款产品——房利美的"房屋保留计划"贷款产生了。这种产品包括了价值分享的选择,显著提高了贷款成本。但这种作用直到第三年的第一天才开始显露出来。这样一来,房屋保留计划的 TALC 利率将会在第三年急剧增加,而现行制度规定没有办法对此进行披露。现行的披露方式没有将价值分享条款对全部成本的影响表现出来。

最近 HUD 的规章发生了一个积极变化,就是澄清了计算反向抵押贷款 TALC 必须包括年金保险的成本。在此之前年金保险是否被包含在这个指数中并不明确。而将它们包含在内可以对贷款真实成本随时间变化给予更精确的测量,这一变化是必要的。因为年金保险的卖主通常不会表明如果没有年金保险,反向抵押贷款也可以提供月度支付。既然贷款机构被要求披露总贷款成本,在披露 TALC 过程中年金保险的成本也应该包括在内。将基本反向抵押贷款的成本和那些与年金保险结合的反向抵押贷款的成本,放在一起加以比较是必要的,这个变化可以使消费者更容易比较。

(五)反向抵押贷款制度的配套机制

随着反向抵押贷款的业务不断拓展,各种服务机构也应运而生,从最初的只有一两家到后来的几十家,不但增加了相互竞争,降低了相应费用,还可以提供更好的服务。

美国房屋权益转换中心(The National Center for Home Equity Conversion,简称 NCHEC)是一个非营利组织,主要提供反向抵押贷款的基础知识教育,以及对有资质的咨询和贷款机构进行认证。贷款机构可以运用 NCHEC 开发的软件为客户分析或者提供各项服务。1997 年 12 月,成立了全美反向抵押贷款协会(简称 NRMLA),其成员主要是发放反向抵押贷款的银行等金融机构,除了美国的贷款机构外,该会成员还包括加拿大的贷款机构。如今,全美退休协会(The American Association of Retired Persons,简称 AARP)、全美反向抵押贷款协会(The National Reverse Mortgage Lenders Association,简称 NRMLA)①、美国住宅与城市开发部(HUD)、美国联邦国民抵押贷款协会(Fannie Mae)都致力于提高反向抵押贷款行业中各项服务的品质和实用性、独立性。

(六)反向抵押贷款实施的监管机制

住房反向抵押贷款作为一种新型的金融工具,不仅面临着房价波动风险、利率风险、寿命风险、道德风险、经济周期等市场风险,由于参与主体较多,利益关系难以协调,风险控制便显得十分重要。特别是该产品的申请者多数为老年人,他们的抗风险能力和维权意识相对较弱。如果缺乏必要的市场监管,甚至为个别投机商所利用,不仅会损害老年人的正当权益,而且将对整个反向抵押贷款行业产生颠覆性的负面影响。因此,国外非常重视风险的有效控制和市场监管的法制化。美国为监管住房反向抵押贷款制定了专门的条例,并由官方或半官方机构为申请者提供免费咨询服务,以保证信息资料的公正性。加拿大虽然没有出台专门的法律,但反向抵押贷款机构由国家财务机构监管局(OSFI)监管,加拿大住房收入计划(CHIP)的业务员必须持证上岗。英国为消除早期 ERM 产品带来的不良影响,政府决定由金融服务管理局(FSA)负责监管,并出台特别的监管条例。实践证明,风险控制多样化和市场监管法制化,是住房反向抵押贷款得以健康发展的必由之路。私营机构的参与则为住房反向抵押贷款的发展注入了

---

① National Reverse Mortgage Lenders Association (2003) About NRMLA, http://www. reverse mortgage. org/ about. htm,2003 年 5 月 6 日。

活力。

（七）HUD 对房产规划高额收费骗局的快速反应与监控执行力度

HUD 采取了积极措施,保护反向抵押贷款的借款人。在房产规划费用的案例中,HUD 认识到现在的房产规划费骗局产生了很大危害,随着房产规划机构开始在全国范围出售其"分销资格",这种危害将会更加广泛。作为回应,HUD 直接要求贷款机构停止与这种公司交易。虽然一个房产规划公司对 HUD 这种初始要求提起诉讼,国会法案还是最终同意 HUD 发布最终规则,禁止对那些本可以免费得到的信息收取高额费用的行为。HUD 主动的监管行为,成功地认识问题并在该问题蔓延到全国范围之前进行了有力的阻止。

HUD 对房产规划费用的主动有效反应,对监管机构注意反向抵押贷款的骗局是个很好的例子。然而消费者权益的辩护者认为,HUD 对反向抵押贷款问题的监管仍然是微弱的,HUD 应该像在房产规划费骗局中所做的一样,开发有效的监控系统,在问题开始蔓延之前就将其识别并采取正确的对策。

三、加利福尼亚的法律法规

（一）加利福尼亚不动产管理部门和特许公司监管部门

涉及反向抵押贷款和年金保险交易的机构,由加利福尼亚的三个政府部门管理。抵押贷款经纪人由加利福尼亚不动产管理局(DRE)发放许可证。一些住宅和商业按揭贷款机构由加利福尼亚企业局(DOC)按照住宅抵押贷款法案或消费者融资贷款法案发放许可证。安排和销售与反向抵押贷款结合的保险年金的保险经纪人和机构,则由加利福尼亚保险局发放许可证。

不同的借贷和经纪许可证在法律上是有区别的,但同时得到 DRE 和 DOC 许可的经纪人和贷款机构执行的功能却是显著重叠。比如,贷款机构可以在多于一个许可的情况下发放贷款。因为这种重叠,就存在一种"购买许可证"的风险,那些要经受严格审查或因失去许可证的贷款机构或经纪人可能从其他机构那里购买许可证,然后继续进行有问题的或非法的交易行为。

此前,DOC 和 DRE 之间没有正式的合作核对许可证。1998 年 10 月,两个部门的领导人签署了谅解备忘录(MOU),表示两个部门将共享许可证和申请人的相关信息,共享信息包括已完成的法律行动和未决的调查。现在两个部门的认证信息都可以在因特网上得到,已完成的法律行动可以供消费者查阅。然而,未决的投诉公众则无法得到,即使对某个许可机构投诉很多。此外,这两个部门对投诉的反应太慢,即使那些最终可能加以惩处的也是如此。这样一来,虽然有因特网上的信息,消费者仍将面临巨大的信息障碍。

一个关于许可证交易伤害消费者的例子,是 Polo 金融服务公司 Tristar 抵押贷款一案。通过提供或经纪反向抵押贷款的服务业务,Polo 金融服务公司开办 Tristar 抵押贷款欺骗了许多老年人,事实上这家公司是通过借款人的房产获得了传统抵押贷款,然后盗用了贷款收益。想要得到更多月度收入的无知的借款人最终承担了巨额债务,不得不定期偿还,骗人的经纪人已经无影无踪。尽管有许多投诉,Polo 金融服务公司的 Tristar 抵押贷款,仍然在利用不同州政府部门颁发的许可证招摇撞骗。

DRE 和 DOC 之间的谅解备忘录,是一个很重要的步骤。它保护消费者(包括寻求反向抵押贷款的老年人)不受欺骗性和非法行为的伤害。然而,这些仍然不够。尽管有许多关于反向抵押贷款的诉讼,DRE 执行部的领导声称他从来没有在本部门看到过有关反向抵押贷款的投诉,也没有听说过任何人提供或得到反向抵押贷款。这可能是消费者和某些律师相信到这些部门行政投诉是毫无用处的,某些律师相信州执行部门没有能力正确受理并解决这些投诉,这对他们的当事人没有任何帮助。

加利福尼亚不动产管理局和企业局,继续探索对付反向抵押贷款对老人的利益威胁的办法。消费者协会在过去的报告中建议这些监管部门采取更主动的措施保护消费者。在报告《肮脏的事实:加利福尼亚房产市场中的欺诈行为》(1995)中,消费者协会证明 DRE 和 DOC 在对付房屋抵押贷款的欺诈行为中是失败的,没有统一的监管计划,缺乏一致的财务标准和年度报告要求,公司可以进行许可证交易,特别是当时的 DRE 没有起到作用。在报告《强行推销:狙击加利福尼亚房屋贷款中的非法行为》(1998)中,消费者协会发现加利福尼亚的金融监管环境有所进步。报告详细分析了 DRE 的消费者保护行动,比如参加了洛杉矶地方检察官的房产骗局特别检查组,建立因特网数据库让消费者检索许可证资格和完成的法律行动。DRE 同时将调查过程由 1 年缩短到 6—9 个月。企业局通过实施加利福尼亚按揭贷款法案增加了监管力度。虽然 DRE 和 DOC 在监管努力上有所进步,但在房屋贷款的其他方面,必须继续对反向抵押贷款的借贷行为进行监控。

(二)加利福尼亚关于反向抵押贷款的法律

加利福尼亚民法典第 1923 节(456 号法律提案,Ducheny):加利福尼亚民法典第1923节于1997年作为456号法律提案(由下议院议员 Denise Ducheny, D-San Diego 提出)获得通过,它建立了消费者保护的一些基本要素,并且运用到1998年1月后发起的反向抵押贷款中。一些关键条款概述如下:

1. 免于罚款的提前偿还贷款选择。1923.2节允许在反向抵押贷款期间对贷款全部或部分提前偿还,而不用缴纳任何罚金。然而对提前还款罚金的禁止,并不影响贷款原到期日应该缴纳的任何费用和支付款或其他费用。

2. 提高对贷款机构不履行责任的惩罚力度。如果贷款机构没有像条款指定的那样支付贷款,或者没有在提醒后对事实上的拖欠行为进行补救,根据1923.2节,贷款机构要支付给借款人错扣数量加上利息的3倍的罚款。

3. 标准的披露要求。1923.5节要求每位反向抵押贷款申请人都要收到一份披露报告,这份报告要披露是否要求购买年金保险,建议借款人咨询专业人士关于此交易的意见。同时还要求反向抵押贷款咨询人员"必须是可以得到的"。

(三)加利福尼亚民法典第1917.320节:增值分享贷款

加利福尼亚关于增值分享贷款的法律提供了一些基本的保护措施,对老人利用房屋价值贷款中的增值分享条款进行监管。首先,根据加利福尼亚民法典第1917.320节,对未来的年龄62岁以上的借款人,必须进行广泛的书面披露。同时它还展示了计算"月度年金"的方法。月度年金就是以房产价值为基础每月获得的付款数量。法律将增值分享部分限制在贷款到期日抵押房产净增值部分的25%。贷款到期日指借款人去世、出售房屋、付清增值分享部分贷款或不再占用其住房。

加利福尼亚民法典第1923节和第1917节涵盖了反向抵押贷款的一些基本方面,然而,反向抵押贷款的消费者仍然可以依据法律规定得到更多的保护手段。比如,该法律没有对反向抵押贷款咨询的内容和质量提供任何实质的监管,也没有对反向抵押贷款的条款作出任何限制。

(四)对监管和执行情况的评估

总的来说,反向抵押贷款的借贷行业不惜在联邦和州政府层次上同时进行更有效的监管。作为一种抵押贷款产品,反向抵押贷款业务相对来说比较新,且缺乏联邦和州的法律对反向抵押贷款市场进行监控和执行,这将导致相关贷款机构不受其提供的条款和对老年借款人承诺的限制,一些私有的、私下发起的反向抵押贷款产品尤其如此。虽然HECM和房屋保留计划对这些贷款的条款有实质性的要求,但由HUD提供的相关监控措施却微不足道。除非保护消费者的主要改革得以实施,易受骗的老人们将继续被诱使得到一些不合适的,对自己不利的或不必要的反向抵押贷款,并且对贷款机构几乎没有任何追索权。

四、相关法律和规章的变革

正如有关研究文献所说的那样,反向抵押贷款违法行为出现了一些严重的诉讼,是和私有或私人发起的反向抵押贷款产品相联系的。随着老年人口的持续增长,老人房屋的拥有率上升,预期生命的增长,越来越多的私有反向抵押贷款产品将会出现在市场上。这样一来,除了现有的消费者风险,许多潜在的风险将浮出水面。因此,消费者权益保护协会做出如下的建议,其中一些是行政性的,可以立即实施,其他建议则需要相关的立法。这些建议不止着眼于解决现存的问题,同时努力阻止未来对消费者危害的发展和蔓延。

(一)加强联邦和州政府的监控和对现有以及任何新规章的执行力度

如果没有贷款机构的遵守,法律和规章对消费者的益处是有限的。政府机构必须有效执行现有的和新的规章。比如,在 HUD 的 HECM 中,贷款机构须要在反向抵押贷款开展之前把借款人推荐给一个中立的咨询机构,但顾问人员表示这种情况并不一定都会发生。只有通过有效的监控,才能停止企图诱导借款人并将其推荐给特定咨询机构的行为,而 HUD 还远远没有有效提供这种监控。

有关部门建议的非营利性培训和认证机构,可以承担这种监控和审计的角色。它会建立并实施对所有反向抵押贷款咨询人员的固定课程。如果没有它的话,HUD 必须承担这个角色。也许和其他政府机构结合起来,它必须确保贷款机构遵守一定的规则,以此来获得 HUD 的担保和房利美在二级市场上的购买。

加利福尼亚不动产管理局和企业局必须设法获得消费者的信任,即进行投诉是有用的步骤,并且这些投诉将会得到积极有效的回应。否则消费者将继续把行政投诉看做是浪费时间,直到州政府做到为止。

(二)要求所有贷款机构遵守房利美的规则来保护反向抵押贷款的消费者

1999 年 5 月 7 日,房利美对其在二级市场上购买的反向抵押贷款,制定了重要的消费者保护政策。修改过的政策对发起费用作出限制,设置了质量控制和其他重要方面的标准。这些规则建立起的标准不只是在房利美购买的贷款应当遵循,所有的反向抵押贷款都应该满足这些要求。房利美的规则包括:

1. HECM 贷款的发起费用限制在 2,000 美元以下或不超过最高贷款额的 2%。

2. 禁止对超过 HECM 最高 1,800 美元的发起费用融资的"桥梁贷款"。

3. 要求贷款机构建立内部审计和质量控制系统,来衡量和监控抵押贷款的总体质量,符合房利美政策和程序的要求。

4. 要求贷款机构利用房利美的反向抵押贷款的助理软件或类似软件,帮助借款人比较不同反向抵押贷款产品的收益。

5. 要求贷款机构告诉借款人要获得反向抵押贷款,并不一定要购买第三方的商品或服务。

6. 要求贷款机构对 12 个月之内推介过 5 位或 5 位以上借款人的来源进行调查,确认来源机构采用的是正当的商业行为,而没有采取不公平或欺骗性的商业行为。

7. 要求贷款机构对那些想要对反向抵押贷款再融资的借款人解释再融资的成本,并与现在的贷款相比较。

8. 对于居住或拥有住房所有权不超过 1 年的借款人,贷款机构需要对借款人获取反向抵押贷款的动机作出书面解释,保护借款人不被诡计所骗。

(三)对增值分享贷款和价值分享贷款的条款加以限制

虽然在某些例子中,50% 的增值分享费用是一个极端的例子,比它低一些的增值分享和价值分享费用,也可能一样不公平。这在加利福尼亚尤其是如此,这里的不动产市场价格自从第二次世界大战以来几乎是一直急剧增长,仅有短暂轻微回落。加利福尼亚的贷款机构承担的房屋价值低于初始价值的风险很小,不应该收取过高的增值分享或价值分享费用。这种费用可能会让贷款机构提供更高的每月支付或更高的一次性贷款额,然而,反向抵押贷款通常被认为是一种昂贵的金融产品,并且难以互相比较。这样一来,消费者逐个比较然后选择贷款的条件和能力就很有限,如果借款人需要比 HECM 和房屋保留计划更高的月度支付时更是如此。正如美国银行家协会会长指出的那样,许多贷款机构发现进入反向抵押贷款市场很有吸引力,因为这个市场的竞争强度并没有其他贷款市场那么大。

因此,需要有联邦或州的法律来对不合理的增值分享和价值分享费用进行限制,比如在 Transamerica 一案中 50% 的增值分享比例。虽然一些案例中增值或价值分享比例可能是合理的,他们仍应将其限制在合理、公平的水平上。

(四)提早披露总贷款利率(TALC)并且增加披露的时间段

Z 条款要求贷款机构在完成贷款 3 天之前对总贷款利率(TALC)进行披露,

这个时间段应该加以修改使其能够更早地加以信息披露。提早披露将使借款人可以对不同类型的反向抵押贷款进行完整比较,并且在他们事实上完成贷款程序之前提供至关重要的信息。

Z 条款还应该加以修改,以反映房屋保留计划中价值分享条款对贷款成本的影响,这种影响从贷款开始的第 3 年开始显现。因为 TALC 利率包括贷款的初始费用,包括发起费用和购买年金保险的费用等。随着这些初始费用在一个更长时期内摊销,这个比率将会随时间而减少。现在 TALC 利率针对 3 个时间段披露:贷款开始后的两年内、借款人的生命预期期间、超出其生命预期 40% 的时间段。然而,在含有价值分享条款的房屋保留计划中,因这个条款从第 3 年起才开始有效,这种披露方式无法对第 3 年中 TALC 的剧增加以反映。对带有价值分享条款的贷款,要求针对另外的时间段,对 TALC 的最低值进行披露,可以使消费者注意到价值分享选择的额外成本。比如,在现有披露期限之外,一个 3 年期的 TALC 利率可以提供给考虑价值分享选择的借款人,从而对价值分享条款生效所产生的成本加以反映。

(五)限制贷款机构收取的费用

虽然房利美将 HECM 贷款机构收取的发起费用限制在了最高贷款额度的 2% 或 2,000 美元,HUD 仍应该修改 HECM 的程序规则,将这些限制结合进去。随着反向抵押贷款市场扩大,其他二级市场购买者可能会出现。这样房利美对 HECM 发起费用的相关政策,在控制贷款机构的行为上就不会再那么有效,贷款机构可能会再次开始收取超过 HECM 可融资数量的发起费用,并开展“桥梁贷款”。为此,州和联邦法律应该直接对反向抵押贷款的费用作出规定。

(六)消除贷款机构对反向抵押贷款咨询机构的直接支付

咨询机构的责任是对有需要的客户提供独立的咨询,如果贷款机构直接对咨询机构做相关费用支付,就会产生利益冲突,这种直接支付应该被取消。消费者协会支持由 NCHEC 和其他组织提出的建议,即建立中央资金池,将贷款机构缴纳的费用分配给全国的咨询机构。这将弱化贷款机构和咨询机构之间的利益联系。

(七)取消房利美房屋保留计划中贷款机构提供的咨询服务

房利美的房屋保留计划中,如果当地没有独立的咨询机构,借款人可以通过机构的职员进行贷款前咨询,只要这位职员不参与贷款过程即可。允许贷款机构提供咨询明显会产生利益冲突,尤其是在消费者缺乏反向抵押贷款的相关信息、概念发生混淆和贷款成本过高的状况下更是如此。通过一种鼓励消费者开展反向抵押贷款的方式对其进行咨询教育，是符合贷款机构利益的。即使贷款机构试图本着诚信原则，也会产生利益冲突。这并非是简单通过将咨询服务限制在不参与贷款的人员就可以解决的。不参与贷款工作的职员仍然是为贷款机构工作，仍然代表贷款机构的利益。通过要求借款人接受独立咨询或者房利美的咨询，而不是通过贷款机构咨询，将保护消费者不受贷款机构的所谓偏见的影响，确保他们对各种贷款的选择和反向抵押贷款的结果能够有充分了解。

（八）要求独立的年金保险销售机构披露通过反向抵押贷款得到月度支付和信用额度的可能性

年金保险是一种保险产品，反向抵押贷款的借款人可用一次性付款来购买。结合年金保险的反向抵押贷款通常比单独的反向抵押贷款的成本要高。对于潜在购买者来说，反向抵押贷款可能不需要购买年金保险就可以满足他们的现金需要，而这一点是现在的年金保险销售机构并没有动力或义务加以披露。

为了避免借款人被劝说购买本不需要的成本高昂的年金保险，申请参与反向抵押贷款有数种不同的给付方式，加利福尼亚保险管理局要求年金销售机构应当给潜在的购买者披露这一事项。这个要求可以使消费者不会误以为购买年金保险是从反向抵押贷款中获得定期现金支付的唯一途径。

（九）利用加利福尼亚《老年人保护和非独立成年人群众防护法》、《不正当行为法案》

一些最恶性的反向抵押贷款欺诈和滥用事件最终形成了诉讼。在这种诉讼中，代表借款人的律师发现一些特定的法律诉讼依据，对保护受害老人的权利特别有用。加利福尼亚的法令在下面这些诉讼中起到了非常重要的作用：

1.《老年人保护和非独立成年人群众保护法》、《加利福尼亚福利和机构法案》第15600节。这个法令允许对违背老年顾客信义责任的反向抵押贷款的机构和其他人处以惩罚性的赔偿金，包括律师费用。

2. 对不合理和欺骗性行为造成的老年人损失，处以3倍的赔偿金。加利福尼亚民法典的第3345节。这条法令给予法官对不合理和欺骗性行为造成的老年人损失处以3倍赔偿金的决定权。

3. 不正当行为法案，《加利福尼亚商业和职业法》第17200节和第17500节。这些法令允许执法官和消费者提起诉讼来停止不正当的、非法的或欺诈性的商业行为或广告。

加利福尼亚老年人保护法迄今还没有在反向抵押贷款诉讼中得到广泛应用,但在 Providian 和 Transamerica 的案件中,原告利用了此条法律为自己辩护,以求获得额外的赔偿金。民法典第 3345 节在加利福尼亚反向抵押贷款诉讼中也是很重要的工具。如果对老年人的利益伤害可以证实,可以获得自由决定的 3 倍的赔偿金。这些法令与广泛运用的《商业和职业法》第 17200 节结合起来,就可以对贷款机构欺骗对反向抵押贷款感兴趣的老人形成障碍。这就有望使消费者避免在交易之前被占便宜。鉴于现在州和联邦预防性的监管和消费者教育不足,对反向抵押贷款的非法行为的诉讼就显得特别重要。因此,原告和他们的律师应该认识到这些法令在寻求赔偿中的作用。

(十)鼓励借款人在怀疑存在不正当行为时进行行政投诉,并对政府部门的回应进行密切监督

加利福尼亚不动产管理局和企业局负有监控和调查许可证持有人的责任,然而许多消费者和他们的辩护人认为这些部门对消费者的投诉反应迟钝。这些部门必须及时对他们的许可证持有人进行监控和有效调查。为了促使这些部门增强监控和执行的力度,遭遇反向抵押贷款借款人和经纪人非法行为的消费者,应该来这两个部门进行投诉。这将会促使政府人员认识到反向抵押贷款的非法借贷行为和经纪行为的性质和危害程度,加强执行力度,不再对这些非法行为置之不理。

五、反向抵押贷款制度推进中的政策支持与监管

反向抵押贷款的推出中,政府应当在此间发挥的作用应是如何呢?应当说明,这一模式的推出,首先对政府的功用应是最大的。政府面对未来养老的困境应当做什么,是担当"救火队"的任务,还是未雨绸缪的角色。我国的许多政府部门,在问题尚未发生时可能是任何事情都不要做,不规划、不实施,而到问题发生时,却又是像"救火队"那样冲锋陷阵,这就大错特错了。还有文章在评论我国某些地方政府在灾害发生前后的状况时,这样写道"大水来时是什么东西都敢往进扔,大水去后又是什么东西都不舍得往上投入"。许多问题的发生是完全可以事先加以预测,并进而采取若干防范举措的。为此,政府在反向抵押贷款运作中的作用不能仅局限于作为市场主体,还应通过制定完善的监管制度和政策措施推动反向抵押贷款在我国的发展完善。

（一）监管制度和政策支持

1. 监管制度

老人一般缺乏足够的金融知识，很难对反向抵押贷款作出全面、准确的理解，很容易在信息不完全的情况下被误导。政府必须加强对市场主体，包括贷款提供机构和中介机构的监管。首先要对贷款条款作出规定，明确贷款机构必须披露的信息，包括利率、费用等；其次对中介机构要通过认证和监控确保其服务质量；再次要加强各项规章制度的执行力度，对执行情况进行有效监控；最后是及时受理消费者的投诉并给予快速反应。

2. 政策支持

政府应当为反向抵押贷款服务项目提供资金支持和政策优惠，对贷款收入给予税费优惠。老年人参与贷款的所得，应当不影响对政府其他救济措施的获得。比如，许多现金短缺而又有较好房产的老年人可能会有顾虑，我抵押住宅后得到了较为可观的收入，原本应当享受的低保及补贴就享受不到了，从而不愿意参与这一业务。这里需要说明的是，老年人的贫困有真贫困也有假贫困，有房产短缺现金流入的老年人只能算是假贫困，原本就不应当享有低保或救济资助的，只有那些无房产也无现金流入，甚至是无子女无积蓄存款的老年人才算是真正的贫困。这些真正贫困的老年人才是政府应当大力关注的对象。这就需要在甄别贫困制度的制定和人选的选定上，作出较多的工作。同时需要制定规则，以房养老取得的收入，不影响原本应当获取的政府的其他救济资助。这部分收入的税收豁免也很重要。

（二）政府部门应当健全对反向抵押贷款的组织管理

目前，反向抵押贷款市场主要集中在美国、加拿大、英国、日本、新加坡等国，它在各国的开展并非一帆风顺，原因包括供求两个方面：此项业务面临风险因素很多，需要大量资金支持，机构参与也开办的积极性不高；作为借款人的老年人属于弱势群体，缺乏足够的金融知识，经常遇到欺诈和误导。

从政府的角度分析，政府在反向抵押贷款资产证券化过程中应发挥重要的作用，即通过政策手段来鼓励和保障这一业务的顺利进行。国家或地方政府在经过严格审批的前提下，可以对特殊信托投资机构 SPV 提供全部或部分担保，以提高其发行证券的信用级别，促进反向抵押贷款资产证券化的顺利进行。为了降低 SPV 经营反向抵押贷款业务的风险，鼓励 SPV 开展有关反向抵押贷款的业务，国家给予其不同程度的税收优惠，这些税收优惠主要表现在对反向抵押贷款资金运用所得免征或减征营业税或所得税。对于人寿保险公司参与管理的资金减免保费税。这些税收优惠在一定程度上降低了反向抵押贷款业务的风险，从而推动了多层次养老保险体系的发展。

政府部门要制定政策规定、法律框架，各行业的利益分配和实施细则，并把对老年人的权益保障贯彻始终。如美国 HUD 的 FHA 负责 HECM 项目管理工作于 1989 年开始。FHA 对其予以保险，其公正、安全的性能获得了反向抵押贷款市场 90% 以上的份额，并日趋兴旺。

（三）政府应当健全对借款人的利益保障机制

1. 由政府设立专门机构对贷款金融机构进行资格审定，通过资格审定的贷款机构才可以向老年住房所有者提供该产品。

2. 由政府或保险公司对市场上符合要求的贷款机构提供担保，在贷款机构无力向借款人支付贷款时，由政府或保险公司继续向老人支付贷款，确保老人的合法权益不受损害。此外在贷款总额超过贷款到期时住房价值且贷款机构无力支付的情况下，其差额由政府或保险公司提供。

3. 由政府直接设立或指定咨询服务机构。反向抵押贷款运作比较复杂，并非每个普通百姓都能完全理解，这就需要政府设立相应的咨询机构，为因信息不对称而处于弱势地位的老年住房所有者，提供全方位的贷前咨询，帮助老人挑选适合的贷款产品。只有借款人在完全知晓贷款对自己的影响，明确各项收费是否必要的情况下，才能签订贷款合同。政府可以作为咨询机构出现，咨询过程不受贷款机构的影响，站在中立的角度给出无偏向的意见。政府拥有私营机构无法比拟的信誉优势。这将会促进贷款市场的更快发展。

4. 促成中介机构的参与。房地产评估机构、会计师事务所、律师事务所、精算师事务所等中介机构的广泛参与，能有效地起到对市场的外部监督的作用，确保此业务的公平和合法。另外，政府还应给予一定的政策优惠和法律保障。由于反向抵押贷款具有减轻社会保障压力的功能，加之反向抵押贷款的借款者大部分是经济收入较低的老年人，对此国家应给予贷款机构和借款人各种政策优惠，以提高金融机构和老年住房所有者的参与积极性。

5. 中央银行应在必要时对贷款银行以资金援助。当贷款机构从事反向抵押贷款业务时出现资金短缺，可以向央行申请专项再贷款。当贷款机构或开办反向抵押贷款保险业务的保险公司破产时，央行可直接接管相关业务，或责令接收机构继续负责反向抵押贷款的相关业务。

（四）政府应当加强对反向抵押贷款业务的宣传力度

随着时代的进步和老龄化危机的到来，传统的伦理观念肯定会发生变化，中国会逐步与国际接轨，反向抵押贷款的市场将逐步成熟。首先应当在一些比较开放的大城市开办此项业务，使用引导消费的战略，大力宣传这个新产品，让更多的老百姓了解它，培养一定数量的能够接受这一新的消费理念的顾客，通过示范效应吸引更多的老年人前来参加，从星星之火最终发展到燎原之势。以房养老必将会成为养老保障的一种基本模式的。

国家要大力宣传反向抵押贷款业务。我国人口多，经济欠发达，这一现实决定了社会养老保险制度只能解决基本的生活保障。公民如有更高的生活需求，就只能通过个人家庭自行解决。反向抵押贷款能使老人以自有住房融通资金，既能有效解决生活资金紧张的困扰，又不会增加子女的负担，国家应大力提倡。

政府要发挥咨询和监管的积极作用。住房和养老都是事关社会稳定和谐的大事情，反向抵押贷款在我国作为新生事物，人们对此还不大了解，在和保险公司签订协议的时候，个人处于信息劣势。政府应该利用自身的信息优势和公正权威性，加强对老年客户的公共教育与信息咨询，建立专门的信息咨询机构，广泛宣传反向抵押贷款的相关内容，减少非对称信息的存在。另外，政府应该通过立法的形式规范中介机构和保险公司的行为，防止串谋欺诈现象的发生，切实地保障投保人的利益。同时，向保险公司提供必要信息，如人均寿命和卫生医疗保健情况等等，便于保险公司制定合适的费率和给付的标准。

（五）政府建立和完善风险转嫁机制

美国政府在规范反向抵押贷款市场发展方面起到了重要作用，制定了完善的消费者保护措施与机制。根据反向抵押贷款合同条款，在贷款机构宣布破产的情况下，借款人有领取不到贷款的风险。

反向抵押贷款业务的开展，需要建立完善的风险转嫁机制，政府在这个过程中要承担重要的作用。

（六）政府监管机构的相应建立

国家应加强反向抵押贷款基金的监督，避免某些公司将其用于一些风险较高的行业。我们目前的资本市场还不成熟，一些基金公司的操作也不尽规范，加上老百姓对投资收益的期望值往往较高，而对风险的把握和承受能力又比较弱，因此政府应该建立投资审核制度、信息披露制度，以防止内幕交易和市场操纵等违规行为。要将审核程序和结果公开，增强投资运行的透明度，便于社会公众进行监督。

　　根据以上分析,政府进行监管、指导和提供一定担保的反向抵押贷款,在未来中国反向抵押贷款市场上应成为主流。反向抵押贷款制度的国家公共管理具有规模经济效应,可以降低管理成本,同时可以兼顾社会公平,有利于实现养老金制度的生活保障和收入替代的双重目的。但公共管理也容易引起渎职和效率低下,也受制于政治压力。

(七)强化信用风险管理,建立个人信用评级制度

　　需要加强自身信用建设,强化政府的最高信用形象,为商业信用和个人信用的培养奠定基础。政府还需要对相应的土地使用机制进行改革,在保证我国房地产市场良性运作的基础上,切实从人民需求角度调整土地使用期限和土地转让金制度,使得住房反向抵押贷款业务能够在房屋和土地使用权时间匹配的基础上得以顺利开展。各金融机构需要加强自身的信用建设,和普通售房者共同开创信用建设的新局面,切实发挥住房反向抵押贷款的养老功能。

　　建立全国性的信用档案系统,利用信息技术把个人信用记录及信用评估集中起来,使保险公司可以比较容易地审查借款人是否存在先期债务、抵押物情况以及其他有关情况,审查借款人的"还贷与收入比率"和"贷款与房价比率",从而建立对借款人财务状况的有效监控体系。

(八)倡导开办反向抵押贷款的再保险业务

　　政府可以提供保险来降低业务开办机构的风险。在美国,联邦房屋管理局(FHA)为反向抵押贷款项目提供贷款保险,保证对金融机构贷款合同终结时房屋变现后的房价收入现值,小于各期养老年金支出的现值的部分予以赔付,即为金融机构的最终风险"买单",但同时为了限制金融机构的道德风险问题,也规定了相应的最大保险索赔额。这为反向抵押贷款市场的稳定提供了有效的风险转嫁机制。在我国,政府可以选择开办多种新型保险业务,可以是房屋价值保险或利率保险,一般情况下也可以承担金融机构的再保险业务。通过政府提供保险和再保险业务,能够有效地降低金融机构开办这一业务的风险,从而加大机构开展业务的积极性。

(九)建立一个反向抵押贷款二级市场

　　政府在进行风险规避时,需要综合运用各种措施,对风险进行有效控制。建立相关的保险和二级市场体系,利用保险机制分散和转移风险。反向抵押贷款市场能够存在并发展,需要强大的保险基础来保证反向抵押贷款的成功。简而

言之,保险市场必须为借款人提供安全保障,防范不负责任的贷款机构大量出现;保险公司也要为贷款机构提供相应的保障,使它们不要陷入有风险的合同。还必须建立一个反向抵押贷款二级市场,使贷款机构能够出售反向抵押贷款的一定比例给其他关联方,以规避伴随反向抵押贷款的高风险。建立专业性和政策性相结合的反向抵押贷款保险体系和二级市场体系,需要政府的直接参与,由政府出面组建政策性保险机构和担保机构。

(十)建立房屋质量、房屋交易价格和房屋公允价值的市场数据库

建立房屋质量、房屋交易价格和房屋公允价值的市场数据库,为反向抵押贷款市场的发展和证券化做准备。在美国,雷曼兄弟银行在 1995 年就为 Financial Freedom 的反向抵押贷款产品证券化,建立了类似的数据库。在美国,至少 Fannie Mac 为美国银行提供了反向抵押贷款产品流通的机会,同时,反向抵押贷款的条款越来越标准化,这就使反向抵押贷款走向商品化、证券化,能够在一般抵押贷款的二级市场上流通。

第二节　反向抵押贷款运作中的财税政策[①]

财税政策在反向抵押贷款中的运用,颇为引人注目。鉴于反向抵押贷款发挥了巨大的社会功能,为此,财税政策的支持与优惠,就是应有之义。对这一问题的探讨,尤其是对来自美国相关资料的借鉴运用,给我国反向抵押贷款的业务开办以较大的启迪,是非常需要的。

一、反向抵押贷款业务开办中的财税政策

(一)反向抵押贷款业务具有较大的社会效应,政府应当给予支持

反向抵押贷款作为一种新型的社会养老机制,它的推出除了可以在一定程度上解决老年人的基本养老问题,减轻国家社会保障的负担外,还可以发挥激活房地产交易、优化社会住房资源配置等功效。通过以房养老模式,老人可以依靠拥有房产的价值实现自我养老,减轻了子女和家庭的经济压力,更为社会和政府解除了一大负担。

① 本节内容的撰写部分地借鉴了浙江大学经济学院硕士研究生陶昱同学的本科生论文,特此致谢。

反向抵押贷款业务的开办,不仅仅是一种简单的商业保险或储蓄等金融产品,还带有社会养老保障的属性,对养老保障事业的顺利进行是个巨大促进。政府对社会养老保障事业的发展,负有不可推卸的责任。反向抵押贷款的推出为政府解决了一部分老人的社会养老保障问题。此外,反向抵押贷款还激活了房地产交易,推动整个国民经济的增长,这对政府实现增加劳动力就业、增加税收等目标,都有积极的意义。所以政府应当给予一定的支持。

除此之外,以房养老模式能促使老年人确立用房养老的新理念并付诸实施,使得老年人的储蓄存款得到极大地释放,使得国民经济形成新的增长点,从而增加国家的财政收入。究其原因,其一是财政收入会随着国民经济的增长、房地产业的壮大及多个相关产业的带动而增长;其二是随着居民个人房产投资的增进,新经济增长点的形成,从而可以减轻国家为促进经济发展实施扩张型财政政策的财力负担,促进社会资源的合理配置。

政府在反向抵押贷款行为的实施中应当起到相当的促进作用,承担较多的职责,并通过政策手段来鼓励和保障这一业务的顺利推行。如财税激励政策,该政策虽然需要政府财政支出的支持,从表面上看,是增加了政府的财政支出,但是考虑到反向抵押贷款巨大的社会经济价值,这部分财政支出完全可以从反向抵押贷款业务的外部效应中得到补偿,而这个补偿往往伴随着巨大的额外收益。

(二)反向抵押贷款运营存在巨大风险,政府应予利益上的矫正

反向抵押贷款这一操作模式集融资与融物于一体,是一种比较复杂的金融产品,存在着巨大的不确定性。金融保险部门开办反向抵押贷款行为,要冒相当多的经营风险,如变现风险、支付风险等共计20多种,而又很难在其中获取相当的经济利益。特设机构对反向抵押贷款的运作,一般都会遵循商业性原则进行市场化投资运作,这些市场性运作是按风险和收益对称的原则进行的。但因市场本身的缺陷和金融市场的不完善,以及反向抵押贷款本身所具有的特点,使得风险和收益对称的原则在这里难以得到完全遵从。

正是由于上述风险的存在,使得反向抵押贷款在运作中难以发挥其应有的价值功效。为降低运作中可能遇到的风险,使其真正能实现其价值功用,对这种风险与收益极度不对称的现象,政府应根据风险共担的原则,采取一定的方式分担风险,以促进其稳定发展,起到一定的利益矫正效用。来自有关国家政策法规的支持和鼓励是不可或缺的,其中财税政策的支持和鼓励又是尤为重要。

二、美国等国家反向抵押贷款业务的相关财税政策

(一)美国等国家反向抵押贷款业务的相关财税政策

反向抵押贷款在美国的实施与运作,表现得最为典型与成熟,纵观美国反向抵押贷款业务的发展历程,政府扮演着重要的角色,主导着反向抵押贷款的发展,起到了非常关键的作用。

在相关的财税政策上,作为美国反向抵押贷款市场中最为重要的房产价值转换抵押贷款(HECM),于1989年得到了美国住房与城市发展部(HUD)下属机构联邦住房管理局(FHA)的支持和承保,FHA专门设立了反向抵押贷款项目的管理部门。HECM得到了联邦政府的保险,意味着借款人可以得到事先向其承诺的所有资金,HUA也保证贷款的回收额会超过住房价值并负责贷款意外受损时的赔偿。这是美国反向抵押贷款发展的一个重要转折点,此后,美国反向抵押贷款的供应量显著增长,并日益被消费者广泛接受。但应当注意的是,这里政府提供的保险并非是由政府直接经费补贴的,而是由政府统一向借款人收取保险费,对借款人与贷款机构的可能损失进行补偿,在保险基金不足的情况下,才由政府兜底。

联邦政府也为反向抵押贷款提供利率保障,为了降低利率波动所引起的风险,美国几乎所有的贷款机构都实施可调整利率。为发挥政府的监管作用,避免对消费者造成利益伤害,这一利率的调整又受到美国财政部安全利率的约束。利率的调高或者调低,都必须与1年期的财政部利率升降趋势保持一致,按年调整的改变幅度限制在每年2个百分点及贷款生命期的5个总百分点,按月调整的利率则限于整个贷款周期的10个百分点。

为了减少房价波动风险,联邦住房管理局(FHA)对各地区所能申请的反向抵押贷款的最高房产价值额度作出了限制。HECM的贷款最大数额为160,176美元至290,319美元不等,最高为208,000美元,依所在地贷款最高额度限制而定。而房屋保留计划(又称"房利美")的最高贷款额度为333,700美元,老年人财务自由基金公司提供的财务自由计划的最高额度为70万美元。这种贷款额的限制使得美国的反向抵押贷款可以在满足不同客户群体的需求下,得到进一步的发展,产品多样化是扩大房产反向抵押贷款规模的前提。

同时,政府限制了贷款机构对借款人收取服务费用的数额。相关政策规定贷款本金与相关费用之和比不动产的评估价值,必须小于80%。其中"贷款本

金与相关费用"包括了贷款本息、与贷款相关的费用、成本、支付贷款用于购买养老金用途的收费、用于保全反向抵押贷款的不动产的税收和保险费用等。这在一定程度上对推广普及反向抵押贷款起到了促进的作用,但贷款费用相对于其他贷款而言还是过高。

　　除了以上财税政策外,美国政府还对反向抵押贷款实施减税免税政策。美国公民一般要就其拥有的房地产缴纳财产税,而将房产进行反向抵押贷款后,鉴于这种贷款的目的是提供养老金,所以依照相关的特殊优惠政策,无须再缴纳财产税。同时,最终用住房余值归还贷款本息时,也不将其视为出售,故应予缴纳的营业税也得到减免。

(二)加拿大的家庭收入计划的相关财税政策

　　加拿大的家庭收入计划(CHIP)目前还是一个私人机构管理项目,没有得到政府的担保,主要是借鉴美国的反向抵押贷款设计的,在财税政策上与美国具有很大的相同性。在税收上,通过家庭收入计划进行反向抵押得到的贷款是免税的,减轻了税负。同样为了降低房价波动风险,CHIP在贷款额度上也有限制,借款人可以获得房产评估价值的10%—40%的贷款额度,并满足最低为14,500美元,最高为500,000美元的贷款额度。同时,政府出台相关政策规定:被要求偿还的贷款额不超过该房产变卖时的市场合理价格,以确保借款人的利益;如果在获得贷款36个月内就进行偿还,将要支付额外的赔偿给银行或其他金融机构。

(三)法国的Viager系统的相关财税政策

　　法国的终身年金制房产交易与反向抵押贷款概念相近,法语中称为"Viager",俗称"关于死亡的思考",比喻为关于个人生命预期在买者和卖者之间的一种"博弈"。

　　在财税政策上,养老金收入也享受减免税的优惠,但房产税不能免除,需由卖方承担。没有政府或者其他机构对该反向抵押贷款进行担保,需由买方即贷款机构担保。如果停止支付养老金就意味着买方失去抵押住房的产权,卖方即可以收回抵押住房的产权。法国正在考虑出台相关政策,规定养老金的支付要按当年生活指数和通胀指数的变化进行调整,以降低物价波动等所引起的风险。

(四)新加坡反向抵押贷款的相关财税政策

　　鉴于老龄化问题的日益加剧,新加坡政府引以为自豪的中央公积金制度已不能完全满足住房和养老的需求。1994年新加坡政府开始推行反向抵押贷款业务,执行机构新加坡保险合作社(NTUC INCOME 即职总英康)是新加坡目前唯一的一家保险公司,具有一定的政府背景。但反向抵押贷款业务推出后在新加坡并不吸引大众。究其原因,除华人对养儿防老、遗产继承的浓郁背景外,主要是该贷款业务没有担保,即不设"不追偿保证",如果债务到期超过房屋价值的那部分,将向老年人的继承者追偿。而且,借款人每月的贷款额度与房产价值、现行贷款利率等相关,当房价大幅下跌时,职总英康有权减少贷款数额或停止发放贷款给抵押房主,这样老年人或其继承人将面临着债务风险。

直至 2000 年,新加坡才提议推出一种实行担保的反向抵押贷款,但这只是向拥有小型三房"公共房屋发展计划"公寓的老人提供政府担保,拥有更大房屋者只适用无担保的反向抵押贷款业务。同时职总英康在开办这一业务时,错误地高估了居民以房养老的需求,贷款市场目前仍然很小。

(五)总结国外反向抵押贷款运行中的相关财税政策

这四个国家中,美国、加拿大和法国三个国家的反向抵押贷款实施比较成功,这些国家的相关财税政策都有一个共同点,就是对反向抵押得到的收入减免税,这是由这种贷款的本质是养老金所决定的。

这些国家当中,反向抵押贷款模式运行最为成熟与有效的当属美国,而美国的政府支持力度又是这三个国家中最大的。在财税政策上,与其他两个国家最大的不同之处,就是在 HECM 业务中由政府提供保险或者担保等,这就极大地降低了市场风险,提高了借贷双方的积极性。加拿大和法国则没有这种政府担保,一般依赖信用担保,风险往往由借款人或贷款机构自行承担,相比 HECM 而言,借款人和贷款机构所面临的风险较大。而新加坡的反向抵押贷款产品除了无担保外,机构还具有追索权,导致借款人所要面临的风险巨大。

为了降低宏观经济波动的影响,美国和加拿大都限制了反向抵押贷款的最大额度,美国实施的可调整利率又将这种影响所引起的风险进一步降低。法国的 Viager 实质上是一种纯私人间的交易,没有最大额度的限制,但是每个月的付款额度是以生活成本为指引的,卖方被保证可以获得与通货膨胀同步的收入,而房价的涨幅往往高于一般的通货膨胀比率,所以这个规定往往也能降低物价波动等引起的风险。新加坡的反向抵押贷款业务中,宏观经济波动引起风险的主要承担者是借款人,即使将贷款额度与房产价值、现行贷款利率等挂钩,借款人面临的物价波动风险也并未得到降低。

三、反向抵押贷款运作中财税激励政策的措施

（一）财税激励政策适用对象的判别

反向抵押贷款运行中财税激励政策的设计中，需要判别对哪些人员和行为给予政策优惠，哪些人员和行为则不给予政策优惠，并对可能出现的种种事项提出防范措施。这种行为区分和政策判别对于财政激励政策的设计是十分必要的。

在对适用对象进行判别时，需要对老年人的收入标准进行界定，以期对不同收入水平的老年人群体采取不同的财税优惠政策。然而在具体操作过程中，如何调查测定老年人的收入状况是难以实施的。同时，在相关税费的优惠中，又可能出现某些人假借养老名义或非老年人以老年人的名义通过反向抵押贷款出售住房，以达到规避应缴纳相关税费的目的。除此之外，在制定财税激励政策时，还需考虑到很多情况。如对于售房或租金收入用于养老的情况，是否可以享受免除100%的税费优惠。这些行为区分和政策判别对财税激励政策的设计，是十分必要的。

（二）住房交易行为是否承担养老职责的判别

在以房养老模式中，有关房产的出售、抵押、出租、置换或售出大房购进小房的权利转让，税收和相关费用缴付的问题是难以避免的。一般的房地产交易行为中，交易人的税费缴付是必需的，否则就是偷税逃税。但是，老年人从以房养老中得到的各项收入，无论是售房的价款收入，出租的租金收入，还是大房换取小房的差价收入，或者是反向抵押住房得到的贷款收入，其根本目的都是为了解决养老问题，这些收入的性质相当于养老金，再参考国外经验，应当对这些收入免除或减收相关税费，以体现国家对老年人居民养老金自发筹措行为的积极支持。

在这里，应当将住房交易行为区分为正常的住房交易行为和以养老为目的的住房交易行为两大类。如何区分这两类住房交易行为，以及如何区分后者取得的资金用途是否真正用于养老事宜，以防止可能出现的移花接木、偷逃税款行为，是非常重要的。住房出售往往可能会有三种情况：

1. 将住宅视为一种投资品。低价购入，然后伺机高价售出，从中赚取差价收益，其特点是该住房并非其基本的生活居住场所，或该家庭至少有两处住所，现将其中一套住宅予以出售牟利，这种行为应当全额纳税。

2. 将住宅视为养老保障品。该住宅是其主要居住场所，或除此而外再无其他居住场所，其住宅出售是采用以房养老等特殊形式出售，且是出售于某特设机构。这时的售房收入显然只能做养老用，故可以享受税收优惠。

3. 特殊情况下将接受捐赠得到的住宅予以出售，也应视同于一般性出售，应予纳税。

针对第二种情况将住宅视为养老保障品的交易行为，可以确定以下五条辨别标准：

1. 是唯一的居住场所的出售，如系家庭的第二套住房对外出售，尽管售房得到的收入也是用来养老，但至少说明该家庭的经济状况已相当不错，不应予减免税收。这里还可以采取的某种简便方法就是对售房款项的一定额度予以免税，超出了标准则应予以纳税。比如，美国的这一免纳税额度为12.5万美元等，庶几较为公平一些。

2. 住房只售与特设机构而非向市场的任何其他方面出售。这一条规定有待商榷，比如老年人将住房在市场上出售，自己拿这笔售房款居住到养老院养老，显然应当给予免纳税优惠。再如，某老年人将住房出售给自己的儿女，用售房的价款来养老，这一事项的认定较难以把握，这项收入应否纳税也就难以确定了。美国的这种家庭内部售房养老的做法，政府规定是可以免纳税的，故此有较多的人员参与了这一业务。

3. 房款并非一次性到手，而是每期以养老金的方式领取。这种年金式的养老款项给付方式最符合养老的本意，但如老年人采取一次性领取贷款，或者在整个贷款期间随意性领取贷款，是为了更好地满足养老生活中的特殊需要，也是符合养老本意的，也应给予免纳税优惠。

4. 售房者已经进入或即将进入退休养老期。这里可以给予的评判标准是老年人的以房养老的年龄限定，比如62岁或65岁的老年人等，不到年龄标准者发生的售房行为不予免纳税优惠。

5. 售房者所得房款是用于养老，而非其他经营或投资行为，这是最主要的辨别标准。但在对老年人的行为认定上存在某些不易操作之处。

不符合以上任何一条的住房交易行为，都不属于反向抵押贷款的业务范畴，不能享受财税政策的优惠。

（三）考虑老年人经济状况是否给予差异优惠政策的判别

对反向抵押贷款实施财税政策优惠时，需要考虑养老者的不同经济状况给予有差异的财税优惠,原则上是向低收入者倾斜。从不同老年人的经济状况来看,拥有较大价值房产的老人,往往也拥有较高较多的经济来源渠道,完全无须担心晚年养老的生活开销和质量;而拥有房产价值较低的老年人,晚年期的其他经济来源也往往不很充足,因此,当他们将以房养老获得的经济收入作为养老金时,应当对此实施财税优惠。这一优惠对这些老年人来说,其效用也是最大化的。

如果不存在优惠政策差异,就贫穷老人和富裕老人这两种客户而言,前者拥有房产的价值高,生活质量高,预期存活的寿命长,得到的优惠也大得多;而贫穷者拥有房产的价值低,收入少,预期存活寿命也相对短一些,得到的优惠也就相对较少。这里并不排除单单依靠变卖房产,贫困老人还是无法保障基本生活的情况,这就必须依赖于财税政策的适度参与和保障。富裕老人本来就具有较高的经济收入,再加上价值不菲的房产,养老保障是足以实现。因此,若政府采取一视同仁的财税政策,对这部分富裕老人也给予相同的财税优惠减免,显然是不合情理的。

反向抵押贷款可以由营利部门或非营利部门提供,其业务就可以区分为政策性金融业务和非政策性金融业务。依照初步设想,可以将众多的老年客户依照其经济条件和住房状况、参与本项业务的目的等给予分类,凡是经济状况较差、收入较低,参与本业务属于"雪中送炭"者属于政策性金融业务给予优惠待遇;凡经济状况较好、收入较高,参与本项业务属于"锦上添花"者,则不给或较少给予任何政策性优惠。从反向抵押贷款本身的特点出发,本业务开办由金融保险机构为主、社会保障部门或特定的政府部门辅佐,共同实施将会更有效率。

从办理反向抵押贷款的特设机构的角度来看,由于其业务开展和利益维护的需要,富裕老人能给这些机构带来的收益最大,且业务开拓成本和遇到的风险又相对较低,因此,富裕老人的反向抵押贷款业务会得到机构的重视,而贫穷老人来参与业务则可能因住房价值低、住宅破旧等被拒绝。这就同国家开办反向抵押贷款这一业务的初衷发生了背离。为了矫正这种背离,实施有差异的财税政策优惠,对贫穷老年人适度倾斜是十分有必要的。这种政策优惠不仅仅是贫穷老年人的,也是针对业务开办机构的。

四、反向抵押贷款运作中财税激励政策的目标与原则

(一)实施财税激励政策的目标

1. 降低反向抵押贷款运作中可能遇到的风险

　　反向抵押贷款模式是运营周期长、资金投入大、运营风险大、涉及问题复杂、存在着巨大的不确定性。较高的风险会大大降低借贷双方参与反向抵押贷款的意愿及积极性,同时也会增大设计与实施反向抵押贷款模式的难度。

　　2. 提高反向抵押贷款模式的运作功效

　　实施以房养老的根本目的是为了缓减国家和社会的养老压力,提高老年人的生活质量。如果老年人将自己拥有的房产参与反向抵押贷款业务,实现自我养老,除了有益于子女和家庭外,更可以为社会和政府解除部分养老负担。但是,这些都必须以反向抵押贷款模式运作的有效性为前提。通过一定的财税政策的作用,可以规范反向抵押贷款模式的运作,进而提高其实际功效。如果对可以享受财税政策优惠的对象加以一定的条件限制,提高那些最迫切需要且最适合实施反向抵押贷款的老年人的积极性,促使反向抵押贷款模式发展趋势向某一优化的方向靠拢,就可以防止利用反向抵押贷款来买卖住房逃避税收的行为,提高反向抵押贷款模式运作的效率和功用,节约社会资源。

　　3. 激励市场对反向抵押贷款的需求

　　反向抵押贷款作为一种特殊的贷款商品,同其他贷款商品一样,必须拥有一定数量的市场需求才能运行成功并得到进一步的发展。随着老龄化危机的快速到来,希望参与这一业务,或者说不大希望参与这一业务,但限于形势的压迫又不得不参与这一业务的人员将会越来越多。但面对着较高的风险又会打击借款人的借款意愿,即使拥有充足的潜在需求,在这种风险面前也难以转换为实际操作。需求不足导致业务量减少,贷款机构就无法弥补运营中的高成本,加上贷款机构也面临着高风险,往往会导致业务的难以继续运行。这就需要政府在培育市场、降低风险方面做较多的工作。

　　政府除了相关的配套设施和法制建设外,应针对反向抵押贷款行为实施某种财税激励,如税费减免、利率补贴等,都可以在一定程度上大大降低可能遇到的经营风险,激励市场对这一业务开办的支持力度,使反向抵押贷款模式的成功与发展变为可能。

　　（二）实施财税激励政策的原则

　　1. 效率原则

　　财税激励政策的效率原则,就是政府在财税激励政策的制定、实施与整个政策的管理上,都应当讲求效率,遵循效率原则。这里所说的效率包含两种效率含义:行政效率与经济效率。

（1）行政效率。行政效率要求在对反向抵押贷款实施财政激励政策的过程中,所耗费的成本要达到最小。这里的最小不是从"量"的角度来衡量,而是指行政成本与社会经济价值的增加值之间的比值达到最小,即要求以尽可能少的行政成本付出,来获取尽可能多的社会经济价值的增加。行政成本包括政府为实施财税激励政策而花费的实施成本,也包括政府在实施财税激励政策中相关税收的减少量与财政补贴的增加量。如果财税激励政策的程序复杂,无疑会增加行政操作成本,不符合行政效率原则。因此,如何提高反向抵押贷款模式运行中的财税激励政策的行政效率,是实施财税激励政策的一大关键所在。

（2）经济效率。经济原则要求财税激励政策的实施应有利于促进反向抵押贷款运行中经济效率的提高。反向抵押贷款除了可能解决老年人的基本养老问题外,还可以带动其他产业的发展,具有巨大的社会经济效应。对反向抵押贷款实施财政激励政策,必然会对反向抵押贷款模式的运作及相关资源的配置产生影响。虽然政策的目的原本是为了激励,但政策产生的影响总体上是积极的还是消极的,这种影响的程度与范围到底有多少也是未知的。如果这种总体影响是消极的,那就没有实施财税激励政策的必要了。

经济效率要求财税激励政策对反向抵押贷款模式的发展有积极促进作用,政府在实施相关政策时应避免其对经济产生的不利影响。如果这种不利影响是不可避免的,也要使这种不利影响引发的经济损失达到最小,且满足实施财税激励政策的总体影响是积极的条件。

2. 合理性原则

合理性原则,就是政府在对反向抵押贷款实施财税激励政策时,需满足两个条件:其一,激励的措施要适度;其二,激励的措施要相对公平。

（1）激励的措施要适度。这里所说的适度,要求各个反向抵押贷款项目根据财税激励政策可以享受的财税优惠,应该根据项目本身的价值大小与相关当事人的具体情况来确定。遵循合理性原则,要求财税激励政策能够根据不同抵押房产在构成风险的各种因素作用下,最可能实现的价值来确定可以享受政策优惠的量。这个量的界定,既可以刺激反向抵押贷款模式的发展,又不会对财政施加过大的支出压力,影响经济社会的整体发展。毕竟,财政激励政策只是起到引导作用,是辅助的,并不可能使政府代替金融机构在反向抵押贷款业务中的地位。

（2）激励的效果要相对公平。相对公平要求政府在实施财税政策激励的过程中,对基本情况无差异的借款人,即老年人要一视同仁、同等对待。值得注意的是,这里所说的公平是相对的,而不是绝对的。这是由反向抵押贷款业务的根本目标所决定的。反向抵押贷款业务要解决的是老年人的养老问题,对于不同的老年人来说,占有的社会经济资源往往是不相等的,导致客观上的不公平因素难以避免。因此,财税激励政策往往需要对低收入者进行政策倾斜,而对于相同情况的老年人,他们所适用的财税激励政策则应该是无差异的。所以,财税激励政策从纵向上看是不公平的,而从横向上看则是公平的,这种公平只能是相对公平。

3. 法治原则

法治原则,要求政府在财税激励政策的制定、实施与整个政策的管理上,都应当以法律法规为依据。具体到财税激励政策的各方面内容上,法治原则要求财税激励的程序必须规范,政策的内容必须明确。要实现"规范"与"明确",最有效的方法,就是将财税激励政策以法律的形式加以规定,这就可以大大降低该政策在实际运行中可能遇到的判断依据模糊、操作不规范等问题,提高财税激励政策的效率。同时,法律的公开性与高透明度,有利于提高财税激励政策的行政效率,并能正确引导资源的配置。

五、财税激励政策的具体措施

(一)税费减免

关于税负的减免,可以从以下方面设想:

(1)借款人在整个反向抵押贷款过程中会涉及很多税费。个人所得税就是其中之一。《中华人民共和国个人所得税法》第二条第九项规定:财产转让所得应纳个人所得税;第三条第五项规定:财产转让所得适用比例税率,税率为20%。这里所说的财产,包括房产、汽车等大宗财产。反向抵押贷款涉及房产的转让,其实质还是财产转让,按此条款应当缴纳个人所得税。同时,按照《财政部、国家税务总局、建设部关于个人出售住房所得征收个人所得税有关问题的通知》的规定,对出售自有住房并拟在现住房出售1年内按市场价重新购房的纳税人,其出售现住房所缴纳的个人所得税,先以纳税保证金形式缴纳,再视其重新购房的金额与原住房销售额的关系,全部或部分退还纳税保证金;对个人转让自用5年以上,并且是家庭唯一生活用房取得的所得,免征个人所得税。

反向抵押贷款业务中的老年人往往符合这条优惠政策。首先,参加反向抵押贷款业务的老年人,其抵押贷款的住房是其家庭唯一生活用房,且从当前国内的实际情况来看,这些住房大部分自用5年以上。其次,如老年人出售自有住房,用售房所得重新购买价值较原自有住房小的房产,获取差价收入用于养老,鉴于生活需要,该行为一般会在原自有住房出售1年内完成。这两种住房转让行为都符合个人所得税优惠政策,考虑到这些收入的性质等同于养老金,应该免征个人所得税。

除了个人所得税,房屋转让过程中,转让人还需要缴纳营业税、城市维护建设税、教育费附加、土地增值税、印花税等税金。这些税金在反向抵押贷款业务中,一般也应实施相应的优惠减免。这些税金征收的目的是为了进一步抑制投机和投资性购房需求,反向抵押贷款业务的性质是养老,而不是投机或投资。如营业税的征收,2006年5月29日,国务院办公厅转发国家建设部、发展改革委、监察部、财政部、国土资源部、人民银行、税务总局、统计局、银监会九部委《关于调整住房供应结构稳定住房价格的意见》中,为进一步抑制投机和投资性购房需求,从2006年6月1日起,对购买住房不足5年转手交易的,销售时按其取得的售房收入全额征收营业税;个人购买普通住房超过5年(含5年)转手交易的,销售时免征营业税;个人购买非普通住房超过5年(含5年)转手交易的,销售时按其售房收入减去购买房屋的价款后的差额征收营业税。同样地,反向抵押贷款中的住房交易行为在符合个人所得税优惠政策的同时,一般也符合免征营业税的条件。

参考国外反向抵押贷款运行的相关经验,其都对反向抵押贷款得到的收入免税,并减免其他相关税费。因此,老年住户在住房出售、抵押、出租、交易转让时,所收到的售房价款、抵押借款和租金,考虑到这笔款项的性质等同于养老金,应给予减征甚至完全免除税费的优惠,包括个人所得税、营业税、契税、土地出让金与手续费等。

同时,在考虑给予这种免税优惠时,是否事先制定一些限制性条款,以防止养老款项因此大幅增长,远远超出其正常养老的需要。这些限制性条款的制定中需要界定哪些因素,比如正常养老资金限额内的数额予以免税,超额部分则需要予以交税,哪些税费可予以减免,哪些税费则不应予以减免等。据有关资料介绍,美国的税法还包含一项特别条款,即房主出售房屋时,如果已年满55岁,即可从收入中抵扣所有实现的收益(最多为12.5万美元)。附加限制条款是,在出售前的5年中,该房屋至少要有3年作为房主的主要居所被拥有及使用。房主一生中只能享受这一次免税待遇。这一条款规定的缘由是,国会考虑住房的升值可能会是老年人主要的收入来源,收益免税可使老年人搬到较小的住房或租用小居室住房,并使用售房款收入用于养老。

对贷款机构即从事反向抵押贷款业务的特设机构的征税,由于反向抵押贷款业务的收益期望不高,风险较大,但社会经济效益高,所以,可以考虑对其所取得的营业收入与经营所得的税收,如营业税、企业所得税以及最终取得房屋产权时的房产契税和手续费等予以减免。适当减免金融机构开办此业务的营业税、增值税、企业所得税和金融机构在二手房市场上处理抵押住房时的房地产交易税等。

(2)政策支持。政府应当对老年人实施反向抵押贷款模式的财税政策的激励优惠政策,为反向抵押贷款的服务项目提供资金支持和政策优惠,对贷款收入给予税费优惠,老年人参与贷款的所得,应当不影响对政府其他救济措施的获得。

(3)包括相关税费的减免优惠、遗产税、物业税的相应免除或减少,房产交易转让税费的豁免和减征,房产出租、抵押中获取的收入或所得,只要目的是为着养老保障,其行为操作人员为老年人,都应给予税收优惠。

(4)政府要进行税收改革,对反向抵押贷款给予税收支持。具体来说,要免除二手房交易的所得税和营业税,对借款人通过反向抵押贷款得到的收入免征收入所得税,对贷款机构免征利息税等等。办理反向抵押贷款的老年住房所有者可以享受财政贴息,借款人每月从金融机构取得的养老金也应给予一定额度内免税的优惠。

(二)财政补贴

实行财政补贴,如果选择直接拨款的方式,在数额的分配上难以精确估计。而采用财政贴息,却不能实施普遍贴息,普遍贴息虽然简单易行,但不符合公平合理原则。这里可以仿照助学贷款制度中国家助学贷款(财政50%贴息优惠)和一般商业助学贷款(财政不予贴息)的相关规定,对反向抵押贷款的财政贴息实施补救性措施。将反向抵押贷款业务区分为政策性和市场性两种模式,对前者给予贴息优惠扶持,后者则不给予这种优惠。

假设某房产评估价值为24万元,反向抵押贷款者的预期寿命与实际寿命相同,剩余寿命为10—20年,利率为5%—6.5%范围内,分别在无财政贴息、财政贴息2%和财政贴息利率的50%的条件下,每年可获得的年金数额进行分析(如

表 6 - 1）。

表 6 - 1　不同财政贴息政策下的年金差异

年限（年）⟍利率	5%			5.5%			6%			6.5%		
	无财政贴息	财政贴息 2%	财政贴息利率的 50%	无财政贴息	财政贴息 2%	财政贴息利率的 50%	无财政贴息	财政贴息 2%	财政贴息利率的 50%	无财政贴息	财政贴息 2%	财政贴息利率的 50%
10	19,081	20,935	21,422	18,640	20,458	21,178	18,208	19,990	20,935	17,785	19,531	20,695
11	16,893	18,739	19,225	16,457	18,262	18,981	16,030	17,796	18,739	15,613	17,340	18,499
12	15,078	16,911	17,397	14,647	16,436	17,152	14,226	15,973	16,911	13,816	15,520	16,672
13	13,549	15,367	15,852	13,124	14,895	15,608	12,710	14,434	15,367	12,308	13,986	15,129
14	12,246	14,046	14,529	11,827	13,577	14,286	11,420	13,121	14,046	11,026	12,677	13,810
15	11,122	12,904	13,384	10,710	12,438	13,142	10,311	11,986	12,904	9,925	11,547	12,669
16	10,145	11,907	12,384	9,740	11,444	12,143	9,349	10,997	11,907	8,971	10,564	11,674
17	9,288	11,029	11,503	8,890	10,570	11,264	8,507	10,128	11,029	8,138	9,700	10,798
18	8,531	10,250	10,721	8,141	9,796	10,483	7,766	9,358	10,250	7,405	8,937	10,021
19	7,859	9,555	10,023	7,476	9,106	9,787	7,109	8,673	9,555	6,757	8,258	9,328
20	7,258	8,932	9,395	6,883	8,487	9,161	6,524	8,060	8,932	6,182	7,650	8,707

　　可以看出,在忽略财政贴息的情况下,年金随着利率或年限的递增而不断递减;存在财政贴息的情况下,以 10 年期贷款利率为 5% 的情况为例,无贴息的年金额为 19,081 元,而财政贴息 2% 的情况下,年金额为 20,935 元,增加了 1,854元,且加上 10 年的累积影响,贴息效果是十分明显的,对老年人的吸引力极大。如果财政贴息利率为 50%,其贴息效果会更为明显。继续以 10 年期贷款利率为 5% 的情况为例,虽然养老者每年可以多得 1,854 元,但经过 10 年,政府必须承担的贴息支出会高达 18,540 元。将这种个体的影响累积到一起,国家的总体财力是否能够负担,能负担到多大程度,需要给予相应的测算。

(三)提供融资便利

　　反向抵押贷款业务由于涉及房产这种大额财产,且运行周期长,对从事该业务的特设机构,在整个业务过程中都需要长期连续的资金流出,只有最后借款人死亡获得房屋产权时才会有资金流入。这些机构必然需要庞大的然而又是源源不断的资金流入,来支持反向抵押贷款业务的运行。

　　反向抵押贷款业务本身风险大、收益低,机构进行融资的难度也相应提高,这在一定程度上阻碍了反向抵押贷款业务的发展,为此,政府应对从事贷款业务的机构提供一定的融资便利。比如,特设机构成立时的资本金设立,政府应当给予较大程度的投资,特设机构运营时因大量接受住房抵押并向客户贷款,从而引起资金周转不灵,国家也应以低利率供应所需要的资金。当然,开拓资产证券化业务,以期从根本上解决这一问题,也是需要的。当从事反向抵押贷款业务的机构出现资金短缺时,允许其向中央银行申请专项贷款。如果这些机构破产,央行可以直接接管相关业务,或责令其他机构接受并负责开展反向抵押贷款的相关业务,这些都是有利于融资的。

美国存在着反向抵押贷款的二级市场,HECM 的项目可以在反向抵押贷款的二级市场转卖给房利美,对 HECM 来说,资金的回收周期减短了,安全性提高了。国内开展倒按揭式的以房养老业务时,也应允许反向抵押贷款的项目打包出售,对出售时所发生的税费实行优惠或补贴,这无疑会提高特设机构融资的便利性。

第三节　反向抵押贷款前期的客户教育与咨询

一、申请反向抵押贷款前期对消费者的教育与咨询

反向抵押贷款由于初期宣传和普及不够造成了公众的许多误解,因此 HECMs 和 Home Keeper 贷款都规定申请人必须接受相关知识教育培训。HECMs 需要借款人接受授权中介机构的贷款前咨询,而 Home Keeper 需要借款人接受 Fannie Mae 下属 Home Path(非营利机构)提供的电话或者贷款机构的咨询。接受贷款前咨询的目的是为了维护交易的公正性和独立性,保证借款人充分了解反向抵押贷款的各项优缺点后方才允许申请。这些机构主要为借款人提供反向抵押贷款相关基础知识,为其分析可能获得的收益和将来会遇到的风险,或者帮助潜在借款人对于各种选择进行充分的比较和评估。美国还有专门的机构(例如 Focus groups)在指定的地铁站等公共地区负责接受客户的反馈意见,这些由专业机构收集和汇总的反馈意见,为更好的发展反向抵押贷款业务提供了有益的参考。

消费者利益保护的倡导者认为,现在的教育、扩大服务项目和个人反向抵押贷款的咨询水平,不足以满足借款人的教育需要。如果消费者期望更好地理解

反向抵押贷款这一产品,贷款机构和经纪人之间发生的许多有问题的行为就可以得到有效阻止。所以,增加这种服务对消费者来说至关重要。反向抵押贷款的顾问人员和其他消费者组织,目前正通过老年中心举办相关的讨论会和特别事项,以及文献和其他出版物扩大服务项目。正如前面提到的,反向抵押贷款的业务数量在迅速增加,1992 年全美只有 8,000 份,从 1993—1998 年,有 46,750份得到开展,也就是说 85% 的反向抵押贷款是在那几年开展的。这些事实,加上易受骗的老年人口的增多,意味着消费者教育和咨询服务活动必须扩大,同时应拓展消费者教育的途径。

1999 年,只有很少的非营利机构向老年人提供这种咨询教育服务,其中一些由 HUD 资助,政府机构还没有参与其中。在加利福尼亚南部,只有少数几个组织提供这种扩展项目服务,如人生投资计划(圣马特奥市)、消费者信用咨询服务(不同部门)、伊登希望和机会委员会(奥克兰)以及消费者协会(旧金山)等。在这些组织里,进行扩展项目服务活动的大多是咨询人员。他们的大部分时间花在顾客身上而非扩展项目服务。反向抵押贷款的培训工作,在许多情况下只是他们担负数个任务中的一个。

反向抵押贷款中出现的问题有增长的迹象,但美国州政府并没有在教育消费者中扮演积极的角色。所以,消费者协会提出某些建议来增加反向抵押贷款的扩展服务项目、教育和咨询活动。加利福尼亚的政府机构,如不动产管理局、企业局和消费者事务局,就可以通过资助扩展服务项目、咨询和消费者教育活动,参与到这种努力中来。

二、反向抵押贷款事项的咨询和披露

(一)反向抵押贷款事项的咨询

在美国,HECM 和房屋保留计划要求所有反向抵押贷款的申请人都要接受消费者教育,采用的形式是贷款前的咨询服务。HECM 要求从住房与城市发展部批准的中介机构获得咨询服务,房屋保留计划要求通过非营利机构咨询,或房利美的家庭之路电话咨询,或通过贷款机构咨询。要求进行贷款前咨询的出发点,是为了让潜在借款人获得关于反向抵押贷款优缺点的公正的、中立的信息,了解反向抵押贷款是否符合他们的需要。鉴于反向抵押贷款费用决定的复杂性,独立的咨询服务将在消费者决策中扮演重要角色。然而,房屋保留计划承认贷款机构提供的咨询服务,会引起信息蒙蔽和利益冲突等问题,即使贷款机构提供的咨询服务满足了贷款计划的要求,消费者也应该尽力寻求一些中立、公正、权威的反向抵押贷款咨询机构。

反向抵押贷款的咨询服务在内容和时间上各不相同,一般都会提供基本的信息,包括反向抵押贷款的特征、收益和风险。他们也会帮借款人比较不同的贷款计划,理解不同的给付方式,还包括反向抵押贷款的替代方式。面对面的咨询通常需要一到两个小时,电话咨询的时间则相对较短。

国家房屋价值转换中心(NCHEC)是一个非营利组织,可以提供反向抵押款的相关信息,并对符合规定标准的咨询机构和贷款机构进行认证。NCHEC 认可的咨询机构,可利用 NCHEC 的软件对不同产品和计划的条款和费用进行比较分析,分析内容包括不同付款方式的年金总成本的计算等。贷款机构要得到NCHEC 认证资格,批准咨询机构的条件是:(1)揭示借款人的所有可选事项;(2)没有偏见,不因接受报酬而改变咨询标准;(3)独立,尊重借款人的决定,不能把借款人指定给特定贷款机构;(4)保护借款人的隐私。尽管不是所有的贷款机构都有 NCHEC 的认证资格,但其制定的标准在反向抵押贷款产业中得到了广泛的认可。

(二)独立的咨询机构

反向抵押贷款的咨询机构和倡导者一致认为:独立的咨询机构就是说咨询服务是由中立、权威、无偏见的机构提供,而不是由贷款机构单方面指定的,在帮助消费者做出更好的决定等方面是非常必要的。相比之下,国民反向抵押贷款机构协会(NRMLA,反向抵押贷款机构的同业公会)认为,尽管咨询服务很有帮助,但如消费者相信自己没有咨询依然可以做出合理选择时,应该有不去咨询的选择权。然而,这种可选择的咨询方法,使 NCHEC 咨询要求的意图变得无效。借款人可能相信自己有足够信息做出合理决定,然而实际上反向抵押贷款的咨询本可以帮助他们提供更多的注意事项和选择,可选择的咨询服务也为贷款机构欺骗借款人打开了大门。因为咨询的结果可能使借款人决定不去申请贷款。所以,贷款机构有动力阻碍借款人寻求咨询服务。即使贷款机构有通知借款人咨询权的义务,也不能保证所有的贷款机构都会遵守。实际操作中,有的贷款机构仍然劝告借款人咨询是没必要的。

特定的例子可以说明反向抵押贷款咨询的重要性。加利福尼亚一家反向抵押贷款咨询机构报告了一对夫妇的案例,在这个案例中,丈夫比妻子大 20 岁,贷款机构建议把妻子的名字从屋主中拿掉,这样贷款的额度就可以仅仅根据丈夫的年龄计算,每月可以得到更高的支付。贷款机构告诉这对夫妇,在这种安排下,如果丈夫先去世,妻子可以继续在房子中居住。后来,贷款咨询机构对这对夫妇解释,这种安排对妻子来说是很危险的,因为一旦丈夫去世,她将继承房产,但同时也将继承反向抵押贷款的所有债务。如果她不能用其他财产付清欠款(在这个案例中是很可能的),就只能卖掉房屋。根据这些信息,这对夫妇最终决定把妻子的名字继续保留在屋主名单里。

(三)增加高质量的咨询服务

美国退休者协会(AARP)、住房与城市发展部(HUD)、房利美和反向抵押贷款行业的代表们,通过一系列行动,以增加独立、高质量的反向抵押贷款的咨询服务。一个建议是成立一个全国性的非营利组织,来协助设立顾问培训的标准,开展认证考试,对反向抵押贷款的顾问培训和咨询机构融资进行管理。同时也可以对咨询机构进行审计,对其咨询的内容和质量进行监控,还可以作为咨询机构的融资协调人。在这种组织结构下,贷款机构会就每个咨询过的申请人支付一定的费用,这些费用将会进入一个中心池里,由这个组织根据咨询客户的数量将这些资金在咨询机构中进行分配。通过这种方法,咨询机构就可以对自己提供的服务获得足够的资金,而不须直接从贷款机构那里拿钱。这就部分转移了咨询机构和贷款机构之间的冲突。咨询机构的任务是为客户提供尽量公正的信息,而贷款机构则希望与尽可能多的借款人签约,如果他们直接对咨询机构进行支付,就可能会对这些机构产生财务上的影响。

咨询机构的收入主要依赖于贷款机构,许多咨询人员支持这个建议。如果要想保持公正就得承受财务上的压力,这种建议可以将咨询机构从这种压力下释放出来。需要注意的是,也有咨询人员认为对咨询内容和质量的标准监控是很难做到的。如果考虑到住房与城市发展部过去对咨询服务收费标准的限制,就更是如此。

进入反向抵押贷款交易的另一个障碍,就在于它的复杂性,即便是金融知识相对熟练的消费者也会对利用反向抵押贷款的结果难以理解。考虑到相关的一系列费用、贷款预付和偿还方式的各种选择和根据年龄、房屋价值、不同利率计算的贷款数量,从不同反向抵押贷款产品中所取得的收益可能会有很大差异。这些差异使得各种贷款产品的比较是非常困难的,借款人要想测定贷款的真实成本是很困难的。

消费者教育组织和政府机构,试图通过运用总贷款年利率(TALC)来解决这个问题。这个比率同时反映了利率和其他费用,它提供了标准的测量方法,用以比较不同贷款组合的成本。总贷款年利率表明了形成所有贷款的平均年利率,换句话说,一个总贷款年利率6.9%的两年期贷款,就表示借款人两年内最终对本金(包括起始费用如发起费用,购买养老金的费用等)和复息支付的平均年利率为6.9%。这意味着总贷款年利率在前期比较高,随着起始费用在较长时期内摊销将逐渐降低。因此,借款人可以得到未来三个时间段的总贷款年利率,来说明贷款依持有年限不同导致的成本差异。总贷款年利率需要对以下期间做出披露:(1)贷款最初两年;(2)借款人的预期寿命期间;(3)超过寿命预期为40%的时期。

住房与城市发展部批准的反向抵押贷款咨询顾问,用TALC利率帮助借款人理解哪种类型的反向抵押贷款最适合他们。然而鉴于反向抵押贷款内容的复杂,虽然TALC利率是理解反向抵押贷款成本的一个重要工具,但反向抵押贷款内在的复杂性决定了仍然难以理解。即使运用这一工具也不能使许多潜在借款人明确理解这一贷款,甚至有些顾问也会产生迷惑。要将贷款的可能成本表示清楚,TALC利率必须和其他因素结合起来使用,包括各种通货膨胀率、贷款的预期年限,在最高信用额度方式中还要考虑信用额度的使用时间。

对那些接受政府救济如附加保证金收入(SSI)或公共医疗补助制的消费者,在安排反向抵押贷款支付时要谨慎,同时要小心证明这些收入是何时、如何使用的。从反向抵押贷款得到的收入可能会影响借款人在这些机制中的资格。比如,每月贷款收入在决定SSI资格时并不被认定为"收入"(这对规避可能要出现的纳税来说有重要影响),但在借款人收到款项当月之后仍然保留的收入将会被计做"财产",这就会对资格认定产生负面影响。此外,预付养老金在SSI和公共医疗补助制中会被认定为"收入",而用来进行房屋修缮的反向抵押贷款收入,不会对SSI和公共医疗补助制资格认定有影响,因为房屋并不被认为是取得收入的来源。已经得到或者希望得到SSI和公共医疗补助的借款人,需要考虑反向抵押贷款将会对他们的资格认定产生什么影响,在避免对这些公共收益的负面影响方面,各种支付结构的结果可能很是不同。不过反向抵押贷款收入不会影响无条件机制的资格,如社会保障和医疗保险。

鉴于反向抵押贷款费用决定的复杂性,独立的咨询服务将在消费者决策中扮演重要角色。许多因反向抵押贷款引起的诉讼纠纷,大都是因事前没有进行独立咨询所致。然而贷款机构提供的咨询服务,会引起利益冲突的问题。即使贷款机构提供的咨询服务,满足了贷款计划的要求,消费者也应该寻求某些中立的中介机构咨询,以获取更为权威公正的信息评价。因此,我国需要大力发展独立中介咨询机构,监督、规范中介市场,以此促进反向抵押贷款的健康发展。

三、加大反向抵押贷款的初期宣传工作

美国还有专门的机构(如 Focus groups)在指定的地铁站等公共地区负责接受客户的反馈意见,这些由专业机构收集和汇总的反馈意见,为更好地发展反向抵押贷款制度提供了有益的参考。美国住房权益转换中心(NCHEC)是一个非营利组织,主要提供反向抵押贷款的基础知识教育,以及对有资质的咨询和贷款机构进行认证。贷款机构可以运用 NCHEC 开发的软件为客户分析或者提供各项服务。1997 年 12 月,全美反向抵押贷款协会(简称 NRMLA)成立,其成员主要是发放反向抵押贷款的银行等金融机构,除了美国的贷款机构外,该会成员还包括加拿大的贷款机构。全美退休协会(The American Association of Retired Persons,简称 AARP)、全美反向抵押贷款协会(The National Reverse Mortgage Lenders Association,简称 NRMLA)、美国住宅与城市开发部(HUD)、美国联邦国民抵押贷款协会(Fannie Mae),都是非常重要的反向抵押贷款业务参与机构,致力于促进美国反向抵押贷款行业的整体发展。

反向抵押贷款初期由于宣传不够,产品本身又非常复杂,公众对这一产品十分生疏也有许多误解。因此,房产转换抵押贷款和住房保留计划贷款规定,在订立贷款合同之前,申请人必须向政府批准或开办机构认可的咨询机构进行咨询。这些机构主要为借款人提供反向抵押贷款相关的基础知识培训,分析各种反向抵押贷款产品的未来收益和隐含风险,帮助借款人充分比较和评估各种反向抵押贷款产品,以保证他们有能力决定是否购买某种反向抵押贷款产品,以及应该选择哪种给付方式。前期咨询有效地促进了反向抵押贷款交易的公正性和独立性,降低了开办机构欺诈借款人的可能性,维护了借款人的权益。

由于反向抵押贷款相比普通住房按揭来得更为复杂,不同机构提供的反向抵押贷款产品的成本费用差异较大,借款者从各产品中获得的收益,因其年龄、房产价值以及贷款利率的不同而有所不同,因此各个反向抵押贷款产品之间很难相互比较。许多咨询机构采用 TALC 指数来帮助借款人选择适合自己的反向抵押贷款产品。TALC 指数反映了各反向抵押贷款产品的贷款利率和费用水平,是一个标准化的测量指数,借款人可据此比较不同产品为自己带来的收益,

从而选择更适合自身实际情况的反向抵押贷款产品。

四、强制反向抵押贷款申请人进行独立的贷款前咨询

在某种程度上,反向抵押贷款的商业欺诈和消费者对反向抵押贷款出现骗局的惧怕,阻碍了扩大服务项目的努力。比如,一个贷款咨询机构试图在老年中心举办反向抵押贷款的教育研讨会,遭到了老年中心的抵制。这个中心听说过反向抵押贷款的骗局,他们怀疑咨询机构想要劝说老年人参与反向抵押贷款,所以将此机构拒之门外。这家咨询机构表示,当时这些老年人正在遭受电视广告、邮件和其他推销材料的轰炸,这些材料都在推销反向抵押贷款,却大多没有谈到贷款的全部风险和成本。这种情况可能导致消费者在没有获取完全信息的情况下轻率地作出决定。这说明消费者教育工作还有很长的路要走。此外,对消费者教育机构的不信任,破坏了这些机构的信用和提供信息的效率。增加扩展项目的服务可以让老年人和服务提供者知道,独立的咨询机构是需要的,是有利于老年人的利益的,他们可以帮助老年人做出明智的财务决定。

在反向抵押贷款的顾问人员、贷款诉讼中代表借款人的律师,以及其他为反向抵押贷款借款人的辩护者中,最一致的建议就是要求借款人进行独立的咨询。现在所有的 HECM 借款人都会被要求进行独立咨询,并且要在 HUD 批准的机构进行。这种咨询一般都是面对面的,但也可以通过电话完成。房利美的房屋保留计划要求借款人可以通过 HUD 批准的机构咨询,也可以通过房利美的电话咨询热线"家庭之路"进行,或者通过贷款机构进行咨询。私人机构发起的反向抵押贷款不要求借款人进行咨询,比如财务自由计划贷款。一些州包括马萨诸塞州、明尼苏达州和北卡罗莱纳州,现在都要求所有的反向抵押贷款申请人进行咨询活动。

夏威夷州于 1999 年通过了第 50 号法案,要求反向抵押贷款的借款人在接受贷款申请之前必须从 HUD 批准的房产咨询机构获得咨询服务,对于不受州法律或联邦法律咨询要求约束的所有贷款有效。那些准备出售给房利美或者联邦抵押贷款公司(房地美)的贷款不受此约束。如果违反了这种咨询要求将被视作不正当竞争或不公平的欺骗性行为,将对贷款机构处以 500 美元至 10,000 美元的民事处罚。

通过所要求的独立咨询,借款人可以获得关于反向抵押贷款是否符合自己需要的公正的意见和教育。到现在为止,消费者协会西海岸办事处了解的关于

反向抵押贷款的诉讼中,最恶劣的诉讼包括私人反向抵押贷款产品,如圣马特奥市公共监护人起诉共同财富寿险公司的案例。因此,要求私人反向抵押贷款借款人在贷款之前接受独立的意见和咨询,将会是一个重要的保护消费者的新举措,它将帮助借款人避免这些恶劣的行为。

　　一些反向抵押贷款的顾问人员认为,随着反向抵押贷款市场的扩大和更多私人反向抵押贷款产品的出现,除了非特定贷款机构的基本信息,强制性的咨询将很难提供。然而,即使将来对反向抵押贷款产品进行全面比较则更加困难,对所有的潜在借款人,而不只是那些 HECM 和房屋保留计划的申请人,提供某种形式的公正的教育信息,将有助于他们作出有利的选择。随着老年人口的规模和比例不断扩大和老人房屋拥有率及预期生命的提高,强制性的贷款前咨询可以减少或清除选择不合适的反向抵押贷款所引起的问题,防止它们的广泛传播。

五、加强反向抵押贷款消费者教育咨询的举措
(一)为扩大服务项目、教育和咨询活动增加投资

　　美国的州政府和联邦政府及贷款机构都必须增加对咨询服务、扩大服务项目和教育活动的投资。现在 HUD 是反向抵押贷款咨询的主要资金提供者,这些资金来源于其通用房产的咨询资金,这个资金是不稳定的。咨询机构每年都会得到 HUD 有关其资金可能会用完的警告,要他们寻找其他的资金来源。房产咨询机构称现在对反向抵押贷款的咨询服务还没有其他资金来源。事实上这些活动的资金可以更多地由贷款机构提供,一旦消费者决定进行反向抵押贷款,贷款机构将会从中获益。然而,由贷款机构为贷款前咨询提供资金就会产生风险,除非将其与这些贷款机构的推介过程分离开。AARP、HUD、房利美和其他机构共同提出了增进个人咨询活动资金流的建议。它要求将贷款机构的资金汇集起来支持咨询服务。这个建议对资金扩展工作也是有用的。收集和分配资金的一部分应该用来进行大众教育。

　　美国的国会每年提供资金用于反向抵押贷款申请前的咨询、扩大潜在借款人并要求 HUD 寻求合适的方式对潜在借款人进行反向抵押贷款教育。HECM示范项目开始以来,每份合同签订以前必须对所有的借款人提供咨询。咨询的目的是为了确保借款人充分了解反向抵押贷款的益处和弊端、除了反向抵押贷款外的其他可能选择以及反向抵押贷款对他们生活状况和财务状况有何影响。提供咨询的机构必须是经 HUD 批准的机构,一般为咨询公司或者老年服务机构,这些机构应与反向抵押贷款提供者保持独立关系,以确保潜在借款人能够得到准确的信息。

反向抵押贷款咨询服务的倡导者认为,单单要求进行咨询活动是没用的,政府应该为反向抵押贷款咨询和住户教育提供更多的资金。倡导者将明尼苏达州作为提供反向抵押贷款咨询资金的正面范例,它既要求对潜在借款人提供咨询服务,同时又为咨询活动提供资金。

(二)对反向抵押贷款咨询人员进行培训,以识别借款人是否缺乏必要的决定能力

反向抵押贷款复杂又难以理解,借款人起初很难知道某个反向抵押贷款是否适合自己的需要,一些借款人被诱使签订非法的或带有欺骗性的反向抵押贷款,是因为自身缺乏作出合理决定的能力。对咨询人员进行培训,可使其能够识别这种法律知识不足的情况,保护老年人不受那些他们不理解的高度不利条款的影响。与对借款人强制性的咨询要求结合起来,这个方法将允许咨询人员通过面对面的商谈,来识别是否存在顾客无法理解这种交易的性质和后果。虽然咨询人员并不是社会工作者,他也可以像老人的家庭成员、律师和其他人一样,将其提交给当地的成年人保护机构对监护人的资格进行调查。这将要求反向抵押贷款的咨询人员承担额外责任,但这也许是保护其顾客利益的最好办法。通过向顾客解释反向抵押贷款的正面和负面效应,咨询人员可以发现这些顾客是否有能力理解这些信息。如果他相信这位顾客真的没有能力做出最符合自身利益的决定,那就应该交由其监护人作决定。

(三)将反向抵押贷款咨询的内容和质量加以标准化

消费者协会支持开展培训顾问人员的标准课程和全国性非营利组织进行认证程序,创建标准的培训课程可以让政府和非营利机构为潜在借款人提供更完全的实质性引导,确保对消费者提供教育的人拥有必要的正确信息。此外,对满足最低资格标准的顾问人员进行测验和认证,可以帮助政府机构控制咨询服务的质量。认证考试可以使 HUD 和其他投资者识别技能最高的咨询机构并对这些机构进行投资。这种有目标的投资在两个方面有利于消费者:(1)高质量的咨询服务将会增加;(2)顾问人员会有强烈动机去掌握培训课程和通过考试。

(四)贷款机构告知借款人相关咨询机构的信息

消费者协会建议要求贷款机构至少要告知潜在借款人有关可以得到的独立咨询的信息,即使在没有强制咨询的地区也是如此。给消费者提供如何获得咨询的信息,可以使他们得到免费与独立咨询人员深入交谈的机会,即使这种讨论并不是完成贷款所要求的。

　　大部分老年人不熟悉金融业务,在计算收入现值时可能会遇到困难,诸多不确定因素导致了反向抵押贷款给付方式的选择是个复杂过程,老年人单凭自己的经验很难作出合理决定。这时可求助于反向抵押贷款的咨询机构,借助其丰富的经验和能力,选择符合自己需要的给付方式。大部分反向抵押贷款在美国开展以前,借款人都被要求到一定的咨询机构进行咨询,从而保证不受贷款机构的蒙蔽,也为借款人提供更多的方式选择。这些咨询机构应是对反向抵押贷款业务比较熟悉,有相当经验并有一定的资格认证。通过这些咨询机构,老年人可以对各种可供选择的给付方式进行分析,得出收入现值后加以比较选择,从而帮助老年人选择更符合自己需要的反向抵押贷款模式。

第四节　反向抵押贷款的法律条款

一、美国反向抵押贷款的法律条款的评介

　　此处仅简单列举与反向抵押贷款业务开办相关的法律法规,并对美国联邦和州政府的现有行为的有效性作出评介。

(一)联邦法律、规则和建议

　　反向抵押贷款大体上跟传统贷款一样被规范,美国制定的反向抵押贷款的主要联邦法令:12 U. S. C. Section 1715z - 20,授权住房与城市发展委员会的HECM 机构开展反向抵押贷款活动,在该报告的第一部分 D 条做了更为详细的论述。各种代理机构对反向抵押贷款行业的各项责任进行了落实。HUD 落实HECM 对 24 C. F. R. Part 206. 的制度规定,银行监管者监管银行贷款机构,而联邦贸易委员会则监管非银行贷款机构是否按照 Truth in Lending Act(TILA)向消费者揭示相关信息。

　　在反向抵押贷款的诉讼案件中,代表借款人的顾问们和律师们认为,目前,反向抵押贷款的行业环境还较为"野蛮",几乎没有什么规则去约束不道德或不合法的操作。其他消费者支持方认为美国房屋与城市发展委员会的反向抵押贷款是一个处理现有资源的很好方式,但它的确需要联邦和各州政府更合理的规范来保护消费者。事实上,几乎所有的顾问和律师都认为现有的制度规范还不够充分,大多数人认为几乎没有联邦及州政府机构来监管贷款和咨询操作。

虽然现存的法律法规很重要,但是缺少对消费者教育的质量控制,消费者教育是通过贷款前向顾问咨询进行的。结果,贷款者们和顾问们行为一开始便不规范,质量差别很大,很难保证贷款前的操作符合规定的要求。

(二)国家相关法律的改革

Truth in Lending Act(TILA)的第 Z 条款要求揭示贷款的年贷款总费用率。这个费用率是反映反向抵押贷款真实成本的最全面尺度。1999 年 5 月 7 日,Fannie Mae 对它认购的反向抵押贷款范围做了重新调整,涉及前端费用、质量控制等。新的条款规定 HECM 的前端费用,不能超过 2,000 美元或是最大贷款额度的2%。这个限制跟 Fannie Mae 对房屋保留者的贷款限制是一样的。由于 Fannie Mae 是 HECM 贷款二级市场上的主要购买者,所以这个新规则相当于限制了 HECM 的前端费用。HECM 的前端费用可以是任何数量,其中只有 1,800美元可以通过贷款获得。如果,其他二级市场购买者进入这个市场的话,HECM就会更少地受到来自 Fannie Mae 限制。

此外,Fannie Mae 不允许差额贷款。在 HECM 下,最高 1,800 美元的前端费用可以通过贷款融资获得。如果前端费用大于 1,800 美元的话,贷款者还提供了另外独立的差额贷款来融资剩余的前端费用。虽然这种做法技术上是合法的,但它无疑是对 HECM 融资限制的逃避。Fannie 这项规定无疑对消费者有利。需要指出的是,Fannie Mae 还需要保证其他费用不会因此而提升,来弥补降低的前端费用。

任何要 Fannie Mae 认购的反向抵押贷款,还需要建立符合规定的内部审核和质量控制系统。这就使得 HECM 贷款的质量控制得到了保证,这是消费权益维护者们经常抱怨 HUD 没有有效运作的原因之一。有关部门对改善反向抵押贷款咨询机构的服务提出了建议,该建议提议对咨询人员进行专业培训并颁发证书,以规范该非营利机构的操作。

(三)加利福尼亚州的相关法律和规则

加利福尼亚州的反向抵押贷款和年金销售由三类机构分别管理:(1)贷款经纪人由加利福尼亚州房地产部颁发证书;(2)某些个人和商业贷款的发放者由加利福尼亚州公司部管理,依据是个人抵押贷款条例(RML)或者是消费者融资法(CFL);(3)保险经纪人和代理,即那些销售跟反向抵押贷款同时进行的年金的人,由加利福尼亚州保险部管理。

几个部门的管辖往往是重复的,有些代理违反了其中的一个部门的规定,又转向另一个部门申请资格继续违规操作,侵犯消费者利益。直到 1998 年 10 月,房地产部和公司部签订了一个信息共享的协议,把其授权的代理名单和违规操作公布,在网上可以查询。但对消费者的投诉,即便是涉及很多的公司,他们也没有进行公布。管理当局对消费者投诉案件的处理速度相当慢。但无论如何,这在消费者保护方面是一个巨大的进步,还要继续努力保护年老的消费者权益①。

(四)消费者保护政策

HECM 项目还提供一些其他重要的消费者保护:(1)HECM 不允许迫使借款人出售住房来归还贷款。(2)由于反向抵押贷款是无追索权的,无论借款人在死亡、搬离住房之前居住了多长时间,借款人的债务最大值为房产的价值。(3)借款人在贷款机构倒闭破产时,由 HUD 保证对借款人进行贷款支付。(4)按年调整的利率每年的"利率帽"为 2%,贷款期内的"利率帽"为 5%,以防止借款人被收取较高利率。(5)限制对借款人收取不必要或不公平的费用。(6)限制贷款机构对借款人收取服务费用的数额。HECM 还允许借款人选择与贷款机构分享房产升值的好处。这种选择权在实践中还没有出现,主要是因为 Fannie Mae 不购买此类产品。

反向抵押贷款产品设计时纳入了对消费者利益的保护,给贷款提供机构带来了额外的风险。HECM 和 Home Keeper 有联邦政府和 Fannie Mae 的保险,确保贷款机构能全额回收贷款。私营反向抵押贷款产品没有政府保险,但通过出售贷款进行证券化,风险也能得到有效分散和规避。反向抵押贷款投资者使用类似保险产品的"集合(Pooling)"效应来获取稳定收益。

应当说明,这些问题在一个新事项刚刚出台之时,几乎是不可避免的。随着反向抵押贷款业务的逐渐运行,人们对该贷款的认识逐渐加深,相关的问题也在不断暴露,政府的法规制度相应地建立健全了起来。这都是很正常的。

二、反向抵押贷款中政府的角色

(一)美国政府对经营亏损的兜底与保险

自 1987 年美国国会推出 HECM 示范项目以来,一直密切关注与监督反向

---

① 相关法律有:1. California Civil Code Sections 1923 et seq. (AB 456, Ducheny): Sections 1923 through 1923. 10 of the California Civil Code, passed in 1997 as Assembly Bill 456. (introduced by Assembly Member Denise Ducheny, D-San Diego) 2. California Civil Code Sections 1917. 320 et seq.: Shared Appreciation Loans for Seniors.

抵押贷款市场的运行。国会还颁布了一些有关的法律法规以规范反向抵押贷款的运作环境,明确界定借款人收取的贷款费用限额。HUD 定期对 HECM 项目的运行进行评估并向国会汇报,FHA 负责对产品设计进行改进。HECM 示范项目的目的之一是促进私营机构参与反向抵押贷款,但从将近 20 年的实际运行来看,这方面业务开办得并不成功,现在仅有一家私人机构提供反向抵押贷款产品。

应当注意的是,美国政府提供向反向抵押贷款业务提供保险,并不是政府直接给予业务开办以财政补贴,而是由政府统一向借款人收取保险费用,对借款人与贷款机构的可能损失进行补偿,在保险基金金额不足的情况下,才由政府实施"兜底"政策。从市场的实际运行来看,HECM 制度设计得还是比较成功的,保险基金的运作也比较稳健,收取的保险费还是比较充足的,还没有出现由政府救助的情况。

反向抵押贷款一直接受一般的银行与借贷法案(Banking and Lending Act)的管理。在 1994 年以前没有专门的法案监督控制反向抵押贷款的运行。1994年 9 月 23,美国总统克林顿签署了 Riegle 社区发展法案(Riegle Community Development Act)(1994)。一些议员担心消费者对于反向抵押贷款交易不能得到充分的信息,该法案对借贷法案真实性方面的要求做了显著的改变。为了使借款人充分了解与反向抵押贷款相关的费用与风险,该法案对这些交易规定了一个特殊披露条款。根据这个法案,贷款机构应向借款人披露全部贷款费用(total amount of loan cost,TALC)的良好真实估计。无论这些费用是否被认为是费用融资,与反向抵押贷款有关的所有费用都必须向借款人披露。TALC 要求用年费用率的方式表达,这对比较不同贷款机构提供的反向抵押贷款产品是特别有用的。

(二)我国相关政策法规的协调与完善

反向抵押贷款业务的开办,首先需要政府在立法方面给予大力支持,提供该项贷款得以运行的相应平台。包括新法规的建立与旧法规的修订。反向抵押贷款业务的推出与实施中,必然会对应当适用的政策法规等提出种种要求。政府在这方面需要做的工作很多,相关法规制度的制定是必要的。尚未出台的法规制度要及时制定颁布,现有的法规制度若同这一业务的开办有抵触,或者该法规的继续实施不能给反向抵押贷款业务的推出搭建可顺利运行之平台,反而会制造种种不利运行的障碍时,也应给予相应修订与完善。

围绕以房养老的理念建立及相关模式的推行,以及反向抵押贷款市场的启动和发展,还需要国家若干新的法规制度的出台及对现行相关法规制度的调整完善,并致力于消除法律和政策方面限制反向抵押贷款产品发展的障碍。

目前对诸多的政策法规的简单评判而言,似乎并不支持以房养老模式的推出。比如,我国的土地所有制度、个人所得税制度、遗产继承制度、社会最低保障制度等方面,都存在一些可能会限制反向抵押贷款发展的障碍,需要政府有关机构对这些内容进行修改或明确。再如金融业界长期存在的混业经营与分业经营纷争的隐忧,如土地管理制度的土地使用期限和出让金制度的某些不适合做法。但值得庆幸的是,金融保险业界的制度创新、产品创新受到了极大的鼓励,反向抵押贷款作为以房养老理念实施的一种重要工具,前期研发工作受到保监会、建设部等的大力倡导,在此种状况下,政策法规的障碍并非需要给予过多的关注。

(三)政府对贷款业务的监管与政策支持

政府在反向抵押贷款运作中的作用不能仅局限于作为经济主体,主要应通过制定完善的监管制度和政策措施,来推动反向抵押贷款在我国的发展与完善。老年人一般缺乏足够的金融知识,无法对反向抵押贷款事项作出全面、准确的理解,很容易在信息不完全的情况下被误导。政府必须加强对市场主体,包括贷款提供机构和中介机构的监管。明确贷款机构必须披露的信息,包括利率、费用等;对中介机构通过认证和监控确保其服务质量;加强各项规章制度的执行力度,对执行情况进行有效监控,及时受理消费者的投诉并给予快速反应。

政府对可能涉及反向抵押贷款的几个政府机构,如保监会、财政部、建设部、人力资源和社会保障部等要进行协调,以制定相关的产品标准和实施机制。

(四)政府应消除反向抵押贷款运行的法律障碍

我国如果开展反向抵押贷款,政府首先要扫除一些法律和制度障碍。凡是与开展反向抵押贷款有关的法律,只要有抵触或限制的地方,政府应尽快出台补充规定或者启动修改。如通过修订和完善物权法、个人破产法、社会保障法等法律以及房地产抵押法律制度、房地产转让和预售法律制度,为反向抵押贷款业务建立完备、简明的手续。这需要中央政府在以下几个方面做出努力。

(1)金融保险政策的相应改变,增加新的金融产品,如合资购房寿险产品、反向抵押贷款寿险产品、"售房养老"等新型住房贷款抵押的工具,如打破不能向老年人发放抵押贷款的常规,改变金融业界不能深层次介入房地产业的常规,如增加用实物资产(住宅)折价还贷的先例,这都是以房养老模式推出对金融保险业界提出的新要求。

（2）如果由保险公司经营反向抵押贷款，需要修改《保险法》。关于保险资金的运用，目前实施中的保险法规定：“保险资金可运用于银行存款、政府债券、金融债券及国务院规定的其他保险资金运用方式。保险公司的资金不得用于设立证券经营机构，不得用于设立保险业以外的企业。”保险公司开展反向抵押贷款涉及二手房的经营，超出了保险法规定的资金运用范围。

（3）如果由商业银行经营反向抵押贷款，需要修改《商业银行法》。已实施超过8年的商业银行法在第43条中明确规定：“商业银行不得从事信托投资和股票业务，不得投资于非自用不动产，不得向非银行金融机构和企业投资。”不管由什么机构来经营反向抵押贷款，都要建立一个协调机制，保证相关政府机构都能明确自己的责任，并提供适当的政策支持。

（4）出台相应的法律法规，对与本项贷款业务相关的机构实施监管。这些是无论在哪个国家推行反向抵押贷款，都是需要满足的条件。

三、抵押房产清算中的法规完善

反向抵押贷款的业务推出中，遭遇的最大风险，就是当借款人拥有的房产的实际价值，或者更确切地说其可变现净值，已经不足以抵偿已经取得抵押贷款的累积本息。这时应当如何保障贷款机构自身的利益。或者说贷款机构事先已可预见到这种局面的出现，又应采取何种举措予以强有力的防范呢？

我国最高人民法院颁布的《关于人民法院民事执行中查封、扣押、冻结财产的规定》，引起了社会各界的广泛关注。该《规定》的第6条指出：“对被执行人及其所抚养家属生活所必需的居住房屋，人民法院可以查封，但不得拍卖、变卖或者抵债。”第7条指出：“对于超出被执行人及其所抚养家属生活所必需的房屋和生活用品，人民法院根据申请执行人的申请，在保障被执行人及其所抚养家属最低生活标准所必需的居住房屋和普通生活必需品外，可予以执行。”如仅仅根据第6条的规定，它限制了银行可以查封、扣押、冻结、变卖、拍卖、抵债的被执行人财产的范围，会冲击市场经济最基本的契约制度，危及金融安全并阻碍房地产业的发展。但再加上第7条的规定，含义即十分明确，即在保障了债务人最低生活标准所必需的居住房屋和普通生活必需品后，债务人居住的房屋是可以拍卖、变卖或抵偿债务的。比如，债务人一边居住着豪华住宅，一边又欠着银行大笔款项不予归还，或无钱财归还时，人民法院完全可以通知其限期搬出、租借或寄居其他住所,也可以在申请执行人给他提供相应的基本居住标准所需要的住房后,再由法院强制执行。最简单的方法,比如,借款人同贷款银行协商,将该豪华住宅出售,所得款项归还贷款本息,剩余款项再重新购买或租入一般性住宅居住。《规定》中既保护了被执行人及所抚养家属基本的生存权,又有利于实现申请执行人的债权。

四、继承房产清算中的法规完善

我国的《继承法》规定,配偶同子女、父母作为第一顺序继承人,平等享有遗产继承权。当父母一方死亡,其遗产需要在另一方和其子女之间予以分配。我们认为这将阻止老年人对自有住房自由处置的权利,需要相应修订。我们认为应当将该法规改为待父母双亡后,子女才能拥有对父母遗产的继承权并实际继承;或者必须对未亡方晚年生活予以妥善安排后,才允许分享遗产,以免得像大量社会现象发生的那样,子女只急着瓜分遗产,而不顾及对如何赡养好父母给予相应的制度安排。

应当强调,老年人对拥有的房产,尤其是用自己的财力购置的房产,应当有完全的自主支配处理的权利,包括遗产分配的权利等,子女对父母自主处理财产权的行为不应干涉。否则,现实社会生活中,大量出现的父母一方死亡,遗产就必须在尚存的一方和其子女之间做平等分配。这有可能使得健在的父母一方无法获得住房的全部产权,而无法参与反向抵押贷款业务。如今,丧偶的老人中女性占有相当的比例,她们的经济收入都比较低,这使得反向抵押贷款对她们有着特别重要的意义。因此,需要对继承法进行完善,对遗留房产的清算针对不同的情况做出特别的规定。

围绕反向抵押贷款运作的相关的法规制度,目前在我国不断地建立与健全。如土地使用权的可交易转让、抵押拍卖,为反向抵押贷款推行的房产抵押转让提供了法律依据;遗产税、物业税的即将推出,对采用以房养老来实现养老目的的老年人来说,减轻了其税费负担;异地养老的退休金、医疗保险制度的跨地发放,将为老年人将住房抵押后,人身的自由流动养老给予较大的便利。

第五节　反向抵押贷款中的陷阱和诉讼

在某些情况下,反向抵押贷款可能蕴藏着比普通的住房抵押贷款更多的缺陷。有意蒙蔽的贷款机构、无知粗心的借款人,当他们因为反向抵押贷款而碰到一起时,借款人就可能遭遇多项风险,甚至诈骗。这里将详细讨论这些可能的风险与诈骗行为,同时,也将揭示反向抵押贷款业务推行后出现的陷阱和诉讼,希望我国在推行反向抵押贷款时,能够及早做好相关的防范措施,如贷款机构应在反向抵押贷款的合约中就将相关事项予以明确,以防不法之徒钻空子,避免这些现象的发生。

一、强制购买年金保险

购买年金保险有时会和反向抵押贷款结合起来使用,在这种安排下,借款人至少要将反向抵押贷款的一部分作一次性领取,并用来购买年金保险。这是一种保险产品,将会在借款人的终生按期每月进行支付,作为养老保障。这笔款项可能是立即开始,也可能是过几年后才开始做这种支付。如果晚些开始支付的话,这种年金就成为延期年金。年金保险的一个好处,就是不管借款人在何处居住,何时死亡,都可以在以后的日子里每个月收到一笔款项。这对于那些希望在几年以后搬到养老院或疗养院居住的借款人,购买年金保险可能是一个有吸引力的产品。

然而,这种购买年金寿险的方式通常比提供预付款的方式代价更高。购买年金寿险的款项将从贷款余额中扣除,这意味着这部分钱将立即开始计息,借款人则可能在若干年内并不能从年金中获得任何收益。尽管看起来好像是提供了额外的财务保险,事实上这种强制性的年金保险购买,在某种程度上就成了压榨老年房屋所有者的一种工具。

购买年金保险的方式,似乎是加大了对老年人的晚年生活的保障程度,其实则不然。消费者没有意识到将房屋向特设机构办理反向抵押贷款,再用得到的款项用来购买年金寿险产品。这期间是多了一道手续,也就意味着要多受到一层盘剥。标准的反向年金抵押贷款可能更符合这些老人的需要。反向年金抵押贷款一样可以提供月度支付和信用额度,并且不用事先购买保险产品。而这一点,独立的年金销售机构可能会没有主动说明,或消费者对此并不了解而不大关注。这样一来消费者就可能被说服必须购买年金保险才能得到预付现金,实际上一份标准的反向年金抵押贷款,能够更低成本地同样满足他们的需要。

对于那些可能存活时日无多,无法从房产贷款中充分受益的借款人,购买年金保险是不明智的。贷款机构可能说服借款人购买年金保险以为今后的生活提供财务支持。事实上这仅仅耗尽了房屋的价值,却只能提供很少的或根本没有的其他收益。在这种情况下,通过反向抵押贷款获得每月支付可能是更优惠的一种选择。

现存的反向抵押贷款产品都没有要求一定要购买年金保险,但某些反向抵押贷款公司鼓励这种行为。比如,财务自由计划的反向抵押贷款手册称其计划包括"终生支付",事实上购买年金保险只是一种可选择的方式。有些年金和反向抵押贷款结合在一起可能会运作得更好,但某些"现货供应"的年金不适合与反向抵押贷款结合起来。借款人在将年金保险购买和反向抵押贷款结合时要谨慎,因为这可能是一个很不明智的投资。NCHEC 提醒借款人,尤其要注意一种针对为退休进行储蓄的中年人的"延期纳税的可变年金",这种年金并不能保证终生得到固定的每月支付。

二、"房产规划"费用骗局

美国曾经发生过一种不道德的行为,是"房产规划"公司向申请反向抵押贷款的客户收取高额咨询服务费用。住房与城市发展部(HUD)估计全国有数百位老年人被这种房产规划公司欺骗,这些公司把借款人推介给贷款机构,从中收取相当于抵押贷款 6%—10% 的费用,折合一份 10 万美元的反向抵押贷款要收取 0.6 万—1 万美元的费用,这是非常之高的。1997 年,在全国大概 100 家收取这种费用的公司里,住房与城市发展部对其中的 6 家房产规划公司进行了申请强制执行的诉讼。它们是美国信托公司、爱国者公司、老人信息服务公司、帕拉蒙特信托金融服务公司、美国金融公司和老年人金融服务公司。前三者都是由南加利福尼亚一个商人所控制。HUD 表示贷款机构的情况可以免费从 HUD 批准的咨询机构得到,也可以通过 HUD 的免费电话得到,这些公司在收取高昂费用的时候却无视这个事实。另外,HUD 部长 Andrew Cuomo 表示这些公司在老人一旦获得贷款,就企图将年金保险或其他保险产品卖给老人。当时的联邦住房管理局委员 Nicholas P. Retsinas 表示,"这些公司的所作所为都是非法的,这些费用开销没有给老年人带来任何价值"。据一份报纸报道,加利福尼亚州诺沃克市的 Maxine Wittig 称一个代理人到她家里为她指定了一个反向抵押贷款的开办机构,为此她需要付给美国信用公司 5,571 美元。她说美国信用公司从来没有告诉她这个服务将会收取贷款额的 10% 的费用。

当这些房产规划公司 1997 年开始销售"分销资格"之时,HUD 就认识到这很快将成为全国性的问题,并指令贷款机构停止与收取这种费用的公司交易,同时拒绝对这种贷款进行担保。爱国者和美国信用公司在法庭上对这种指引提出质疑,他们指控 HUD 这样做超过了自己的权力,没有法律上的依据。遗憾的是,一个联邦地区法院答应了这两个公司的请求,对这种指令下了初步的禁令,暂时中断了 HUD 的行动。在此期间,国会通过一项法令,要求销售者对其提供的本来可以免费得到的信息服务的收费对潜在借款人进行披露,同时赋予 HUD 对反向抵押贷款申请中非必要和额外的费用进行管制的权力。因为贷款机构不愿发放没有政府担保的贷款,这些行动在很大程度上遏制了收取非法房屋规划费的行为。

三、反向抵押贷款咨询机构与贷款机构共谋的危险

一些咨询机构会把前来咨询的潜在借款人推荐给某个贷款机构,然后从该贷款机构收取一定推荐费用。比如,至少有一家加利福尼亚的咨询机构对每位前来咨询的客户收取贷款机构 100 美元的自愿捐款。这种安排给咨询机构提供了急需的资金,虽然它不会拒绝任何没有做这种捐献的贷款机构推荐的客户,但是这种融资结构却会在贷款机构和咨询机构之间造成很危险的亲密关系。一旦咨询机构开始依赖这种从推荐费用所得的收入,为了鼓励贷款机构将来推荐更多的借款人来咨询,它就会有兴趣鼓励借款人接受反向抵押贷款。这种安排将会危害咨询人员作为提供信息第三方的中立地位,有损于消费者。

在房利美的房屋保留计划中,贷款机构是直接对客户提供相关的咨询服务的。尽管房利美允许贷款机构外的人员提供所需的咨询,借款人还是应该在独立的咨询机构进行咨询。即使贷款机构的服务没有违背信义,它也不是中立机构。因为贷款机构能够从这项贷款中获益,所以,它同时又作为咨询者是有内在利益冲突的。比如,一个提供房利美房屋保留计划,但不提供 HECM 的贷款机构,可能不会给借款人提供足够的关于 HECM 的信息,虽然 HECM 可能更符合借款人的需要。

四、贷款机构的不道德和欺骗行为

对于那些没有将反向抵押贷款的相关费用全部揭示出来,以及那些要求借款人还没阅读或完全理解贷款条款就立即签约的贷款机构,消费者必须要小心。正如 Common Wealth、Trans America 和 Polo 金融服务公司的诉讼所谈到的,房屋

所有者指控这种行为欺骗消费者接受不合理的高额费用和他们不想要或不需要的贷款。

咨询人员还描述了一种情况,贷款机构不合适的做法试图让借款人对贷款者产生偏见。比如,洛杉矶的消费者信用咨询服务公司报告了一个例子。在这个例子里,一个贷款机构的工作人员装作是借款人家人的朋友,陪同借款人到一家咨询部门,试图迫使借款人接受贷款。

此外,在 HECM 中,贷款机构必须向潜在借款人提供若干反向抵押贷款咨询机构的名单,通常贷款机构倾向于只提供他们觉得放心的咨询机构。他们可能会提供某个特设机构,因为他们相信那里的咨询人员劝阻借款人进行反向抵押贷款的可能性比较低,或者是因为这个机构承诺会很快完成任务。咨询人员声称的确有些贷款机构无视 HECM 的规则进行这种不当活动。"操纵"行为的含义就是因为贷款机构影响了这种咨询活动,使得消费者可能得不到他们想要或希望得到的咨询服务。

五、蓄意压低房价,骗取房产增值收益

反向抵押贷款在被大众接受的过程中,很显然是有一些挫折和困难的。业务开办初期,某个辛迪加集团就发生了这么一个案例,某位老年妇女已年届80,在业务开办机构的误导下办理了反向抵押贷款业务,同时与这个妇女签署了一份增值分享的反向抵押贷款合同。根据这个辛迪加的故事,借款人历时 32 个月后,收到了 5.8 万美元。在她去世后,她的不动产的余额大约有 765,112 美元,加上贷款机构的罚款,大概超过 80 万美元的价值。最后在把房子出售后,还欠了贷款机构 76.5 万美元的债务。她的子女们备案了一份民事诉讼文件。在1998 年,借款人去世没多久,她的女儿回忆道:"我们知道,她已经签署了一份反向抵押贷款的合同,但是我们对其中的细节却一无所知。我们在她去世后,仔细地阅读了一下这份贷款文件,我们都震惊了。"

根据原告的资料来看,贷款机构安排的评估员,评估她的房屋价值是 98 万美元。借款人又请了两家评估机构进行重新评估,最后,在贷款的那个时点上,借款人的房屋市场价值是 140 万美元左右。如果在 2001 年的 5 月出售这所房子,不动产相关机构的价格是 220 万美元,比反向抵押贷款的评估价格高出两倍多。这样的评估价值一旦与升值分享特征的贷款相联系,在借款人签署这样反向抵押贷款协议,并在未来去世后,贷款机构可以稳当地获得至少是 22.55 万美

元的收益。这个案子在反向抵押贷款这个行业里,引起了不小的震动,这个案子
也为建立一个可变项目奠定了许多有用的台阶。后面就有为那些年龄在 62 岁
或是更老一些的人们,而且还要是那些"房屋富人,现金穷人"来设计一些可行
的项目,受到"人为的、虚假的、极低的价值评估",根据这个辛迪加的故事,贯穿
美国房屋最优公司已被禁止再从事此类商业活动。这个公司拥有的一大堆贷
款,还有关于这个公司遗留的许多问题被自由基金投资公司收购,这是全国最大
的私营的反向抵押贷款公司。

六、借款人的能力欠缺

某些老年人可能没有能力作出合理的财务决定,他们或缺乏足够的法律知
识,或没有足够的教育程度、学问或经验,无法成为见多识广的借款人。美国医
疗学会在对参加医疗保险者进行的健康状况调查中,引用全国成年人文化水平
的最新调查结果(NALS)。1993 年的结果显示大于或等于 65 岁者有 44% 处于
最低的月阅读水平,也就是说他们无法完成要完全参与社会所必需的阅读任务。
正因为反向抵押贷款的目标市场中有这么多人文化水平不够,借款人在签订反
向抵押贷款契约之前进行高质量的、公正的财务咨询就显得更加重要。

反向抵押贷款咨询是用来让消费者了解反向抵押贷款的好处和坏处,但不
是所有的贷款都要求这种咨询,而且这种咨询本身也不能确保借款人可以真正
了解反向抵押贷款的结果。对于那些没有能力做出合理的反向抵押贷款决定的
借款人,并没有现存的机制对其进行保护,所以消费者必须极其小心,不要轻易
同意任何自己还未完全理解的契约条款。

七、借款人的欺诈问题

以房养老在某种操作方式上又可将其视为一种反向抵押贷款行为,是老人
将自有的房屋抵押给银行,从而取得相应的款项。当老人将房屋采取反向抵押
的形式从银行取得借款,并承诺日后(即死亡后)用住房来归还贷款本息时,可
能会出现因品行不佳、行为不端而导致欺诈违约行为。如将产权界定不清晰的
住房视为抵押品,将不具备完全产权的住房向银行做抵押,如抵押权人已经死
亡,或该住宅已经出售或做其他产权形式的变更,却未向银行机构报告;或将一
处房屋向多个银行机构申请抵押、重复抵押,取得多份借款,或已抵押房屋的权
属已经发生变更,却未告诉贷款机构,或采取虚拟抵押,故意遗漏共有人抵押的

方式,骗取贷款机构的款项,导致贷款机构的利益受损。上述做法,会使住房抵押贷款缺乏充分的法律效力,并导致对抵押物处分的纠纷。

虽然美国联邦监管部门采取多种措施消除住房反向抵押贷款市场的障碍,但在该业务的发展中仍出现了减缓市场发展的欺诈事件。欺诈者以谈论 HECM 信贷额度作为幌子,以最大贷款额为诱惑,诱惑部分老人从私人保险公司购买年金。事实上老人购买年金并不需要中介。欺诈者意在从业务中提取可观的佣金。被广泛知晓的骗术在过去的确给一些老人造成一定的经济损失。如今,相当部分老人只是在非常需要现金时才申请住房反向抵押贷款融资,这是导致市场发展迟缓的一个原因。

第七章 反向抵押贷款产品定价

反向抵押贷款产品定价是本项业务开办及制度设计的核心内容,是我们应当给予研究的重点。本章对本贷款产品定价的机制、机理、定价所涉及的基本要素和基本的定价公式等予以探讨,同时对可能发生的其他特殊情形的应对状况给予多层面的研究。

第一节 反向抵押贷款产品定价的基本要素

反向抵押贷款作为一种新型金融产品,必然存在着对产品的定价问题,其作为反向抵押贷款制度设计的核心内容,决定着反向抵押贷款未来的发展情况。本贷款产品的定价涉及房产价值、利率水平、预期寿命、贷款期限、通货膨胀率、预计房产升值等多个方面。此外,宏观经济状况、国家的政策法规以及借款人的年龄、性别和预期寿命等,也都会对本项贷款的产品定价产生较大影响。

一、反向抵押贷款产品定价的一般介绍
(一)什么是反向抵押贷款的产品定价

反向抵押贷款的产品定价,简单而言,就是老年客户将住房抵押给金融机构后,机构应当每期计算给付的贷款数额及采取何种发放方式。

反向抵押贷款的产品定价,同贷款的给付方式有着密切关系。如整个抵押款项在减去应计的成本费用后,剩余部分即为应贷放给客户的款项。这笔钱的具体给付在各个国家的反向抵押贷款的业务开办中,大都是根据客户的需要,选择是以年金方式给付、一次性给付或按信用额度做随意性给付,或将各类方式进行组合都可以。产品的类型不同,产品定价的方式和额度也有相应不同。

如将反向抵押贷款设想为最为复杂的年金形式向借款人提供,是颇为有益

的。年金式定价实质上就是指老年住户将自有住房抵押给贷款机构后,在其有生之年每期可以从贷款机构取得的年金数额有多少,贷款申请人每期都可以从贷款机构得到一笔持续、稳定的现金流入。这对改善已退休老年人的晚年生活来说,是很有必要的,也最符合以房养老的本意。无论该申请人的实际存活寿命是长是短,都可以在整个晚年生活中得到相当的现金保障。

一次性支付和随意性支付则是指老年住户将住房抵押给贷款机构后,可以一次性地或者在整个贷款期内随意性的分次拿到的金额是多少。这类贷款给付方式对于那些日常养老金有足够的保障,只是顾虑万一发生某些大病重病,或由于其他种种事项需要大笔钱财使用时,就可以随时从房产的变现中得到自己所需要的钱款。这种方式具有随意自由等特点,也满足了相当部分老年人的养老需要。这笔给付款项的具体数额将由贷款机构按照既定的公式,并结合贷款申请人的具体情况,进行详细的测算。

鉴于借款人用于抵押房屋的状况及年龄、性别、预期寿命的差异,特别是各人参与反向抵押贷款的意愿和目的不同。当反向抵押贷款在力求较好地满足不同借款人的需求时,它就不再是一个简单的金融产品,而是融入了众多不同内容和要求的一套产品体系。对反向抵押贷款产品的定价,也就不再是一种纯粹技术性的内容,而被赋予众多的经济文化的内涵,需要给予多方位的因素考虑了。

反向抵押贷款的产品定价,目前尚无较好的资料和信息可以借鉴,在一定程度上借鉴普通抵押贷款的产品定价方式,是必要的。但同普通的住房抵押贷款相比,本项贷款的运作方向及操作思路等都具有完全的相反性,产品定价上也有相当的差异和特殊性,需要给予特别把握。

(二)产品定价应注意房价波动、预期余命和利率调整三大关键要素

反向抵押贷款的产品定价中,需要着重考虑房价波动、预期余命和利率调整三大关键要素。这三者又不是静态的指标,而是会随着时间的推移而发生变化。美国某经济学家曾撰文《分析比较反向抵押的模型说明》,文中指出,"无论哪一种反向抵押贷款,其成本和收益都高度依赖于三个关键因素:一是借款人保持居住住房的期限;二是贷款期间住房价值的改变;三是期间付给借款人的现金预付款"。

中国保监会在 2003 年 8 月呈送国务院《关于开办反向抵押贷款有关问题的报告》中,也明确指出:"从运作机制上看,开办反向抵押贷款有三个关键环节:

"1. 房产价值的评估,办理反向抵押贷款,不仅要评估投保时的房产价值,更要评估投保人死亡时的房产价值。这就需要综合考虑投保人房产的折旧、增值或贬值情况，以及管理和到期处分住房所需费用。房产价值评估受房地产市场变化影响大，复杂程度高，存在较大风险。

"2. 投保人预期平均寿命的确定。投保人领取年金的标准，是根据房产评估价值和平均余命，按照精算方法计算的，预期寿命越长，年金越少；预期寿命越短，年金越多。

"3. 财产权的处分问题。投保人去世后，保险公司需要对住房进行处分，这将涉及一系列的法律、社会和政策问题，存在一定的不确定性因素。"

目前我国的房地产市场在快速发展，但房地产市场的价格走势还没有长期的稳定表现。此外，随着百姓健康水平的提高和寿命的延长，预期寿命风险的计量和测度是较难的，随着全球范围内的资产价格的升值，通货膨胀表现严重，也对利率走势带来众多的变数。为此，贷款机构要确定合理的每期年金数额的难度很大，必须在统计大量稳定可靠的数据后，尤其是对未来发展的前景和状况给予较好的科学预期，并经过一定的技术上的精算才能大致加以确定。而随着形势的演变，这个大致确定后的结果又应给予相应的思路、方法和数据的调整，以其符合已经变化了的形势，将这个贷款的核心问题作得尽量公正合理一些。

一般来说，借款人的年龄越大、房屋价值越高、收入越低，就越适合采用定期年金支付的方式；反之年龄越小、房屋价值越低、收入越高，越适合采用一次性支付或最高信用额度的方式。在开发反向抵押贷款产品时，要根据借款人的不同需求细分市场，设计多层次有差异的产品。从实践经验来看，开展反向抵押贷款比较成功的国家，都实现了这种市场细分。只是各国反向抵押贷款市场的细分标准有所不同。根据我国实际情况，推出多样化产品以适合不同人群，是保证反向抵押贷款市场稳定发展的可靠基础。

（三）产品定价在机构和老年住户之间的博弈

产品价格的高低会影响到本产品在市场上的供给和需求，合理的产品定价对反向抵押贷款的顺利运营至关重要。贷款机构希望将反向抵押贷款产品的价格能定得尽量低一些，也就是说每次给付老年住户的钱财能尽量少一些，或至少是能晚一些时日给付，以减弱经营风险，增加经营利润。对贷款机构来说，每期给付的款项越少，机构的经营风险就越小，而且可能到手的经营收益就显得越大；当每期给付的年金较多时，贷款机构遭遇的风险和损失就可能较大，乃至其最终到手的住房已不能补偿其累计支付的年金总额。

对老年客户而言,情形则又正好相反,他们则希望该产品的售价不要太低,希望每一期能够从住房中得到的资金多一些,早一些,这样才感觉到参与这一业务是合算的。相反,若每期能拿到的年金数额很少时,那么大家就不大会有积极性参加这一业务。我们在组织对反向抵押贷款参与意愿的调查中,有的老年人就直接表示首先取决于能够从住房抵押中得到的收益有多大,若有较好的期望值时就会积极参与,如果从住房抵押中可以拿到的款项很少,参与本业务是不大合算时,就不会选择参与。在这种对比下,哪怕是将该套住房"反向抵押"给自己的儿女,每个月从儿女手中得到一定的款项也罢,至少是"肥水不流外人田"①。这种做法是否合乎国情与国人的观念是重要的,但经济利益的因素考虑,在某种程度上应当是更为重要的。

二、住房资产价值

被抵押住房的价值及其未来的增值率,直接决定了贷款申请人每期可以获得的年金数额,是反向抵押贷款产品定价的基本要素之一。一般情况下,住房的价值越高,借款人每期可拿到的年金数额就越大;住房的价值低,则借款人每期能够拿到的年金数额也就少。被抵押住房的价值包括以下三方面的内容:一是借款人申请反向抵押贷款时,该住房的价值;二是在反向抵押贷款的持续期间,该住房的价值及其随时可能出现的价值波动;三是反向抵押贷款到期时,该住房的清算价值也即变现价值。对这三个时期的住房的价值确定,原则上应交由有资质的独立资产评估机构专门负责,以保证评估结果的权威与公正。

(一)申请时被抵押住房的价值确定

在一切资产的计价中,不动产的价值衡量,尤其是对其长期动态演变过程中的价值衡量,应当是最为困难的。住房的价值不仅在于建筑物本身的价值、折旧磨损程度,更在于其附着土地的价值。房产的升值必然伴随着所附着土地的增值,当然,土地贬值也将导致附着其上的住房的贬值。

一般情况下,住房价值随土地价值的上涨而保持长期持续增长的态势,但不

---

① 从这里我们可以引申出的一个重要的然而又是非常有趣的结果是,金融机构推出的反向抵押贷款业务,按照一般老百姓的观念来看,将会是条件异常苛刻,因而市场规模不会很大。但这又使居民开展以房养老有了一个可资对比的参照物。在这个参照物的对比下,其他各类形式的、非金融性的以房养老业务,如房产置换、售房入院、租房养老等将会在社会中大量出现,甚至是家庭内部父母与子女之间的售房养老等行为,也将会以各种形式公开或隐蔽地大量出现。

同的时期和地域,住房的增值幅度又会呈现出较大的差异。考虑反向抵押贷款是将住房未来的价值提前变现,以实现老年人养老保障的目的。此时,就应考虑借款人在其有生之年累计的所需的养老费用有多少?住房未来的价值有多少?而两者都不是静态的,会随着时间的推移发生变化,如考虑经济的快速发展,必然伴随着通货膨胀、生活费用的提高,会使得借款人所需要的养老标准和所需费用也在不断提高。而住房未来的价值更是难以预测,需要将在反向抵押贷款长达十几年的持续期内,整个房地产行业的发展情况,被抵押住房所处地区的房地产市场情况,以及该住房本身的情况综合考虑,但这些因素都是综合性的,关系到多个方面,很难简单地准确预测。住房未来的变现价值能否支持借款人晚年所需的养老费用,当住房的变现价值小于累计支付的年金数额时,贷款机构该采取怎样的措施,这些问题都有待探讨。

(二)影响住房价值波动的因素

住房价值的波动会增加反向抵押贷款的不确定性,贷款合约的执行期间,住房的价值会发生波动,为保证借贷双方的合法权益不受伤害,贷款机构就有必要定期对该被抵押住房的价值给予重新估价。当然,对被抵押住房的重新评估也可以是不定期的,如仅在房价出现剧烈波动后才对该住房作重新评估,并按新的评估价值调整每期给付的年金数额。反向抵押贷款申请时,如果被抵押住房的价值已经确定,则需要考虑对被抵押住房做经常性的价值评估,在价值评估中,需要考虑的因素有:

1. 住房本身随着使用磨损会发生一定程度的价值贬值,这可以通过住房的物理使用年限或经济使用年限予以确定,并以计提折旧的形式加以表现。

2. 因 GDP 增长、国民经济大势看好、大量农民进入城市、城市化进程的加快等宏观因素影响,会引起地价升值进而使附着之上的房产升值。宏观因素引起的整个房地产市场的系统性升值或贬值,可以通过中房景气指数或国家整体的房地产价值的变动趋势进行大致估计。

3. 因中观因素,如某个地区的经济社会的快速发展或慢速发展,或者还可能会出现的某种相对萎缩(如典型的资源耗竭型城市、生态环境异常恶劣,不适合人类居住活动的地域等)而引起的住房价值的不同波动情形,应当通过对该地区的住房价值进行评定。

4. 住房所处地段的环境美化、绿化、城市规划变更、居民素质改善、生活便利程度改善及交通便利等微观因素影响,促使所在区位的地价和房产升值。对因微观因素引起的某幢住宅的个别非系统性的升值贬值,如某个地段、小区的房产价值发生波动,则应结合该地段的状况予以大致测定。

5. 战争、动乱、地震、经济衰退及其他意外事项等负面因素,引起的地价和房价的下跌,也需要给予一定的考虑。

三、老人预期寿命的长短

(一)预期寿命的一般介绍

反向抵押贷款模式的确定中,需要考虑的重要事项是业务开办机构发生亏损时应当做何处置。而这一点又同人的寿命预期与实际寿命的差异等有密切的关系。目前,我国城市居民预期存活寿命为男 72 岁,女 75 岁。这是指总体平均寿命。随着我国人们生活水平的提高,医疗保健水平的进步,预期人们未来的存活寿命还将有相当的上升。这种上升自然是好事。但对业务开办机构而言,保护的实际存活寿命每上升一个百分点,预计自己要多支付的费用为若干,由此而导致的亏损又将会增加数个百分点,这是很现实的。

从寿险的角度来看,反向抵押贷款的持续期限,就是指借款人参与反向抵押贷款后尚可存活的年限。在住房价值已定的情况下,预期存活年限越短,每年能拿到的养老金数额就会越高,反之亦然。一般而言,预计存活年限可采用当地保险公司计算的大数定理来确定。预计存活寿命是反向抵押贷款业务开办的重要参照依据。但具体到某个个人而言,以往疾病史、家族遗传病史及身体健康状况等,也会影响其预期的存活年限。因此,对借款人预期存活年限的确定,不妨设置多套方案,然后按照各种方案的测算结果取优弃劣。而这一年限的长短,显然是无法事先能很确切地加以预料的。

(二)尚可存活年限的确定

在反向抵押贷款的业务开办中,对借款人尚可存活年限的合理判断是很难的。它不仅需要考虑社会的平均预期寿命,还需要特别考虑借款人个体的情况,如其身体健康水平、生活习惯、居住环境等。此外,还应适当考虑当地的生活水平,一般地说,一个地区的生活水平,对该地区的人均寿命有一定的影响。

老人现在的年龄越高,预期余命就越短,每期可拿到的养老金就越多;反之,若老人目前尚很年轻,预期未来生存的余命尚很长,每期能拿到的养老金也就较少。前面曾提到当实际存活年限大于预期存活年限时,贷款机构就有可能面临由此带来的经营风险,也即长寿风险。为防范这一风险,贷款机构应限定参与反向抵押贷款业务的借款人的年龄。比如,贷款机构可规定只有65岁以上年龄的老人才有资格参与本项业务。贷款机构还可以利用"倒推法"确定借款人参与反向抵押贷款的年龄,如假设最终存活上限为80岁,又假定预期存活余命最多不应不大于15年,那么借款人参与本业务的资格就应为65岁。

贷款机构对借款人的养老金支付,是在借款人尚可存活的年限内进行的,但这一尚可存活年限或者说老人预期余命应如何确定,同样关联到反向抵押贷款产品的定价问题。老人的预期寿命是决定老人反向抵押住房后,每期可拿到年金数额的基本要素。美国某种反向抵押贷款制度规定,如同一套价值25万美元的住房,如是由一名75岁的老人来抵押,每月可以获得917美元;如是由70岁的老人来抵押,每月只能获得791美元;但如是由一名80岁的老人来抵押,他每月就将获得1,099美元。

如某老人于65岁申请参与反向抵押贷款业务,预期生存余命为12年,这个12年就是反向抵押贷款的持续期数。已贷款期数指从申请并获得反向抵押贷款开始,迄今共贷放的期数,将其与合约签订时约定的期数相比较,判断目前距离到期日还有多长的时间。这里可能出现问题的就是预期生存寿命同实际存活寿命并不完全一致,即实际存活年限可能大于也可能小于预期的存活年限。如实际存活年限小于预期存活年限,当借款人去世时,被抵押住房在偿还累计的贷款本息后可能还会有一定的余值,该余值可供其子女继承或做其他处理。而当实际存活年限大于预期存活年限时,贷款机构就有可能面临由此带来的长寿风险。

预期借款人的尚可存活年限,大致需要考虑以下三个因素:(1)借款人现在的年龄;(2)当地人均预期存活寿命;(3)针对该老年人的身心健康状况、居住环境、生活方式及质量等,给予个案调整,得出该老年人预期存活余命的指标。

(三)引入保本点年限

在反向抵押贷款的模式中,贷款机构为减小自己的经营风险,尤其是老人的长寿风险,可以考虑计算"保本点年限"。若老人的实际存活年限少于设定年限,则贷款机构产生赢利;若存活年限大于这一设定年限,那么贷款机构发生亏损。贷款机构还可以对该设定年限给予一定的弹性区间,如1—2年。如某业务的设定年限为15年,弹性区间为±1年,则该老人的存活寿命在14—16年时,都属于正常。该老人若在第14年之前死亡,实际领取养老款小于其应领养老款的数额(此处应领养老款是指按照预期余命计算的每期能领的养老款数额),则贷款机构应予以补足,将不足部分交由其遗产继承人继承或按照借款人遗嘱作其他安排。例如借款人在第 10 年死亡,那么贷款机构就应补足剩余 5 年的养老款(即是第 11 年到第 15 年的 5 年)。

若借款人的存活年限超过了"保本点年限",那么该借款人其后的生活居住及养老金的支付问题,应另想办法解决。如由子女解决、由贷款机构安排借款人入住养老院或财政资助等,具体可采取的措施可以由反向抵押贷款的参与双方在事前商定并在合同中注明。贷款机构将被抵押住房收回,并安排借款人入住老人公寓做集中养老,或要求子女负责老人的居住和养老,若借款人无子女的,则由财政给予一定补贴。贷款机构可由此降低长寿风险带来的损失。

现今的寿险养老的给付条款中,往往都有一条特殊约定,"当保险公司于投保人 60 岁开始,返还养老保险时,若投保人存活寿命不到 10 年者,保险公司保证按照 10 年期给付养老保险金;投保人存活寿命超过 10 年者,则按其超出年份一直给付下去,直到投保人最终死亡为止"。将这一条款引用到反向抵押贷款模式中是必要的。两者的差异在于:一般的寿险金给付标准期限的确定,只涉及货币付出一个方面。而反向抵押贷款的年金给付期限,则涉及住房的交付和货币的停止付给两个方面。住房的交割和养老金的停止支付,是同时发生的,即当借款人死亡或者永久搬出其住房时。单从利益衡量的角度出发,借款人的寿命越长,领期养老保险金的期数就越长,养老金给付的期限也越长。

(四)计算保本点年限需注意事项

1. 期间因素变化的调整。反向抵押贷款的持续期限,应从借款人提出申请到获得反向抵押贷款开始计算。但当业务执行相当长年限后,情况可能已经发生了巨大的变化,此时贷款机构是否对保本点年限进行调整。在贷款机构和借款人利益呈现为对立的情况下,如何调整及调整后出现的差异应如何对待,都要细致考虑。

2. 计算应考虑因素。在"保本点年限"的计算中,贷款机构目前的贷款额是确定的;设定的利率也符合当时的实际。但随着时间的推移利率必定会发生变动,这种变动的幅度可能很小,但对最终结果的影响却会很大。预期存活寿命只是个预期,无法反映借款人的实际寿命。而且最终到期收回住房的价值,到期的"期数"应如何确定,到期住房的价值高低又应如何估量等,都是个难题。

保本点年限的计算是容易的,难的是其涉及的各项数据不易取得,而且取得的数据的可信度也难以评价。

四、利率费率因素

反向抵押贷款是将自己身故后的房产价值提前拿出来用于养老,为此,贴现率或者说利率的高低就需要予以考虑。利率越高,贴现的额度就越大,老人每期可拿到养老金的额度就越低。此外,机构为开办这一业务,还会发生各类费用成本,这里有需要计算相应的费率。反向抵押贷款的业务运作,将抵押房屋的价值、借款人存活余命、利率、费率等相关因素比较计算后,得到每一期间“现金预付款”的数额。

当利率设定较低,业务开办中的相关费用发生也非太多,且借款人的预期存活寿命又较短时,借款人每一期就能获得较大额度的贷款。但若利率、费率都较高,借款人的预期生存寿命又很长时,借款人从抵押房产中实际得到的款项就相应较少。

我们可以简单地预期未来两三年内利率的大致走势,却无法明晰未来 10 年乃至更长时期的利率走向。这就对反向抵押贷款业务开办提出了一大挑战。确定合适的收益率,或给出收益率的形式,直接关系到反向抵押贷款产品的定价问题。反向抵押贷款的利率可用当期的国债一年期利率作为基准利率,同时对业务开办过程中的各项风险因素,计算一定的溢价系数。在反向抵押贷款长达十几年的持续期中,利率很可能会发生变动,并由此引起贷款给付价值的变动,贷款机构可以通过具体计算来测算利率对给付价值的影响程度。

费率是指贷款机构为办理反向抵押贷款而发生的各项费用,标准的反向抵押贷款申请时发生的费用主要包括住房评估、信用评估、律师费和记账费用。贷款机构可计算出费率指标(每年发生业务费用/每年度支付现金),或者为(业务开办的费用总额/房价总值)。开办此项业务需要设定的费率,为简化计算起见,可将其分解为固定费用和变动费率两部分,前者直接从借款人可获得的贷款额度中抵扣,后者则可加计入利率一并计算。

第二节　产品定价因素调整

一、三大因素的调整对反向抵押贷款定价的影响

如上三种因素的测算中,如被抵押房产的面积大、坐落地段高、质量优、功能全,尤其是预后将会有较大升值潜力,借款人可拿到的贷款数额也较大;借款人

年龄大,其预期寿命就短,其能获得的贷款数额就越大;对相同的住房价值,因夫妻健在的家庭其组合的预期寿命大于单身者,夫妻健在的住户比单身老人能拿到的贷款数额低;预期住房价值会有较大增值者,借款人能拿到的贷款数额就较高。一般情况下,被抵押住房的价值越大,预期该老年人存活寿命越短,相应的利率费率越低,借款人每期可拿到的年金数额就越多,反之就越少。

反向抵押贷款持续时间长,不仅仅要考虑这三个因素目前的状况,更为重要的是预期将来的发展变化情况。在反向抵押贷款业务的具体执行期间,贷款机构还需要根据某些影响业务执行的重大事项的发生,如住房价值急剧向上或向下波动,或投保人的身体健康状况有较大变化,或事先规定之适用利率同当前之市场利率已有较大差异,这就需要对反向抵押贷款产品定价涉及的各方面进行调整。如果不及时调整,这些变化都将对反向抵押贷款的继续开办带来较大影响,并对机构或对投保者个人的权益造成重大不利。

每期给付的年金数额,也即反向抵押贷款的产品定价的测算,涉及众多的相关因素。因此,当相关因素发生变化时,贷款机构就有必要对其进行调整。当然,这种调整并非一定要根据因素的改变而随时变动,而是可以允许一定的滞后和相对的固定化。若每期给付的年金数额需要随时调整,那么贷款机构的成本将是很高的,而且这种经常性的调整也不是必要的,贷款机构完全可以等相关因素的变动已累积到一定程度时再予以调整,以降低业务执行的成本。

二、三大基本要素调整应遵循的原则

在漫长的房产抵押的过程中,房价、利率及预期寿命等三大基本要素情形会发生某些改变。这时要对每期房款的给付予以调整,调整中这里可设想遵循如下原则:

1. 要素变化幅度的强弱。变化幅度很小时,可以不给予任何调整,以简化核算的工作量。但当各项要素发生剧烈的波动时,尤其是利率因素有较大调整时,贷款机构必须对每期应给付的年金数额进行调整。

2. 保守性。即当各种因素情形的改变,会导致增加每年房款的给付时,可不予以调整,或给予较少金额的调整;只是在要素情形的改变,如利率调高、房产价值缩小或预期住户的寿命将有较大增加,需要计算房款额度并于适当调低时,再计算调低的房款给付额度,以免给日后的还债付息等带来某种麻烦。但这一原则的运用明显不利于客户的利益,在具体使用时应给予特别把握。

3. 是否对以往已经给付的款项给予追溯,这一问题是较为复杂的。利率调整是不必要给予追溯的。但如房产价值的大幅下跌,且以后也难以回复到以前的那种高位时,这种追溯即对以往款项的过多给付等,给予适度收回,尤其是在最终贷款到期或该老人实际死亡时,该房产价值出现较大幅度下跌,已无法使借款人或售房者依靠房产价值的变现来归还贷款的本息,这就有必要给予调整。这一原则的把握同样需要持相当慎重的态度。

4. 双方合作商定。基本要素的调整不应当是贷款机构单方面的事项,而是由反向抵押贷款的参与双方共同协商而定,以保证操作的公平合理。贷款机构应当向客户讲明调整的原因及遵循的原则,当客户同意后,由贷款机构进行调整。

5. 损益分享分担。将设定标准可调整化,可使若干事项改变而导致的损失或收益,如房地价的贬值或增值、客户寿命预期的延长或缩减、期后利率的调高或调低等带来的损失或收益,不再是单方面的由机构或个人一方承担或享有,而是由双方共同分担或分享。

三、长期行为阶段化和设定标准可调化

反向抵押贷款是一长期性行为,其持续期限常常可达到十几年乃至几十年。在如此漫长的期限里,最初设定的数值,都会发生或正向或负向的变化。即使这种变化很小也足以产生巨大的影响,如设定利率从 6% 下调为 5.70%,经过十几年的累积就可能形成重大偏差。为弥补这一缺陷,将这一超长期行为改变为中期行为,如 3~5 年为一期,每期考虑新的状况发生和因素影响,重新设定各项指标并计算每期应支付给老年住户的年金数额。如此将大大减弱因各种因素的不确定而带来的风险,使贷款机构和借款人之间的利益能够得到协调,做到公开、透明和公正。

设定标准的调整,应当注意减弱客户办理反向抵押贷款业务时所处特殊时点的因素影响。这种特殊时点如某一时期的房价、地价或者利率出现的突高或突低,若客户正好在该时期参与该项业务,并设定各项确定的标准不能再给予调整时,就会在贷款机构或客户个人之间出现很不公平的现象。或是贷款机构亏损严重,或是客户个人感觉很不合算,坚决要求退出。将设定标准改变为可以数年一调整,即足以避免或减弱这一现象。如我国 1996 年、1997 年当时开办的各类高收益率的寿险品种,收益率都设定为 9%、7% 以上。短短两三年后,寿险品

种收益率随着存贷款利率的连续大幅度下调,纷纷降低为 2%、3% 左右。如 1997 年与 2000 年参与同等状况的寿险业务,时隔虽只有 3 年,但收益却已相差数倍之多。据保监会主席吴定富在 2003 年第一季度召开的保监会年会上,即称该笔亏损的总额度将高达 500 亿元。保险公司能否降低这笔高亏损保险产品的设定收益率标准,以减少亏损呢? 按照各国通行的保险法规来说,是不允许的。

设定标准可调化是否同金融保险业务运营的有关原则相违背呢? 答案是肯定的。如贷款业务的设定利率,根据有关《贷款通则》的规定,是可以根据新利率给予调整的。利率将来走向市场化之后,这种调整会变得更为频繁,而且这种调整机制不仅是目前由中央银行统一颁发调整命令,还更多地表现为各个金融机构根据市场状况和资金供求关系的自主决策行为。就此而言,设定标准变动化应是无法律障碍的。但保险业务尤其是寿险业务的运营中,通常则是执行固定收益率,各项标准设定后就不容许发生任何调整。但在反向抵押贷款这一新的贷款模式下,这一项规定显然应当有所改变才是。

反向抵押贷款行为推出后的设定标准可调化,还涉及产品属性的定位问题。反向抵押贷款既是一种寿险产品,又应当说是一种抵押贷款,是具有两栖性的。比如是将其设定为反向抵押贷款业务,由银行等金融机构来运营操作,设定标准可以给予一定改变;但若以房产养老寿险的模式推出,由保险公司参与运作,显然原设定标准的改变,就会受到法律和传统惯例的干预而无从如愿。如将此业务交由一贷款机构予以经营,该贷款机构的属性设定,应是一金融部门还是一非金融的保险机构,或者更确切地说,是一融银、证、保、投于一体的“四不像”机构。

当我们将长期行为阶段化和设定标准可调化,作为反向抵押贷款行为开办的两个重要原则时,无疑减弱了反向抵押贷款这一模式运营中的不确定性,使其变得更易于操作。

四、长期行为阶段化和设定标准可调化

在长期行为阶段化和设定标准可调化的指导下,对反向抵押运行过程中出现的重大变化予以相应调整,是非常必要的。调整主要包括以下内容:(1)调整每期贷款或年金给付的额度(主要限于预期生存余命发生改变);(2)延长或缩短贷款或年金给付的时间(主要限于住房价值波动、预期生存余命调整或适用利率的变动);(3)决定终止或继续开办该项业务。具体涉及的指标包括:

(一)预期存活寿命的调整

贷款机构应关注借款人的实际存活寿命与预期存活期限的差异,并关注在反向抵押贷款的整个持续期内,借款人的身体健康状况及发生的变化,并根据这种状况对每期应支付的年金数额进行调整。如果借款人的身体状况变坏,则估计其实际的存活期限将小于预期的存活余命,此时,贷款机构不妨增加每期年金的给付数额,提升其可支配的经济收入满足其消费需求,以使该借款人能够得到更坚实的保障。但如借款人身体状况一直十分健康,且估计的存活余命将大于预期存活余命,为了保障贷款机构自身的经济利益不受损失,机构可以适度减少每期应付的年金数额,但年金数额的调整一定要在保障借款人应有利益的前提下进行。预期存活寿命的调整可以根据该老人的身体健康状况、疾病发生率、生活环境、医药费开销状况等。

(二)预计住房价值的调整

预计住房价值的调整可以由反向抵押贷款的参与双方——借款人和贷款机构,按照该地区同类住房的价值波动状况进行调整。当双方意见不一致时,可以聘请独立的有资质的资产评估机构,对该住宅的价值重新评估。若评估值高于原设定标准时,应当调高每期应给付的年金数额,否则应降低每期应给付的数额。当被抵押住房的价值波动幅度很小时,也可以不做这种调整。

(三)设定利率标准与实际利率标准的调整

对利率的调整可以直接将原设定利率标准与现实际利率标准进行对照。同时按新的利率标准重新计算每期应给付的年金数额。一般情况下,如其他条件不变,新利率标准高于原设定利率标准,那么借款人每期能拿到的年金数额就会降低;如新设定的利率低于原设定利率,贷款机构每期应支付的年金数额就应提高。

美国的反向抵押贷款是按浮动利率计息的,在 1 年期国库券利率的基础上加几个百分点,并随国库券利率变化上下浮动。借款人可选择每月调整或每年调整两种方式。为避免借款人的利息负担过重,两种方式的向上浮动幅度都有一定限制。如果是每年调整的,每年上浮不得超过 2 个百分点,且无论如何不得比交易成立时的利率高过 5 个百分点。如果是每月调整的则不得比交易成立时的利率高过 10 个百分点,但没有年度或月度上浮限制。每月调整能比每年调整更灵活地对市场利率做出反应,有利于贷款机构抵御利率风险,且可上浮的幅度大于每年调整,因此每月调整的利率要比每年调整的低。

此外,利率的变化只影响利息的计算,并最终影响贷款偿还时的还款额,对交易成立时已经确定的贷款机构应付本金没有任何影响。在这种情况下,就体现出了以信用额度方式进行支付的反向抵押贷款的优越性。如果遭遇通货膨胀,政府决定升息,一次性付清和每期定额年金给付方式下获得的收入将因通货膨胀而贬值。而在信用额度方式下,未支取的额度会随着利率的上升同步增值,这将部分地抵消通货膨胀的影响。

第三节　反向抵押贷款产品定价的基本公式

一、反向抵押贷款产品定价的基本公式列示

房主将自有住房以反向抵押的形式抵押给贷款机构,并按期获得来自贷款机构的年金支付。站在贷款机构的立场,就是通过每期向借款人支付款项,以获得被抵押住房的产权。随着时间的推移,贷款机构向借款人支付房款的价额逐步加大,且因为利率因素,累计的贷款余额增长呈现为加速增长。而借款人用于抵押的住房的价值则呈现为某种不规则运动,或增加或减少或为持平。一般谈到反向抵押贷款与普通抵押贷款有个较大的不同,就在于风险的累计不同。普通抵押贷款的运营风险随着时间推移、贷款的归还而不断地降低;而反向抵押贷款的风险则是随着时间的推移,给付年金的累积而不断增加。套用高等数学的语言,前者的风险积累可称为一种"微分",风险在不断地分散;后者则可称为一种"积分",风险在不断地积累。

贷款机构在与借款人签订反向抵押贷款合同时,借款人每期可以从贷款机构拿到的年金数额是合同的要点,贷款机构必须予以说明。借款人每期可以获得的年金数额涉及众多因素,很难在业务开办之初就精确计算。计算每期能获得的年金数额需要考虑以下三个因素:①该幢房屋的价值确定;②该房产养老者的预期存活寿命;③一定的给付系数(即贷款机构开办此项业务应当收取的资金利息、管理费、风险报酬及适度赢利)。由此得到贷款机构每期应给付的年金数额公式:

贷款机构每期应支付的年金数额可以由以下公式确定:

每期应给付的年金数额 = 签订合约时被抵押房产的评估价值 ÷ 预期该借款人的存活期限 × 给付系数　　　　　　　　　　　　　　　　　　　(1)

根据公式(1),可以得到给付系数的计算公式:

给付系数 = 贷款期间累计可以得到款项 ÷ 该幢住宅评估确定价值 (2)

公式中的给付系数,正是设定的利率费率与预期年限的函数乘积。利费率设定较高,预期年限较长,则给付系数较低;当利费率设定较低,预期年限较短时,给付系数则相应高一些。

每期应给付的年金数额不能简单确定,而是根据各因素实际变动的情况,对其进行相应的调整。如房产价值可以重新评估,寿命预期可重新测定,利率、费率也可以根据现实经济生活的相关状况给予重新调整。这些重新评估、测定与调整,虽然会增加贷款机构开办反向抵押贷款的交易成本,但是却能够有效地降低各种经营风险,使反向抵押贷款能够顺利运行,真正维护起借款人和贷款机构双方的利益。

贷款机构最终收回住房的可变现净值 = 最终收回房屋的售价 - 变现费用 - 税金 = 最终收回房屋的售价 × (1 - 销售税费率) (3)

若贷款机构最终收回的抵押房屋的变现价值,在扣除相关税费后,能够补偿贷款机构在反向抵押贷款持续期内向借款人支付的年金总额时,贷款机构就没有发生亏损。贷款机构的利润可以从借款人申请时收取的费率中得到体现。用公式表示,即:

每期应给付年金数额(年金终值系数,利率,期数) = 贷款机构最终收回住房的可变现净值 (4)

从公式(4)中,可以看出,在反向抵押贷款的持续期内,若等式左边的数额小于右边,表示该业务还能继续执行,贷款机构还未发生亏损。一旦两者接近或者相等时,就表示贷款机构向借款人发放贷款的本金和利息的累积和,恰好等于借款人所抵押房产的价值。若在反向抵押贷款合同中未写明"贷款机构对贷款无追索权"的条款,这时,借款人将面临着两种选择:一是出售该抵押房产,用所得款项偿还贷款的累积本息;二是从其他地方筹借资金归还贷款机构,并将住房赎回。在这种情况下,贷款机构可以补偿付出的年金总额,但是对借款人而言,如果将住房出售,则借款人将失去自己的住所,面临被扫地出门的窘迫局面。当反向抵押贷款合同中写明"无追索权"的条款时,贷款机构将继续向借款人进行支付,直到借款人死亡,由此带来的损失将由贷款机构承担。

最终收回房屋的售价 = 该房屋现时价值 × (1 - 折旧率,反向抵押贷款的持续期数) × (1 + 地价年上涨率,期数) (5)

公式(5)中的期数由公式(6)确定:

反向抵押贷款的持续期数＝借款人实际的存活年限　　　　　　　　（6）

公式（5）表现了特设机构最终收回住房的价值，与该抵押房屋价值的函数关系。抵押住房目前的市价是清晰的，通过有资质的权威资产评估机构，就可以对该房价的状况予以恰当的测算。抵押的住房最终是要收回的，但收回的价值可能达到多大，目前并不清楚，可以了解的只是根据以往房价增值的状况和其他种种因素推算的未来一定期间内的房价的上涨率，据此计算该住房未来的市场净值。当然，为计算的结果更为清晰起见，需要将房价与地价的变动状况分别做明晰区分。住房随着使用是日渐磨损，需要考虑相应的折旧事项；地价随着时间的推移，则是在逐步地上升，且上升的幅率一般情形下应当是较高的。将这两个因素同时考虑，就得到该抵押住房在未来的实际价值。但我国目前有关地价与房价增长的具体数据积累，尚有较大缺陷。一般可以用中房指数或国家有关权威部门发布的数据来替代使用。若要谈到某个地域的状况时，则可以用该地域发布的房价增值系数等作为参考依据。

公式（6）说明反向抵押贷款的持续期数，在最理想的情况下，应等于借款人的实际存活年限。借款人的实际存活年限一般可以根据保险公司根据大数定律计算并编制的生命表来确定。比如，某先生现年60岁，根据《中国人寿保险业经验生命表（1990—1993）》（非养老金业务男表）的数据，那么他的平均余命为18.79岁。但在具体操作中，贷款机构仍应根据实际情况，如借款人的生活习惯、病史、居住环境等加以调整，确定合适的预期存活年限，以降低反向抵押贷款开办过程中的长寿风险。

根据前面的讨论，贷款机构每期应支付的年金数额的计算公式应为：

贷款机构每年应支付的年金数额×（年金终值系数，设定利费率，期数）＝该房屋现时价值×（1－折旧率，期数）×（1＋地价上涨率，房产抵押者实际存活年限）×（1－销售税费率）　　　　　　　　　　　　　　　　　　　　　　（7）

为防范运营中的风险而言，需要不断地测定已贷款资产的累计价值和抵押房产的当时价值，并衡量两者的价值额度是否相当。房主需要这样做，以判断房产的价值已经"吃掉"了多少，还剩余多少可以继续耗用；贷款机构更需要这样做，以判断机构贷放出去的款项，能否最终从该抵押住房未来的变现价值中得到补偿，两者的关系式是如何。判断的依据可参照（7）式：

判断当时贷款机构已支付的年金的累积额＝判断当时被抵押房产的剩余价值　　　　　　　　　　　　　　　　　　　　　　　　　　　　　　　　　　（8）

这个公式是动态运行的,需要随时间的推移,随时予以测定。公式左边是指从申请并获得反向抵押贷款开始,借款人每期从贷款机构取得的年金数额,并加上应向贷款机构支付的利息;公式右边是指判断当时所抵押住房当期可变现的净值,它不是该房产初始的评估价值。

二、给付系数

给付系数是反向抵押贷款的利率、费率和贷款持续期限共同作用的结果,可以将其看做是反向抵押贷款风险集合后给予数据计量的结果。当利率、费率较高,借款人的预期生存寿命又很长时,给付系数就较小,借款人从抵押房产中实际得到的款项就较少。贷款机构可以将给付系数定得低一些,以尽量降低贷款机构的经营风险。如当某住房的评估价值为30万元,借款人的预期存活年限为15年时,给付系数可以设定为50%,那么贷款机构每年向老人支付的年金数额就不是2万元,而只有1万元了。当贷款机构制定的给付系数太低时,老年人很可能不愿参与反向抵押贷款业务,贷款机构必须综合考虑各方面的因素,确定合适的给付系数。

归纳起来,给付系数的确定应考虑以下一些因素:

(一)利率

反向抵押贷款业务开办中,要执行的利率考虑因素较多,包括存款利率、贷款利率、国债利率、保险收益率、贴现利率、拆借利率、市场利率乃至民间借贷利率等。将各种利率水平权衡之后,得出一个较适合的利率水平,也可称为综合利率。或者可以按照一年期国债的利率作为基准利率,然后在此基础上逐渐增添。

(二)费率

贷款机构开办反向抵押贷款业务需要发生的各项费用成本,如人工费、设施折旧费、维修费、文档处理费、办公费、差旅费、通信费等。另外,为预防各种风险发生还要预提各种准备费、损失费等,贷款机构预期应实现利润等,应向有关方面缴纳费用等,对这些费用成本的开销,可设想用"费率"的含义将其界定。即是全部费用开销占据全部业务总金额的比例。该费率有个开始很高到稳步下调的过程。应当说明,这里对费率的确定中,未考虑贷款机构应缴纳税费,这是假定国家给予特殊优惠政策,应缴纳税费是完全给予免除的。

保险费率水平应考虑财险、寿险业务开办的费率水平,考虑到房产寿险业务的复杂多变、风险系数较大、涉及事项多种多样。故此,费率水平的确定应当比其他保险费率的标准要高一些。

(三)保险期限

在这里的保险期限因系不能确定,故只能以预期存活余命为据。预期存活余命越长,给付系数就越大,投保人实际到手的房产价值就相应地越低。故此,投保人年龄资格的限定是非常必要的。比如,美国反向抵押贷款法规定,老年人参与这一业务的年龄应当不小于 62 岁,这正是为了控制长寿风险的过多发生。

(四)预备金率

这一指标是指反向抵押贷款行为的不确定性过大过多,为防范各种预想不到的事项发生,需要参照一般企业公司那样,提取各种预备金。如住房抵押风险预备金、住房价值波动预备金、寿命预期差异准备金及其他有必要防范的准备金提取。预备金的提取同样需要考虑同整个业务金额的比率,最终得出"预备金率"这一指标。给付系数的确定中,预备金提取率同样应予以计入,并加大给付系数的额度。

根据以上各项指标给定数值,并列出公式,最终计算出在不同情况下的给付系数,以及每期应当支付养老款的额度。

三、业务举例

(一)实例一

某位老年人现年 65 岁,预期尚有 12 年的存活余命。该老年人拥有一幢价值为 30 万元的房产,预期该幢住房的年价值增长率为 4%,到 12 年期末,该房价有望升值到 48 万元。该老年人希望每年能从住房上获取 1 万元用于贴补日用生活,当利率为 6% 时,以复利计息,到第 12 年期满,共在住房上获取的利益总流入为:1 万元 × (年金终值系数,12 年,6%) = 1 万元 × 16.870 = 16.87 万元。其中 12 万元本金,4.87 万元的复利利息。这笔钱同 12 年期满的房价480,310 元相比,还有高达 60% 多的剩余,可作为遗产留交子女们继承。

为减弱可能承担的风险,如漫长的贷款时期中,房价每年的增长率可能不到4%,或该位老人实际存活余命大大超出了 12 年,或者该项贷款的利率日后会向上波动等,这些因素的改变,都会减少每期给付贷款的额度。这是每期贷款额度给付的因素确定中,需要高度给予关注的。

在如上各项因素的计算中,倘若住房价值波动幅率不大容易确定时,也可先不去关注,或者假定该住房的价值波动率为零。此时在贷款合约签订时,就只是按照签约时的评估价值 30 万元计算每期应贷款的额度。此时计算每期最大可能贷款的额度为:x × (年金终值系数,12 年,6%) = 30 万元,则解方程得 x = 30 万元 ÷ 16. 870 = 17, 783 元。比前面的计算结果 28, 471 元要低出许多。

如上因素的计算中,设若贷款利率已经调高为 7% ,则每期贷款的额度也会相应降低。它只有 x × (年金终值系数,12 年,7%) = 30 万元 × (1 + 4%)12,解方程得到 17. 888x = 480, 310 元,得 x = 26, 851 元。比如上计算结果 28, 471 元要稍低一些。

设若该老年人的预期存活年限适度放宽为 15 年,则每年度可贷款额度可重新计算为:x × (年金终值系数,6%,15 年) = 30 万元 × (1 + 4%)15,23. 276x = 54. 03 万元,x = 23, 213 元。

(二)实例二

某位拥有价值 15 万元住房的 65 岁老人,希望将自己的住房来做反向抵押,并用取得的款项作为养老补贴。预计在未来的余存寿命 12 年里,每年应得到 8, 000 元款项用于养老。预计该幢住房的价值将以每年 4% 的比率增长。于 12 年到期时,该幢住房的价值将达到 15 万元 × (1 + 4%)12 = 15 万 × 1. 6010 = 240, 150 元。设定贷款的利率费率共计为 8% ,则该老人于 12 年中,每年得到的 8, 000 元款项的总价值为:8, 000 元 × (年金终值系数,8%,12 年) = 8, 000 × 18. 977 = 151, 816 元。

此时,设定该老人于 12 年末如期死亡时,其房产价值除归还贷款本息外,还有 88, 334 元。这笔钱可留供其子女们继承。当然,该老人的实际寿命长于 12 年,该剩余款项正好可安排用途。或者可将每年得到的养老款项适度提高,以增进晚年生活质量。若将每年获得养老款项提高到 1 万元或 1. 2 万元时,该借款合约的最终履行仍旧是可期望的。

(三)实例三

1. 张先生 2002 年 60 岁,住房面积 196 平方米,房屋八成新,位置优越。经评估房屋现价 145 万元。按我国人均寿命男性为 69. 63 岁计算(地区差异尚未计入),投保人的寿命计算基数为 9 年。9 年后房屋折损 26 万元,但房屋与土地增值预计也是 26 万元,因此相互抵消不计。保险公司扣除预支贴现利息 25% (按年息 6% 计算),按 75% 计算给付额为 108 万元。再将预期给付额分摊到投保人的预期寿命中去,每年张先生可以得到 12 万元,每月可得到 1 万元。

2. 赵女士 2002 年 62 岁,住房面积 150 平方米,房屋九成新,位置离市区较远,但增值潜力较大。经评估房屋现价 80 万元。按人均寿命女性为 73.33 岁计算(地区差异尚未计入),投保人的寿命计算基数为 12 年。12 年后房屋折损 19 万元,房屋与土地增值预计为 24 万元,因此计增 5 万元。保险公司扣除预支贴现利息 30%(按年息 6% 计算),按 70% 计算给付额为 58 万元。再将给付额分摊到投保人的计算基数 12 年中去,每年赵女士可以得到 4.8 万元,每月可得到 4,000 元。

如上计算公式的设定中,是假设借款人每期从贷款银行中取得的款项是完全相等的。这一做法固然可行,但根据借款人的实际需要,实行递增或递减贷款也是可行的,如此可更好地适应借款人的实际需要,也可以对借款人多几个有益的选择。当然,实行递增或递减的贷款模式后,在款项的计算给付中将会带来某些小麻烦。但在今日财会业务实现电算化之后,这一事项也就很简单了。当然,每隔一定时期即对各项设定的标准,重新检测并予调整,重新确立机构和个人之间的经济利益关系,重新签发合约,自然要增大机构运营的成本。但相比较由此可带来的种种益处时,这种运营成本的增加应认为是可以接受的。

四、美国反向抵押贷款的给付额度

反向抵押贷款给付额度的计算是按房屋的评估价值减去预期折损和预支利息,并按平均寿命计算,分摊到投保人的预期寿命年限中去。房主申请反向抵押贷款后,贷款额度取决于房主年龄、房产价值、贷款机构要求的利率和贷款相关的费用。房产价值越高,房主年龄越大,贷款利率越低,预期住房价值增值越高,获得的反向抵押贷款的额度就越大。另外,夫妻健在的住户,因其组合预期寿命大于单身者,比单身者可贷款数额低。

一般来说,反向抵押贷款的利率比一般抵押贷款的利率要稍高一些。美国住房管理委员会(FHA)对各个地区所能申请反向抵押贷款的最高房产价值额度做了限制。当房产价值超过(FHA)对该地区的最高限额时,以最高限额为准。如在 9% 的贷款利率下,10 万美元的房产价值,65 岁的人申请能获得占房产价值(包括房子和土地的价值)22% 的贷款额度,75 岁的人能借到 41%,85 岁的人则能借到 58%。这些比例的制定主要考虑了预期寿命、房子的预期贬值速度和土地的预期升值速度这些因素。另外,可申请到的贷款额还取决于反向抵押贷款的品种。不同的贷款计划可获得的贷款额度不同。多数美国老年人在家庭财产可转换抵押贷款(Home Equity Conversion Mortgage)方面,可以得到最大的贷款额,该机构由美国住房与城市发展部(HUD)发起,并有联邦政府担保。

美国住房反向抵押贷款占老年人收入比例情况见表7-1。它列出了各类年龄段、年收入及住房资产的贷款户反向抵押贷款占年收入比例情况。

表7-1　年龄段、住房资产变换收入状况一览表　　　　　　单位:万元

年龄(岁)	收入(美元)	$5(%)	$7.5(%)	$10(%)	$12.5(%)	$20(%)
70	1	16	24	33	42	42
71	2	8	12	16	21	21
72	3	5	8	11	14	14
73	4	4	6	8	10	10
74	5	3	5	7	8	8
75	1	21	31	42	53	53
76	2	11	16	21	27	27
77	3	7	10	14	18	18
78	4	5	8	11	13	13
79	5	4	6	8	11	11
80	1	27	40	55	69	69
81	2	14	20	27	34	34
82	3	9	13	18	23	23
83	4	7	10	14	17	17
84	5	5	8	11	14	14
85	1	36	54	72	91	91
86	2	18	27	36	45	45
87	3	12	18	24	30	30
88	4	9	13	18	23	23
89	5	7	11	14	18	18

从表7-1中可知,同年龄层老年人口中,住房资产高的反向抵押贷款所占收入的比例较高,如在70岁这段老年人口中,年收入1万美元,住房资产在5万美元与20万美元不同人群中,从反向抵押贷款中变换的收入所占总收入的比例分别为16%、42%。同样年龄与同样住房资产者月收入不一样,反向抵押贷款所占比例区别也较大。如年收入1万美元与5万美元,住房资产皆为5万美元的同为70岁的贷款机构,可获反向抵押贷款所占收入比例分别为16%和3%,

同样住房的人,因其年龄差异,反向抵押贷款占收入比例差别更大。如住房资产为 5 万美元,年收入为 1 万美元的 70 岁与 85 岁贷款者,反向抵押贷款占年收入比例分别为 16%、36%。同样两位这样的贷款户,当住房资产炒 20 万美元时,反向抵押贷款所占年收入比例更高达 42% 和 91%。其他不同年龄段、年收入、住房资产贷款所得反向抵押贷款占年收入比例可从表中查出。

反向抵押贷款的总额取决于房产的价值、最年轻借款人的年龄①、利率、前期费用、服务费用、给付方式和是否有一个净资产选择。这个表格是应用在FHA 的房屋净资产转让抵押贷款项目上,假设在表格中,给资产价值的最多支付金额为 10 万美元和 20 万美元,但是超过了 FHA 贷款限制的金额就不一定是这样了。前期费用假设为 2,000 美元,加上 2% 的房屋价值,服务费用是每月 30美元。没有净资产选择权。

表 7-2 中的第一个表格显示了最高信贷限额,指的是借款人能够一次性马上取得的总金额。举例来说,利率为 6%,一个 75 岁的人拥有一幢价值 10 万美元的房屋,他就可以提取 58,433 美元。注意,由于一些费用是固定的,所以价值 20 万美元的房屋的信贷限额比价值 10 万美元的房屋的信贷限额要高两倍多。

表 7-2 中的第二个表格显示了,一个 75 岁的拥有 10 万美元房产的人在利率为 6% 的情况下,不同的信贷限额加每月支付额的组合。最高信贷限额58,433 美元允许没有每月支付款。然而,如果借款人仅仅取了 3 万美元,那么其在余生也可以每月拿 253 美元,如果是 15 年的话每月拿 295 美元,10 年的话每月可以拿到 385 美元,只有 5 年的话每月可以拿到 663 美元。

表 7-2　即刻一次性取款的信贷限额或最高额

利率(%) \ 年龄(岁)	最年轻借款人的年龄					
	65	70	75	80	85	90
房产价值 = 100,000 美元						
5	59,488	62,992	66,692	70,819	75,012	79,233
6	48,107	53,128	58,433	64,054	69,737	75,244
7	38,423	44,383	50,815	57,653	65,544	71,257
8	30,455	36,771	43,948	51,619	59,532	67,263

① 是指夫妻二人为单位向银行办理反向抵押贷款时,其中年龄较年轻的一方。

利率（%）＼年龄（岁）	最年轻借款人的年龄					
	65	70	75	80	85	90
房产价值 = 100,000 美元						
5	128,588	135,292	140,292	150,019	157,712	165,223
6	105,207	115,028	123,333	136,154	146,937	157,144
7	83,323	95,083	107,715	121,053	134,344	147,057
8	66,955	79,471	93,648	108,719	124,132	138,963

75 岁,拥有价值 100,000 美元房产的人,利率为 6%,信贷限额加每月支付额组合				
信贷限额＼年份（年）	每月支付额（美元）			
	终身	15	10	5
0	475	555	723	1,247
10,000	401	468	610	1,052
20,000	327	382	498	857
30,000	253	295	385	663
40,000	178	208	272	468
50,000	104	122	159	274
58,433（最高值）	0	0	0	0

第八章　反向抵押贷款的风险

反向抵押贷款的运营周期一般长达十几年,持续时间长、变数大、不确定性高,期间社会政治、经济金融及社会保障制度等关联因素,都有可能发生较大变化。反向抵押贷款的涉及面广,包括紧密结合的住房、养老与金融三大方面,在其业务开办过程中可能遭遇的风险就更多更大,也更需要寻求有效的措施来避免和防范各种风险。贷款机构开办该业务很可能面临多种多样的风险必须予以重点考虑,本章对这些风险进行简要说明,并对其中一些主要风险及防范等作特别介绍。

第一节　利率风险

对贷款机构来说,反向抵押贷款的风险有三个主要来源:(1)由于借款人寿命过高,居住时间过长,导致不断发放的贷款数额超出了住房的价值;(2)利率的上升导致利息量的急剧增加;(3)贷款到期时,房价已经贬值以至于低于预期水平。这就是通常所称的长寿风险、利率风险和房价波动风险。这些情况下,出售住房得到的资金不能弥补全部贷款,贷款机构将遭受损失。以下对这三个主要风险予以分别说明:

一、利率风险的定义

反向抵押贷款的利率风险是指因市场利率的波动而使特设机构的利润减少甚至损失的可能性。贷款利率是高一个百分点还是低一个百分点,加以十几年乃至几十年的累积,都会对贷款机构的营利情况产生重大的影响,并最终影响反向抵押贷款的顺利推行。在反向抵押贷款的长时期运营中,利率会发生变动,但其变动的方向和幅度在事前是很难准确知道的,只能给出一个预测。导致利率变动的因素很多,如国民经济前景预期、通货膨胀、国家金融政策、周边国家的利率情况等,都会影响到利率的变动。

在反向抵押贷款中,利率风险的程度,取决于反向抵押贷款的利率设定是固定的,还是浮动的。在利率固定的情况下,特设机构无法控制因市场利率变化而导致反向抵押贷款资产的变化,市场利率上升将导致反向抵押贷款资产的减少,使特设机构的利润下降甚至没有利润。在浮动利率情况下,特设机构避免了部分利率风险,但无法准确估计未来资产的价值,利率的微小变动将导致反向抵押贷款未来的价值大幅波动①。

利率风险与公司实际资产和负债构成及两者间的相互关系密切相关,这是反向抵押贷款中最难规避和管理的风险之一。Boehm and M. Ehrhardt(1994)假设利率是决定反向抵押贷款价值的唯一变量(不包含寿命和住房价值等其他风险),并用期权定价法分析了利率风险。Boehm T and M. Ehrhardt 的实证研究表明:相对于其他贷款资产,反向抵押贷款的利率风险是最大的,它产生的两个基本条件为市场利率的改变和特设机构资产与负债的不一致。

利率风险和长寿风险的不同之处,在于利率风险是不可分散的,不能通过扩大贷款规模进行规避。反向抵押贷款与普通抵押贷款不同的是,特设机构的起始现金流出是第一个月的小额支付,随着时间变化,贷款余额在逐渐增加。反向抵押贷款的这种特征有可能会引起误解,认为其利率风险是较低的。实际上,反向抵押贷款的利率风险,相对于正向抵押贷款和零息票债券等金融产品而言要大得多。

对于产权完全易主的反向抵押贷款模式,老年人一次性地得到一笔现金在以后各期支出,如果没有有效的投资渠道,这笔持有现金会遭受利率和物价变动双重性的风险。对于产权部分易主的反向抵押贷款模式,交易双方都存在着购买力风险。交易达成后,特设机构承诺今后给付合同规定的养老费用,如未来利率下降,住房价格上升,但给出的货币价值增大,机构受损,老年人得到的现金购买力增强;否则,机构获得了资本利得,老年人利益受到损失。如果物价上升的幅度大于利率上升的幅度,则机构承受购买力的风险能力增强。

美国的反向抵押贷款曾经以固定利率计息,但鉴于以普通贷款利率为代表

①　Boehm T. and M. Ehrhardt, "Reverse Mortgage and Interest Rate Risk", Journal of the Amercian Real Estate and Urban Economics Association, 22(2), 1994.

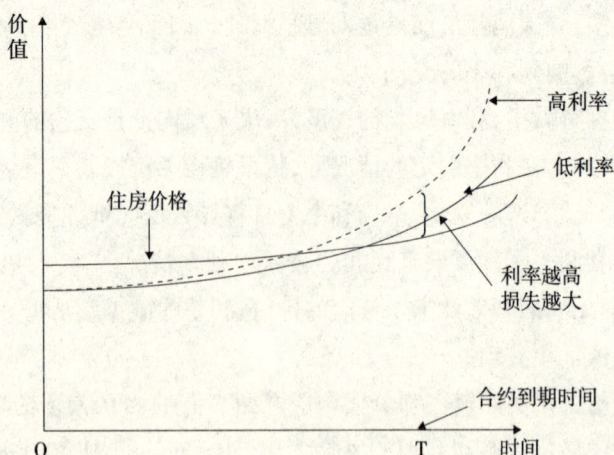

图 8 - 1   特设机构面临的利率风险示意图

的市场利率,经常会根据实际情形给予上下浮动(如我国央行最近多年来就曾经 8 次下调利率,美国在格林斯潘主政美联储时也曾经 10 次宣布调低利率),在这一变化的情形下,若反向抵押贷款仍然坚持既定的固定利率计息,必然会对机构的工作带来极大的被动。比如,我国保险公司于 1996 年、1997 年开办的年收益率高达 7%—9% 的寿险产品,就因此后存贷款利率的大幅调低,而陷入严重亏损的窘迫局面。倘若寿险产品定为浮动利率,或者每隔 3—5 年根据市场利率的状况作出相应调整,就可以避免这种现象的出现。

目前,在美国几乎所有的特设机构对开办的房屋资产净值转换抵押贷款,都是采用可调整的利率收取利息费,一般是盯住某个市场基准利率(如 HECM 采用盯住一年期国债的利率),再加上一个合理的差额,并定期(一般以年为单位进行调整)。采用可调整利率进行计息,关键在于选择合适的基准利率。在利率市场化国家,基准利率可以选择银行同业拆借利率、再贴现率以及比较有影响的国际标准利率 LIBOR 等。这意味着利率可上升或下降。但特设机构并不对贷款结束时利率会变得怎样,或随着时间的改变它会如何变化等拥有任何控制手段,而受现行一年期的美国财政部的安全利率约束。总之,利用可调整利率计息,是规避利率风险有效手段。

二、利率风险的防范

反向抵押贷款业务的风险具有积聚性,是项非常复杂的业务。一般的住房抵押贷款是随着时间的推移,款项越还越少,直到最终全部清偿为止;反向抵押贷款则是随着时间的推移,贷款本息积聚的越来越大,直至相当于或超出该抵押住宅的实际价值。所以,对于利率风险的相应防范,就是必须给予认真考虑的。

（一）资产负债管理

特设机构的利率风险,来自于其拥有的资产、负债及二者间的关系。资产负债管理在给定的风险承受能力和约束下,为实现财务目标,并针对与财产和负债有关的决策进行制定、实施、监督和修正,系统、有效地对这些风险进行评估与管理。资产负债主要有现金流量匹配法和免疫法(Immunization)[①],即特设机构通过将现金流量等同的资产和负债相匹配,以降低部分资产所面临的利率风险。在反向抵押贷款中,特设机构可以将反向抵押贷款和抵押贷款进行组合;免疫法是特设机构通过构造资产和负债的组合来抵消利率变化对资产价值的相应影响,反向抵押贷款可以通过与债券等构造投资组合以防利率波动而产生的资产价值波动。

（二）利率保险

利率风险是反向抵押贷款业务的固有风险。贷款业务开办中,因其时期长、金额大,利率的高低变化在其中起有重要的作用,但未来的利率走向往往又是很难给予预期。对利率风险的防范,可设想通过利率保险的形式加以解决,以对可能发生的利率的增减变化,并对由此带来的收益或损失,建立一种在被保险人和保险公司之间的收益分享或损失共担的新机制。这一保险险种的大致操作思路为:保险公司收取一定的保险费用(通常为住宅总值或抵押贷款额的一定百分比)后,保证该合同期满时的利率不超过一定幅率,如一个或两个百分点。若超出这一幅率时,超出部分则由保险公司给予承担。这一保险险种我国尚未开办。但从现在开始推出这一险种非常有必要。目前,我国利率尚未完全实现市场化的情况下,尤为如此。

发达国家一般以"基准利率＋差额利率"的方式对反向抵押贷款进行浮动计息,并定期进行调整。当前,我国还缺乏真正意义上的基准利率(可以暂时用一年期国债利率充当此任),难以确定合理的反向抵押贷款利率水平。利率环境变化时,利率调整也缺乏合理的依据。利率过高,借款人成本加大;利率过低,

---

① 免疫是投资学中应用最广泛的分析技术之一,养老保险基金、保险公司及其他特设机构利用免疫来设计投资组合,有的组合高达数十亿美金。

特设机构风险增强。要形成真正的基准利率有赖于利率市场化改革的进一步深入进行,以及货币市场的成熟、完善。

(三)利率浮动化

我们认为,反向抵押贷款的运作中,固定利率带来的风险不论对机构乃至投保人都是比较大的,较好的方法就是实行浮动利率。反向抵押贷款的期限一般较长,在贷款双方按照合同发生信用关系以后,利率可能会在放贷期间发生变化。这种变化会加大贷款机构贷款的机会成本,使机构的信贷资金遭受损失,利率提高会使贷款机构大量的信贷资产的实际价值降低。一般而言,反向抵押贷款的贷款期限相对较长,贷款应实行浮动利率。在实际业务运营中,当基准利率提高时,特设机构的资金成本相应提高,可以据此提高贷款的利率;反之,当基准利率下降时,借款人可能不愿意承担高于市场利率的合同利率,转而重新融资或转向其他方式,此时反向抵押贷款利率需要下调,利率风险就产生了。

利率的调整并不是规避风险的唯一措施,机构除此之外还可以通过其他方式来达到这一目的。如机构尽可能培育其他的业绩与利润的增长点,减少对住房反向抵押贷款业务的依赖,从而减弱利率风险的困扰;运用和创新避险的金融工具,如采用远期利率协议等;完善客户违约金制度,正确执行提前还贷收取违约金政策,减少利率风险损失。

(四)技术防范措施

技术防范措施主要有:注意反向抵押贷款利率风险及其与固定收益债券的利率风险的差别,讨论利率风险的众多测量指标(如加权平均期限、久期与有效久期、凸性与有效凸性等),并计算与比较反向抵押贷款、抵押贷款和息票债券三者的利率风险,反向抵押贷款与抵押贷款的利率风险相当,并讨论防范利率风险的资产负债管理措施[①]。

特设机构的资产负债结构的久期(duration)往往差别很大,两者差异越大,对利率的波动就越敏感。利率上升时,特设机构发放的年金不能减少,但应计利息大大提高,贷款终结时累计本金及累计利息超过房产价值的可能性加大。反向抵押贷款的利率风险,远比相同期限的附息债券及传统的金融工具的利率风险要来得大得多(Thomas,1994)。利率不像长寿风险那样可以分散,有效的办

---

　　① 防范利率风险还有一种重要的方法是采取对冲策略,诸如美国股市的"大鳄"索罗斯的量子基金会那样的组织所采取的对冲方法。本书对此详情不做深谈。

法就是通过套期保值,利用金融市场其他利率敏感性资产来对冲风险。

（五）利率调整

住房反向抵押贷款利率有年度调整利率和每月调整利率两种。这两种利率都随一年期财政部债券利率的波动而调整。不同的是年度调整利率每年调整一次,每月调整利率则随一年期财政部债券利率的波动,每月相应变动相同的幅度。两种利率中每月调整利率通常更低。如2005年1月6日一年期财政部债券利率为2.77%,HEMC贷款的年度调整利率为5.87%;而每月调整的利率4.27%,低于年度调整利率1.6个百分点。采用每月调整的利率有两个明显好处:(1)每月调整的利率更低,借款人可以获得更多贷款支付。以2005年1月6日为例,一个75岁拥有价值20万美元房屋的单身借款人,申请HEMC贷款,如果采用年调整利率可获得10.21万美元信用额度,而采用月调整利率则可获得12.65万美元;(2)当贷款利率降低时,月调整利率将比年调整利率更快下调。当然,使用年度调整利率的最大好处,是当财政部债券利率升高时贷款利率不会立即调整。究竟选择哪种利率取决于特设机构对未来利率的预期。

为了减少利率风险,现在多数反向抵押贷款都根据需要选择可调整期间,或定期或终生的国库券的利率。特设机构为避免每种财产的交叉风险,往往根据借款人的年龄和当前利率的一定比例确定住房价值,根据住房价值的50%限定最初贷款的基本金(Szymanoski,1994;美国HUD,2000)。

（六）贷款机构的防范

利率风险是反向抵押贷款中的固有风险,可分固定利率和浮动利率两种情况。在固定利率下,贷款机构无法控制反向抵押贷款资产价值受利率调整所产生的变化。这就是说,如果市场利率上升,这项投资的回报率将相对降低。在贷款机构看来,这就等同于反向抵押贷款资产的净值贬值。采用浮动利率制可以避免这一风险,然而浮动利率制也使得贷款机构无法准确预测反向抵押贷款资产的未来价值。

对于贷款机构来说,反向抵押贷款如采用浮动利率,利率上升会导致借款总额的上升并最终会超过房产价值。将其投资的预期利息收入进行资本化用于新的贷款,而非简单地自然累加。以此计算的结果是,即使只有很小的利率变化,也会对未来的反向抵押贷款资产的投资回报率产生很大影响,进而影响其相对价值。随着利率增长,借款人的债务总额也在不断地快速增长,这就加大了借贷关系中止时资不抵债的可能性。

通常情况下,贷款机构会以发行债券或其他合同的形式获取现金,再投资到反向抵押贷款中,从而使资产收益与债务的偿付相互抵消。然而,由于反向抵押贷款现金流的特殊性,这种资产收益与债务偿付的完全匹配经常是很难达成的。这就意味着,对贷款机构来说,利息变动的不利影响将被放大,由于债务偿付的需要与收入的不同步,两者的时间差将更进一步加重利率不稳定和难以预测的不利影响。

第二节 长寿风险

一、长寿风险的定义

长寿风险表现为借款人的寿命预期与其实际存活寿命的差异,这是反向抵押贷款业务开办过程中一项非常重要的风险。寿命延长是人类社会进步、经济发展、医疗卫生进步的必然,但又因此导致老年人口增多,养老成本上升,整个社会养老负担的大幅加重。人们的健康长寿,使保险人缴费期间缴纳的保费,已经不能再满足保险人领费期间应领取的保险金需要了,已有养老资金不敷使用,原定的养老计划因寿命延长而受到相当的阻碍。目前我国城市居民的预期寿命为73岁,但人们的寿命明显将延长,如果再按73岁的预期寿命来设计反向抵押贷款,很有可能遭致长寿风险。

在反向抵押贷款业务中,老年人每期得到的价款,是根据房屋的价值乘以适当的给付系数再除以设定的预期寿命得出的,然而在实际支付中,却大都是以老年人的死亡作为合同的终止。因此,老年人的实际寿命长于或者短于预期寿命将导致最终支付的总额超出或者低于房屋的价值。虽然银行等金融机构会将某些标准下的平均寿命作为基准,但是,就个人而言,其实际寿命是无法预测的,这种寿命差异的风险是无法避免的。

当反向抵押贷款采取终身年金方式支付时,贷款机构将面临着长寿风险。对贷款机构而言,长寿风险就是借款人的实际寿命超过其预期寿命时,给贷款机构造成的损失。随着生活水平的提高和医疗保健事业的进步,人们的寿命逐步延长。新中国成立之初,我国的人均寿命只有50多岁,现在已经达到70岁。在上海、北京等大城市,人均寿命已超出了80岁。寿命延长固然是好事,但对反向抵押贷款的业务开办机构而言,这种寿命的延长,就可能会使贷款机构面临严重的长寿风险。尤其当借款人的实际存活寿命大于其预期寿命时,贷款机构就面临着贷款累计余额超过被抵押房屋价值的风险。在美国,通常由政府部门为反向抵押贷款提供担保来部分化解。借款人与贷款机构订立合同后,不论借款人的实际寿命有多长,贷款机构一律要按月付款,一旦屋主的寿命超过预期,贷款总额就可能大于房屋的价值。按照一般无追索权的条款规定,借款人只需要按房屋出售时的市价偿还抵押贷款额即可,中间的损失由政府来"兜底"。

长寿风险可以从以下三个方面测定:(1)社会总体状况,老年人的寿命逐步延长,人均寿命显著提高,我国的上海市人均寿命已经达到预期的80岁,全国的人均寿命也达到了73岁左右,上升幅度很快;(2)某群体的人均寿命状况,明显好于其他群体,如城市市民相比农村居民、投保居民相比非投保居民等;(3)个体状况,如某个长寿明星的寿命,明显超出其他老年人。

一般地说,反向抵押贷款在借款人自然死亡、永久搬离及出售住房时到期。长寿风险对后两种没有直接影响,对第一种情况则有较大影响。在采取年金给付方式时,贷款本金和利息总额都会迅速累加(一次性总额支付的方式本金不再会增加),借款人寿命越长,贷款的存续期也就越长,贷款机构收不抵支的可能性也越大。

长寿风险可以通过借款人的死亡概率加以测量。死亡率是人面临死亡风险的概率,生命表按各年龄的死亡率归纳而成的统计表,反映社会平均年龄以及不同年龄人群的生存概率和死亡概率。其数据是反向抵押贷款定价的重要基础,直接关系到能否计算出合理的保险费率及正常运营。在没有反向抵押贷款生命表情况下,可以借鉴寿险公司的一般生命表来计算。人寿保险和反向抵押贷款保险都存在因信息的不对称而产生的逆向选择,寿命越长的人越可能选择这些金融安排,在没有具体数据的情况下,反向抵押贷款业务参与者与通常人寿保险参与者的死亡率,孰高孰低不好判断,大致来说应当相差不会很大。但若考虑到老年人通过反向抵押贷款业务后,可以带来的一个极大好处就是,经济拮据的状况将一举得到彻底的解决,从而就免除了后顾之忧,就可以放心大胆地一直生活下去,或者说有较多的财力主动地选择生态环境优越的地域生活,这都有助于延长贷款参与人的自然寿命。

二、逆向选择

长寿风险主要是逆向选择的问题,风险来源于信息不对称和借款人的逆向选择。逆向选择是一个信息不对称的问题。只要参与方案的借款人比起特设机构更能准确判断他们的风险程度,逆向选择就是不可避免的。借款人对自己的个人身体健康状况的认识较特设机构有相对优势,就有可能在贷款申请阶段利用这种相对优势使自己的利益最大化。而特设机构试图更多地了解借款人的私人信息,也是法律所不允许的。

借款人是具有信息优势的一方,而特设机构则处于信息劣势。在保险上经常把长寿风险和逆向选择联系起来,当一个投保人认为自己的风险大于或小于其他人的风险时,他就会比其他人更倾向于购买或不购买该种保险。当借款人确信自己的余命会高于平均余命时,会更有可能申请反向抵押贷款。但是特设机构并不能觉察到某一个群体的具体平均余命为何,更不能对这些群体收取更高的保险费用,或者降低对这一群体的款项给付水平。特设机构如欲提高平均贷款费用的话,很可能导致那些预期自己余命较短的群体更不愿申请反向抵押贷款。

在这种情况下,若反向抵押贷款是以年金方式支付的,贷款机构就可能面临借款人的寿命大于预期寿命,从而导致贷款数额高于房产价值的风险。Szymanoski 和 Edward J. Jr 认为老年人的长寿风险是一种可以分散化的风险。通过聚集大量的反向抵押贷款可以有效控制长寿风险,这是因为人的寿命符合"大数定律"。一个贷款品种因某个借款人特别长寿而导致的损失,可以由另一个借款人的短寿收益所抵消。另外,借款人对自身健康状况的信息比贷款机构要多且准确,故两者之间存在着信息不对称,借款人预期寿命长于贷款机构对他的预期,则会产生逆向选择。反向抵押贷款也会将大数定律作为其经营技术。虽然每个老年人的死亡年龄是随机的独立事件,但作为整体的死亡年龄,却趋向于某个常数。即使特设机构不了解单个老年人的情况,也可以通过对老年群体的考察,了解整体的平均寿命。特设机构可以根据参加死亡保险的老人的死亡年龄的统计数据推测出将要参加反向抵押贷款的老人的预期寿命。

一般而言,保险公司是按照大数法则测算社会的平均预期寿命,并以此作为借款人的平均年龄,来计算每期应当拿到的售房款。但具体到每个人的预期寿命,则各不相同,这还直接涉及借款人对自己住房价值享受的程度,有关产品的制度设计、每期房款给付额度的问题。与此同时,相关法律规定如果贷款合同到期时借款人还未去世,特设机构必须继续支付贷款直至借款人死亡。这样,借款人的长寿给特设机构带来的损失也将扩大。如果反向抵押贷款的申请者不准备在有生之年偿还贷款并赎回住房,在寿命过短的情况下,房产价值可能远高于累计的贷款本金和利息,此时高出的部分可以作为遗产由借款人的法定继承人继承。但在借款人寿命很长的情况下房屋价值低于累计贷款本息总额的可能性是大大提高,特设机构会面临损失的风险也在加大。

三、长寿风险引致损失可能要考虑的承担机制

当特设机构遭遇长寿风险,即借款人的实际存活年限大于其预期存活年限时,多出年份的养老费该如何解决? 当实际存活年限小于预期可存活年限,实际领取养老金远低于其房屋出售的价款时,又应当如何解决? 这是协调反向抵押贷款业务中参与双方利益关系的关键所在。对此可设想以下几种机制,比较评析其利弊,以供抉择。

(一)特设机构全额承担机制

首先可以采用特设机构全额承担机制,即当实际存活年限与预期存活年份不相符时,由此产生的收益和损失由特设机构享有或承担,多出部分即为该特设机构的收益,不足部分则为该机构的损失。该业务开办机构若享有该收益,即承担其损失;反之,若不享有收益,也不应分担损失内容。从权利义务统一的角度看,这应是合理的,业务开办机构既然承担了估算偏差的损失,也应当享有该估算偏差的收益,反之亦然。

但在这一机制下,倘若借款人的预期存活期很长,抵押的住房质量好,地段优,价值很高,但因其健康原因或其他特殊情况,借款人的实际存活期很短。如此,得到的结果是,虽然该住房的价值很高,但因为借款人的预期存活期很长而实际存活期限短,导致实际领取的养老金额度很少,而且领取的时间也较短,借款人临终时特设机构收到的房屋还很新,价值也较高。在这种情况下,特设机构的这笔业务显然非常合算。但如果借款人的实际存活期很长,远远超出预计存活期,那么在整个贷款存续期内,借款人从特设机构领取的款项会远远超出其房屋的售价,被抵押住房因磨损而贬值。更糟糕的是特设机构必须年复一年地支付年金,而房屋的支配权却一直无法到手。在这种情况下,特设机构显然吃了大亏。

容易想到,将特设机构对以上两类顾客的收益与损失相互权衡后,特设机构并不会实际受损。但此时极可能出现一种被称为"柠檬市场"的"逆向选择"行为。最终导致的结果是,前类顾客权衡利弊后,不会参与反向抵押贷款,而是选择其他的养老方式。后类顾客如感觉健康状况良好,全身无大疾病,预期还会活

个二三十年,则会很乐意地将房子反向抵押给特设机构,希望能从特设机构长期领取养老款。最后,特设机构欢迎的顾客不登门,不欢迎的顾客却纷至沓来。如此,特设机构难免积极性不高,而且开办此业务后亏损累累,难以继续经营。除了国家不计成本收益的专门养老保障机构外,一般机构是不会参与此赔本事项的。

(二)借款人全额承担机制

这种机制下,借款人的存活年限估算出现偏差时①,引起的收益和损失将完全由借款人自行享有和承担。具体地说,当借款人的实际存活年限小于预期存活年限时,未领取的住房价款由其本人或法定继承人一次性全部领取;当出现相反情形时,则业务开办机构向借款人支付养老款也只到预期存活年限即告终结,剩余生存年份将不再发放养老金。而老人居住的房屋,也将严格按照双方事先约定,待借款人达到预期存活年限时,强行归由业务开办机构所有。这就是说,如果老人将被抵押住房的权益全部支取完毕后,仍然存活,就将被迫扫地出门。

此种方式看来是很公平合理,交易双方在此交易中都未发生任何损失和额外收益。但此种做法却有个极大的缺陷,因为反向抵押贷款模式的目的就在于养老,老人期望通过这种模式更好地养老,而这些的实现全赖住房的价值。当老人年事已高,却因已用尽了被抵押住房的权益,面临被扫地出门的局面,不但养老金没了,连住的地方也没了,显然在道义良心上是说不过去的。再者,养老与社会保障已是今日大家十分关注的话题,每个人都有年老的一天,这种被"扫地出门"的局面,显然是大家不愿意看到的。

美国初始推行的反向抵押贷款的制度设计中,就是以此原则作为判定双方权利义务的基本依据,结果不少老人在剩余的年份中面临着生存与居住的危机,引起了强烈的社会反响。总的来说,这一承担机制难以运行,贷款机构也无法据此制定相关的条款。

(三)基准给付加逾期永续给付机制

考虑如上两种机制隐含的缺陷,这里试图推出第三种模式,即效仿目前保险公司开办的各种寿险业务中养老金的给付模式。

现今的寿险养老的给付条款中,往往都有一条特殊约定。保险公司于投保人投保期满,从60岁开始返还养老保险时,一般地说,不论其实际存活年限为多

---

① 鉴于反向抵押贷款行为的时期长、风险大,这种偏差是很容易出现的。

大,都规定一个为期 10 年的基准给付期。实际存活年限不到 10 年者,要给付 10 年的养老金;投保人存活寿命超过 10 年者,则按其超出年份一直给付下去,直到投保人最终死亡为止。借用这一条款来为反向抵押贷款的养老金返还确定给付标准,应是有益的。

反向抵押贷款模式的养老金给付标准及年限等,同样可依照这一模式。其中的差异在于:一般的寿险金给付标准期限的确定,只涉及货币付出一个方面,反向抵押贷款寿险金的给付期限,则涉及住房和货币两个方面。对特设机构而言,自然希望早点拿到住房,住房越晚到手,价值可能就越低。而对养老金的给付则希望支付的时间短,支付数额少,如此,特设机构获得的赢利就越大。而住房交割和养老金停止支付是同一时间发生的,即借款人的死亡。单从利益衡量的角度出发,借款人的寿命越长,领期养老保险金的期数就越长,养老金给付的期限也越长,反之亦然。作为借款人实际存活寿命越长,可领取的养老金额就越多,住房的实际交付日期也可在自己手中多保留时日。

预期借款人的寿命长短,在整个反向抵押贷款的制度条款设计中,是有很大影响的。寿险业务规定的 10 年最低给付期,是小于我国居民实际寿命的,保险公司在此处小有收益,但想到保险公司需要将这笔收益转付给实际存活年限较长的人,也应说是公平合理的。当然,房产养老首先或者说反向抵押贷款具体的制度设计年限,可以是 10 年也可以是其他更为确切的结果。我们可以依照生命表中有关生存余命的数据规定,作出大致设计。比如,60 岁的老年人预期生存余命尚有 18.39 年,为保险起见,可将这一基准给付期规定为 15 年,保障老年住户在 15 年内每期可以得到一笔固定的年金支付,未活到 75 岁的也按照依 75 岁计算的给付。超过 75 岁的则一直给付下去,直到其最终身故为止。当然,这一做法只限于 60 岁即来参与反向抵押贷款的老年人,超过 60 岁者显然需要采取其他相应方法。

比较以上三种模式,第三种应是最好,它摆脱了前两种给付机制的缺陷。当然,是否还有更好、更合理的其他方式,还有待将来探讨。不过,具体选择何种方案,需要搜集大量的数据资料,组织详尽的数据测算、指标分析和方案比较,并非轻而易举之事。

(四)风险承担机制确定中还需要考虑的其他问题

风险承担机制的确定和方法的运用中,还会有其他种种事项需要早做筹划考虑。假如该房款给付期间短于预期存活期限,这种事项非常可能发生。尤其是今日人们的寿命已经大大延长之时①。这就是说,该房款已经全数归还完毕,该老人仍然健康存活于世。此时可对该幢住宅的实际价值予以重新评估②,再将所评估的价值与积欠房款的本息加以比较,若还有较多剩余时,不妨在允许范围内,延长房款给付期限,并在其以后的生活期间增加给付金额,继续给予财力支持。但若该幢房屋的价值,在扣除已给付房款本息,已经是资不抵债,这就说明该养老者在其剩余的有生之年里,不仅失去了赖以生存的经济来源,还必须从其居住多年,甚至是大半生的住宅中搬出,落到流落街头之地步,这时又应当做何考虑呢?

通常,业务开办机构为事先防范这种情况的发生,往往会在房款给付时,加大折扣系数,尽量减少前期对房款金额的发放。但当真正出现这一事项时,真的要将该老人(此时已经是老迈之年,或还有众多的病症)赶出家门,显然是不可能也不应该之事。当然,一般情况下,这时的老人应由其儿女来承担未了的养老职责。但在极个别状况下,老人是无儿无女,这就必须由社会保障机构出面,承担养老责任。事实上,养老正是国家和社会为公民,尤其是为老年人应当承担的一项重大责任和义务。现在是公民个人用自己的房产做自我养老,实际上是为政府分忧解愁,是做了一件大好事,政府给予相应的补贴也是正常的。

(五)房价评估及可存活余命预期中的博弈

反向抵押贷款业务的具体开办中,涉及对抵押房屋的价值评估及对申请老人可存活寿命的预期。基于自身能力的限制及业务的公平,房屋价值的评估和老人可存活寿命的预期不应由特设机构实施。房屋价值的评估要求助于特定的资产评估机构;对老年人寿命的预期则应由医疗机构视老人的健康状况加以评定。但外部机构的存在,难免会产生弄虚作假的"合谋"或"寻租"行为。

若由银行开展这一业务,银行一般会同某房产评估机构和医疗机构达成合作意向。但这种合作意向是否会有垄断的嫌疑,是否会使被评估人产生双方"合谋"的错觉呢?很有可能。大家会认为该房产评估机构会取得这一业务的独占权,会有意识地压低房价,以帮助特设机构减弱经营风险;该医疗机构会为取得这一业务的独占权,有意识地高估被检查人的身体状况。这时,被评估者的

---

① 这种寿命延长首先应认为是一件大好事,但养老负担却因此大为加重。

② 售房养老的诸多风险中,寿命预期风险固然很大,但还易于加以把握,而住房价值波动的风险,则更是现实存在,难以确切把握的。对住房价值的随时重新评估,显然很有必要。

利益就会受到双重的损害,每期可以到手的房款将大大减少。

如房产评估机构和医疗机构并非由特设机构人为圈定,而是由借款人自行寻找时,此时又会有种种弊病的产生。如各家房产评估机构和医疗机构为争取多拉业务,会有意识地迎合借款人的需要,随意抬高房价又有意低估借款人的身体状况。这种现象又会导致借款人每期可得到房款的额度增加,从而损害了特设机构的利益。这种种事项都是很有可能出现的,尤其在我国目前的状况下更会如此。面对这种两难境地,是很难寻找到切实可行的解决方案的。另外,考虑到我国目前的房地产市场、房价都因处在快速上涨的通道中,变数很多;人们的健康状况、生活水平、医疗发达程度也都处在快速发展的通道之中,从而也存在较大不确定性。故此,要找到大家都满意的结果并非易事。

四、长寿风险的防范

长寿风险是由逆向选择引致的风险,特设机构在为借款人办理反向抵押贷款之前,应首先将有关借款人的健康状况、生活习惯等相关信息搜集齐全,以降低长寿风险的发生。但是对借款人的健康状况、生活习惯等信息的搜集需要支付一定的成本,特设机构必须将该成本与信息使用后可能获得的收益进行比较,如果信息搜集成本太高,乃至超过信息使用后可获得的收益,那么该信息的搜集就是不可取的。特设机构对反向抵押贷款的制度进行设计,以最大程度地降低长寿风险。

(一)降低贷款的绝对数额,减弱长寿风险

贷款机构也可以遵循审慎原则,采取年金非全额支付的方式,或采取提取长寿风险准备金的方式,对每月应支付的年金"打个八折",如原每月应支付 2,000 元的,现在只支付 1,600 元。采取这种方法可以降低贷款机构在贷款持续期限内累计发放的贷款数额,从而减小长寿风险带来的影响。从借款人的角度看,是否吃亏了呢? 不是这样的,反向抵押贷款最终都将按照实际贷款数额与被抵押房屋未来的变现价值进行比较,如果实际贷款数额少了,将来需要偿还的数额也就减少了。若房屋未来的变现价值高于实际的贷款数额,那么偿还贷款本息后剩余的部分正好作为遗产留给子女或其他继承人。例如,某住户有一幢价值 50 万元的住宅,预期该住户的存活寿命还有 20 年,依据现行利率、费率计算的给付系数假定为 60%,则每年应由特设机构支付给住户的年金为 15,000 元,每月应给付额为 1,250 元。现打一个八折,每月应给付房款就变为 1,000 元。

（二）推迟反向抵押贷款借款人的年龄

反向抵押贷款的运营时间长,风险大,而且到贷款后期,利息的累计幅度将远远高于本金。以一个例子来说明,假设利率为复利6%,某反向抵押贷款的持续期为15年,借款人每年领取1万元年金,则15年期满时贷款累计本息和将达到23.28万元。若将贷款持续期延长至20年,期末累计贷款本息和将达到36.79万元,较前者需要多支付13.49万元,扣除延长5年中领取的5万元年金,剩余8.49万元都是在5年期间需要增加支付的利息。

贷款机构可以尽量推迟借款人申请反向抵押贷款的年龄,将参与年龄推迟到62岁或65岁,缩短反向抵押贷款持续的时间,以降低长寿风险。事实上,许多老年人在退休后仍可以发挥余热获取收入,总收入水平并不会有大幅降低。美国的相关政策规定,62岁以上的老年人才有资格参与反向抵押贷款业务,实际生活中,美国的老年人往往是到了70岁,才会产生反向抵押贷款的意愿,而且他们利用反向抵押贷款的目的各不相同,可能是为了改善自己的生活,可能是为了支付大额的医药费,也可能是为了实现自己年轻时的梦想,如环游世界等等。此外,贷款机构可以利用反向操作法,对参与反向抵押贷款的老人的年龄加以限制,如某60岁老人的预期寿命可达80岁,他现在要求参与反向抵押贷款,贷款机构为规避长寿引致的经营风险,可保守地将贷款持续期限定为15年,如此,该老人参与反向抵押贷款的年龄就应是65岁或不低于65岁。这只是一个简单的例子,预期寿命的估算和贷款持续期限等都需要经过严密的计算才能确定。而且,对借款人来说,推迟参与反向抵押贷款的年龄也是一个理性的做法,尤其在我国目前政策法规都尚未明确之时,借款人也应采取谨慎的态度。

（三）只抵押住房的部分产权

在美国,反向抵押贷款的借款人可以将住房的全部产权向机构做抵押,得到全部抵押款;也可以只抵押住房产权的一部分,如70%等,而剩余30%的产权不予抵押。将部分住房产权进行抵押,而非完全抵押的好处是明显的:一是在借款人去世以后,可以将剩余的住房产权作为遗产留给继承人;二是住房只抵押部分产权,机构需要支付的贷款数额就大大减少了,可以降低经营风险。

但从借款人的角度看,如仅将住房的产权作部分抵押,那么他每年可以获得的年金额度或者一次性可以获得的贷款额度,就大大减少。因此,这一做法只适合那些拥有房产的价值很高,而每月的生活费或其他收入来源还相当丰富的老人。如某位老太太有一幢价值80万元的住宅,现将住房50%的产权予以反向抵押,她每个月能拿到的抵押房款也仅为全部抵押时的50%。而剩余50%的房屋产权就可以在自己身故后交由子女继承,或者当自己实际寿命超过预期寿命时有效利用,以防范和降低长寿风险,归结起来就是使贷款机构在老人存活期间支付的贷款数额,尽量地控制在被抵押房屋未来的变现值之内,或者说,将两者的差额控制到最小。采用住房产权部分抵押的方法,可以从绝对额上减少贷款机构支付的年金总额,从而降低其面临的长寿风险。

第三节　房屋价值波动风险

在反向抵押贷款的最初估价时,被抵押房屋的价值以及其预期的升值情况直接决定了贷款机构愿意提供的贷款量。如果房价的波动过于激烈,将不利于反向抵押贷款的推行,而且会使贷款机构面临较大的风险。

一、房屋价值波动风险

(一)房屋价值波动风险的含义与特性

房价波动风险可以分为普遍性房产价值变动和个别房产价值变动两种情况。贷款机构可以通过拥有多种类的、地理位置不同的抵押资产,来有效地防范局部经济不景气带来的房地产贬值,但仍然难以避免全国性的乃至全球性的经济不景气所带来的房产贬值。就我国目前房地产市场持续火热,市场对房价前景的预期日趋两极化。在这种情况下,反向抵押贷款中抵押房产的正确估价就成为一个难题。而且,无论未来房地产市场走向如何,都将对反向抵押贷款的业务运行产生巨大的影响。

对贷款机构来说,用于反向抵押贷款的房产价值以及它的增长率是个未知数,最终是否能够赢利也必须基于房屋未来的变现价值,房产价值的波动是贷款机构在反向抵押贷款业务开办过程中面临的重要风险。从本质上说,普遍性房产价值波动风险或称为房地产周期变动的风险,属于系统性风险,如全国性的乃至全球性的经济不景气所带来的房产贬值,贷款机构很难将其消除;而个别性房产价值波动属于非系统性风险,贷款机构可以通过拥有多种类的、地理位置不同的抵押资产,来有效地防范局部经济不景气带来的房地产贬值。

随着经济社会的快速发展及城市化进程的加快,住房价值呈现持续上升趋势,但具体到某一地域、某一地段或某一幢住房价值升值的具体状况,则会是参差不齐,增幅会或快或慢或还会出现某些负增长状况。某一时点,不同投保人的房产价格波动具有协同性,或普遍高于预期价格,或普遍低于预期价格,故不能分散房产价格波动的风险。

在反向抵押贷款中,贷款机构只有等借款人去世后才能获得房产的处置权,而这一期限通常较长,但是后期房屋价值的变动不明朗,不确定因素较大,使贷款机构面临房屋价值波动的风险。房屋价值受房地产市场供给、需求、财产属性、交易费用等因素的影响。其中市场需求是指有购买能力的需求,受人口组成,经济状况,资金借贷成本的影响,而供给受制于土地资源的稀缺性。财产属性主要是地理位置、朝向、空间大小、物业管理能力等因素。交易费用主要指房屋交易中的税收、中介等费用。

著名经济学家刘易斯认为,长期看房地产价格波动的周期性,很大程度上取决于人口数量的增加。当人口增长过快,现有的房地产不能满足需求,房地产价格上涨,更多的房地产商出现,这又使得房地产增长的速度超过了人口增长的速度,过了一段时间,房地产数量显得过剩,价格下跌。美国学者希勒证明房地产价格是相关的(Shiller,1989),即当年的房产价格与之前年份的价格具有相关性,但学者高(Gau,1987)则证明从长期看,房地产市场是有效的,长期来讲价格并不相关。也就是说,跟预测股票走势一样,今天预测 5 年以后,10 年以后的房地产价格并不现实。先不辩论孰是孰非,但有一点是可以明确的,短期内房屋价格前后年间具有相关性,但在长时期里,房屋价格的波动性并不会很大,而是呈现为一定的大趋势。

在美英法等国,反向抵押贷款市场发展缓慢的一个重要原因,是因为该产品面临着较高的运营风险。美国等发达国家相继开办了这一贷款业务,使这种新型的养老模式得到了成功运用。然而,反向抵押贷款由于其存在的系统风险,使这一模式的推广受到相当程度的限制。系统风险多属不可规避的风险,当贷款机构因为开办反向抵押贷款而聚集了大量房源时,系统风险就变得很大。而在目前我国金融市场和各类金融工具尚不健全的情况下,系统风险很难规避。很多时候只有依靠精算技术在合同设计中就加入相应的风险补偿,或是诉求于政府财政的补贴等。

房产价值波动风险。由于房价是会经常发生变动且难以估计的,所以用于以房养老的房产价值在未来期间的变化是不可知的。但是,在以房养老业务最初估价时,对房产未来价值的预期直接决定了贷款机构愿意支付的价款总额,继而影响到老年人每期可得到的价款数额。就中国目前的房地产市场发展而言，房价不可能保持持续增长趋势，部分地区波动较大，因此，难以对以房养老中房产进行正确的估价。

（二）房价的持续快速走高加大了反向抵押贷款业务开办的风险

由于房屋同地产的相关性和土地的稀缺性，房屋价格几乎是稳升不降。当然也有特殊情况，如日本20世纪90年代的"泡沫经济"破灭后，房地产地价格呈大幅度下降趋势，我国的香港也是如此。但这种现象的出现，只能看做是此前房价过高幅率增长的一种价格回归而已，从长远看房价仍然呈上升趋势。如果一个国家的房价起伏很大，波动异常激烈，那么该国家的反向抵押贷款是很难操作的。日本、俄罗斯先后开办过反向抵押贷款，但最后终因房价的波动过于激烈或大幅度下跌，因而停止办理业务。就现阶段我国的经济大环境来说，房价变动的风险是一种非常现实的风险。房地产市场的持续火热，对市场前景的预期是日趋两极化。在这种情况下，对反向抵押贷款中被抵押房产的正确估价就成为一个难题。而且未来房地产市场的走势，都将对进行中或即将进行的反向抵押贷款产生巨大的影响。

房地产价格受到不同因素的影响，不可避免地会有所波动。历年来，我国的房产价格呈现出一些大起又大落的特征，这就给反向抵押贷款的实行造成了一定的风险。这种房价风险会同时影响借贷双方的利益。如果房产最终处置时的价值低于累积的支付额，特设机构将蒙受到相当损失；如果房产价值被低估，将直接影响老人每月的反向抵押贷款收入。房价波动除主要受建筑物折旧影响外，地段也是最重要的影响因素，不同地段和地区之间的房价差别特别大。特设机构面临的风险，主要是指建筑物折旧和地段的差异带来的资产贬值，使住房最终变现时的价格低于已付给借款人的贷款本息总额。特设机构对这种风险可以通过制定合适的贷款价值比例，以及贷款项目资产组合来规避或减小。

一般地，人们会认为住房的价值愈高，作为养老的保障力就愈强，事实并非如此，过高房价积累的风险也会越大。在反向抵押贷款中，不希望出现房屋价值的强烈波动，只希望房屋价值以一个平稳的速度增值。当借款人将自有住房做反向抵押取得贷款后，被抵押的住房除了随着时间的自然磨损导致的房屋价值下降以外，还会因经济环境变化、房产交易行情的变化，使特设机构遭受相当损失。有人认为，反向抵押贷款业务的开办，是建立在房价持续增长的预期上，房价上涨的速度越快，反向抵押贷款业务的开办就越有希望成功。这话是不对的，房价在一定程度上就像股票一样,不可能一直上涨,也不可能一直下跌。虽然总的趋势是呈现上涨,但从长期来看,这种上涨的幅度只能限制在一定的水平上。上涨过快,必然意味着未来的急剧下跌,这对反向抵押贷款的开办是不利的。

二、房屋价值波动的影响因素

在反向抵押贷款的业务开办中,总贷款额度及每期给付额度的计算,既依赖于业务开办当时的住房价值评估的状况,更依赖于贷款结束时房屋的变现价值。因此,反向抵押贷款需要多关注被抵押房屋价值的未来走向,这将会对反向抵押贷款业务的开办的成功产生决定性的作用。在考虑房屋价值未来的波动时,应该包括以下几个方面:

(一)房价已上涨幅率

该房屋价值最近几年的上涨幅度有多大,若已经有较大的涨幅时,就应当注意该涨幅中有无一定的"水分"存在,尤其是该房价在短时期内呈现快速的上涨,像深圳市的房价在 2007 年的半年时间的涨幅就达到 50% 以上,这种没有任何征兆的快速上涨,只能为后期的快速下跌打下伏笔。这里需要询问该房价在将来是否还会以该幅度做新的上涨,这种新的上涨是否具有可行性?假如房价涨幅中被公认有一定"水分",则应给予一定的折扣,将这些"水分"从总房价中"挤出甩干"。

(二)房龄长短

该房屋的房龄已有多长,是新房还是已过了若干年的旧房,该房屋附着土地的使用年限尚有多长。房龄较长的老房或虽系新房但土地使用年限已过了若干个年份,从而对住房的预期价值及升值等产生相当的影响,此时也应设定一定的折扣比例。房龄或土地使用年限越长,该住房的现值及预期价值就会越大,反之越小。新房和次新房的价格上涨率是较高的,但是已经使用了数十年的旧房,其价格则不大会无限制地一直涨上去。

(三)住宅功能是否符合时代要求

住房的建筑式样、档次、附设功能等内部装置情形,对房价有较大影响。老住房或是式样旧、档次低、附设功能短缺,或是建筑材料、外观装潢等都会发生陈旧过时,从而导致过早的更新重建。都会对房产评估价格产生影响。新建住房则大多不会出现这种情形。

（四）住房坐落地段及大的周边环境

某房地产名家在谈到房地产开发的经验时，这样讲道，"第一是地段，第二是地段，第三还是地段"。这可见地段即住宅坐落的周边环境及周边环境在未来可能发生的改变等，会对房地产开发的成功与否产生决定性的影响。如果从宏观上，整体房价的持续上涨，但也不能排除微观层面或某区域、地段的房价下跌。而房价的涨跌走势中，住房坐落地段、周边环境的状况及可能发生的变迁，将会是起到决定性影响的。

三、房地产周期对反向抵押贷款的影响

（一）房地产发展周期的揭示

房地产业属周期性发展行业，在世界各国、地区都有其周期性发展的规律。一个典型的周期可分为增长阶段、成熟阶段、衰退阶段、萧条阶段四个阶段，不同国家或地区的房地产波动周期的时间长短是不同的。1927 年，美国经济学家Wesley Mitchel 建立了房地产价格波动的周期理论，并对美国的房地产价格波动做了实证研究。20 世纪 30 年代中期，美国土地经济学家 Homer Hoyt 提出了较完善的房地产波动及周期理论。这里将在这一周期理论的框架下，结合中国房地产周期波动的特点，分析房地产周期波动所包含较高系统性风险的原因及对反向抵押贷款模式推出的影响。

中房集团早在 2002 年下半年，就提出了"周期论"的观点，强调政府对房地产市场的发展应采取理性调控的态度。提出"周期论"并不只是简单地做做学问，而是为了提醒从业人士"有病早治"，或者预先进行调理性的治疗，这比发展成"大病"再下"猛药恶治"要好。笔者曾经撰写了《房地产业周期发展律与理性调控》一文，对我国房地产的开发周期首次进行较为周密的论证，指出"从有资料记载的 1984 年起，房地产业在中国已经历了三个发展期和两个低落期：从1984 年到 1988 年大约五年的时间为第一个发展期，1989 年到 1990 年为低落期；从 1991 年到 1995 年大约五年的时间为第二个发展期，1996—1997 年第二次跌入低落期；从 1998 年起进入了新的发展期。2003—2004 年，国家针对房地产业出现的问题持续进行了两年的调控。我国房地产的周期有两方面的特殊性：（1）两个周期性波动的频率，可以看出都是五年发展、两年低落，即七年为一个周期；（2）中国大陆房地产业的衰退期和低谷期时间保持较短，而增长期、繁荣期时间较长，显示出一个以量的需求为主的国家，市场需求持续旺盛的特点。这

明显不同于房地产总量过剩的国家和地区。由此可以看出我国房地产周期的特点:大约七年为一个周期,其中五年发展、两年低落"。

根据美国麻省理工学院不动产研究中心主任威廉姆·威顿教授的研究,美国房地产大致18—20年为一个周期;根据日本学者提供的数据,日本的房地产周期为10—12年左右;我国香港地区则为7—8年、我国台湾地区应当为5—6年。各个国家和地区在房地产周期上时间长短的不同,主要是受本国本地经济发展周期的影响。房地产经济运行可以细化为复苏、繁荣、衰退和萧条四阶段。四个阶段的波动特征不同,政府、开发商、特设机构、消费者等市场参与者的表现也不同。

在成长型的经济环境中,复苏和繁荣在周期时间阶段中占了主要位置,上升年份多于下降阶段的年份,幅度上周期的波峰高于前一次周期的波峰,总的呈现为一种增长趋势,表现在图像上为周期曲线大致以一条向上倾斜的线为基准波动。我国目前的整体国民经济正处于高速发展的阶段,房地产行业也处于快速成长和发展中,所以房地产周期属于增长型。

由于我国政府对经济活动干预和控制能力强,因而政策因素对房地产周期波动的影响较其他因素甚至更大。为了确保宏观经济的稳定发展,政府对房地产在不同时期采取了明显不同的政策导向。如2000年左右我国一直处于"通缩"状态,内需不振,经济增长缺乏活力。为了扩大内需,国家对房地产行业采取了明显的支持措施,无论从银行融资、税收政策、市场准入等都采取了较为宽松的政策。下面列出了1979年以来中国房地产的相关政策及对房地产周期波动的影响。

(二)中国房地产政策周期

自从1979年经济体制改革以来,中国房地产的周期波动,以及政府的房地产政策大致可以呈现为如下态势:

1. 1979年,允许私人建房,城市居民可自购自建住房。

2. 1983年,开始住房体制改革。调整产业结构,下放管理权,经济复苏。

3. 1984年,发布城建综合开发办法,推行商品化试点。房地产开发投资和销售出现一个高峰。

4. 1989年,发布《关于加强房地产市场管理的通知》,规范市场行为,整顿市场秩序;压缩固定资产投资规模,紧缩银根。房地产投资和商品房销售幅度比上年显著减少。

5. 1990 年,治理整顿,颁布深化企业经营机制改革的通知;紧缩银根;发布《土地管理实施条例》。房地产开发投资首次出现负增长(-7%)。

6. 1995 年,加强房地产市场的宏观管理;颁布《房地产管理法》、《增值税法》;整顿金融秩序;开始安居乐业工程。房地产投资膨胀已得到有效控制,增长幅度23%。有效需求萎缩,商品房销售市场不景气,商品房空置严重。

7. 1998 年,发布《城市房地产开发经营管理条例》和《关于进一步深化城镇住房制度改革,加强住房建设的通知》,停止住房实物分配,建立以经济适用住房为主的住房供应体系。房地产开发投资稳步增长。

8. 2001 年,对住房消费采用扶持政策,积极促进房地产业发展;加大房地产开发投资力度,拉动经济增长。全国房地产市场出现强劲增长,增长速度有大幅增加。2001 年房地产开发投资增长 25% 。

9. 2006 年至今,对房地产业过热的增长势头给予有效调控,房价提升过快予以调控,大量建造经济适用房和廉租房,满足低收入人员的居住需要。

从如上内容可以看到,我国房地产经济周期存在明显的政策性特点。国家宏观政策是难以预期的,中国房地产周期波动的政策性特征,使房产价格波动风险包含了更多的系统性。若在投保人死亡、房产交付时,政府采取紧缩性财政政策和货币政策,不同投保人的房产价格会有不同程度的下降,低于预期的房产期望余值,此时特设机构得到的房产余值将会低于在投保人存活年限内支付的年金的贴现值。面对难以分散的系统性风险,其经营风险度的增加,使特设机构难以顺利地开展反向抵押贷款。

四、房屋价值波动风险的防范

房屋价值波动的不可预测性,是反向抵押贷款的最大风险来源,给贷款业务开办的风险预测带来了困难。在我国,房屋价格的变化除受传统因素影响以外,还受我国特有国情政策的影响,而且有时政策因素对我国房屋的价格有着更大的影响。

(一)国家政策规范与宏观调控

住房价值波动的不确定性,是一种系统整体性风险,涉及整个国民经济全局,单单寿险公司一家显然无法完全解决的。事实上,这种不确定性是任何国家都无法给予解决的。政府可以通过对国家宏观经济政策、财政、金融政策的相关调控,对房地产业发展的动向及价格波动等,给予相当的调节。这种调节可以起

到一种熨衣板的作用,将起伏不定的住房价值波动的波峰与波谷给予相应的
"熨平",以减少这种随价值的起伏不定所带来的风险。但任何国家都不可能采
取完全有效的做法,来符合心愿地达到这一目标。比如,当某个国家或地区的房
价真正出现像日本的东京、中国的香港所出现的那种猛涨后猛跌的局面时,任何
国家都不可能完全消除这一状况。保险公司也无法开办有关的保险险种,将住
房价值波动造成的风险给予有效的衡量与防范。

(二)谨慎对待,留有余地

住房价值波动风险可给予防范的有效举措之一,就是在对住房价值保险的
设立与防范,可适度引入谨慎性原则,对本项业务的开办及经营预期等,持慎重
态度。遵循谨慎性原则,即充分预计可能发生的住房价值上的贬值和损失,而不
去预计可能发生的住房价值的上升和增值。对住房价值已经可以预计,且有很
大可能性不会再重新跌回的涨价,可给予考虑,但应留有余地。简单而言,当某
幢价值30万元的住房申请反向抵押贷款业务后,在长时期的时间推移中,房价
会因地价上涨超出房屋本身使用磨损引起的折旧而导致增值,也会因地价的持
平或下跌,再加房屋本身的折旧而引起相应贬值,还会因地价增值幅度正好同住
房使用折旧相当而引起房价保持不变。这三种现象都是可能存在的。第一种情
况的增值和持平,是大家所期望的;第二种情况的房价贬值是大家都不希望看到
的。对于反向抵押贷款而言,需要对第二种情况以充分预计,对第一种情况则可
以不予以考虑。

但如房价在长期内的持续上涨,且涨幅很是可观,已经给该房主带来了相当
的收益[①]。这种"闭着眼睛"不予以承认的做法,确实是很不合适的。事实上,也
将使借款人的应有权益受到相当损害。我们同时又提出,"对住房价值已经可
以预计,且有很大可能性不会再重新跌回的升值,可给予适度考虑"的原则。这
就是说假如该幢价值30万元的住房已经涨到40万元、50万元或更多,而且可
以肯定的是,它将不会再重新跌回30万元,这就应当对其升值给予承认,但应留
有余地,也就是说对其已升值的幅度,打个相应的折扣系数。如对已升值10万
元的房价打个七折或八折,只承认其中的七八万元,以留有余地。

(三)住房资产价值的多次评估

反向抵押贷款业务的开办,要求遵循的一项重要指导思想是谨慎性。房地

---

　　① 当然这笔收益还包含于住房的价值之内,并未予变现,而且将来也不一定要去变现,只能
称为未实现收益。

产价格的评估也需要遵循这一要求。房地产的拍卖所得不仅要能偿还全部贷款本息,还应留有相当的余地。为了保护银行的权益,减少贷款开办的风险,房价评估应尽量持保守态度。在对房地产的结构、成新、地段系数等项予以认定时,对可高可低、可上可下的情形,一般都是就低不就高。注意合理性也是房地产价格估评时应予以注意的。这里既要考虑构成风险的各种因素,又要对抵押房地产最可能实现的价值给予合理的评估,不能为了谋求反向抵押贷款的安全性,就故意去压低估价的结果。这会使房地产评估业务失去公正性和权威性,也极大地影响反向抵押贷款业务的开展。美国在开办反向抵押贷款业务的初期,就曾出现了贷款机构极力压缩借款人的房屋评估价格,抬高业务运营中的种种风险发生而产生的费率,致使老年人从房产中获取的收益并不很高。老年人感觉参与这一业务很不合算,而纷纷打消了参与的念头。这种状况的出现,对试图以房养老的老年人固然是极度不利,贷款机构也因"门槛"设置得过高,业务是门可罗雀,也陷入进退两难之境地。

反向抵押贷款业务对借款人拥有房产价值的评估中,应当注意的一点,是住房抵押后在未来可能增值的部分,由于抵押权的稳定性,不能以将来可能得到的财产作为抵押物;对抵押住房在未来可能会出现的减值部分,同样由于抵押权的稳定性,也无法在未来减少贷款额度。鉴于抵押贷款的额度是对抵押房产的价值评估后,再考虑其他相关因素给予确定的,一旦确定后在整个贷期内就很难予以调整。但反向抵押贷款则有较大不同。反向抵押贷款的贷放是在整个贷期内等额或不等额的分期贷放,随着时间的推移,贷放款项及累积本息也在愈益增多。为了随时明确抵押房产的实际价值,不仅是抵押贷款合同鉴定时的评估价值,更应当是指在整个贷款的长期限里,该住房资产在每一期间的实际价值,就需要考虑定期或不定期地对住房资产的价值予以重新评估。并根据实际评估后的资产的价值,重新调整每期反向抵押贷款给付的额度。

房价波动的不确定性带来了特设机构的潜在损失风险。特设机构通常会根据已有信息对未来房价的走势进行预测,并根据预测结果对反向抵押贷款业务定价,制定相应的费率表。

(四)不同地域采取差异化举措

随着城市化进程的加快,各地域的城市化进程并不呈现为同等的状况进行。不同地域的住房价值的波动并不呈现为同步进行。有的地域的房价上涨很快,有的地域的房价则上涨很慢,或者还会出现衰败之迹象,房价也大幅滑落。这些事项是难以很明晰地判断的。规避房产价值波动风险的关键,是准确地预测房产未来价格。地区性经济不景气导致的房产价值降低风险,可以通过不同地区分布使其最小化,但全国性的经济衰退导致房产价值降低风险是不可分散。在反向抵押贷款业务的推出中,对抵押房产的价格涨跌,就需要考虑是综合计算全国一揽子的房价波动率,还是区分每一城市分别界定其房价波动率,或者是区分每一小区前来投保的住房,分别计量界定其房价的波动状况。

第四节　反向抵押贷款的其他风险

反向抵押贷款的业务开办双方的利益协调中,借款人的预期寿命、房屋价值及利率变动对借款人和贷款机构的影响此消彼长,存在着双方的博弈行为,还极可能引发道德风险和逆向选择风险。归纳起来,反向抵押贷款在其业务开办过程中,贷款机构主要面临着以下风险。

(一)市场风险

市场风险的提出,是将反向抵押贷款的业务视为一个市场。该市场包括贷款机构对反向抵押贷款的供给,老年人对此业务的需求,交易行为和相关交易规则及制度的设计,市场的培育开发和对市场的维护等,还应包括政府,其可以作为该市场的监管人。市场风险需要考虑反向抵押贷款是否有足够的需求和供给,是否会出现"有市无行"或"有行无市"的现象,当反向抵押贷款市场的供需双方出现利益冲突时,能否很好地协调处理。

(二)购买力风险

购买力风险,即是指因通货膨胀导致货币购买力下降而使借款人遭受到相当的损失。借款人虽然拿到的款项并没有发生任何减少,但其中蕴涵的实际购买力会大大下降。反向抵押贷款若采取年金给付方式,借款人每月能拿到的养老金数额是固定的,但若出现通货膨胀,现在看来可观的数目到时可能就少得可怜。比如某幢住房反向抵押之后,在未来20年,借款人每年可以拿到1.5万元。目前这笔钱自然是很可观,但过了十年八年之后,若生活水平、物价都有了较大的提升,这笔钱就远不够用了。通货膨胀时期,房价也会有相当程度的上升,如像通常的金融业务那样,利率可以随实际情况变化而给予相应变动,房价上涨得到的好处,就能够在特设机构和抵押房产人之间得到较为公平合理的分配,这一问题就可以得到相应的解决。

（三）房价贬值风险

房价贬值风险主要是指开办机构最终取得住房产权后,因产权变现的净额低于累计贷款支付额而遭受损失的可能性。反向抵押贷款业务结束后,抵押住房主要是通过出售或出租营运来实现价值。贷款到期时住房价值的变动情况,是房价贬值风险大小的主要因素。从单个住房交易对象来看,抵押住房多是"房龄"长、自然折旧率高的旧房,房价增值主要依赖于地价的上涨。容易引起房价贬值风险的两种情况是:(1)地价上涨价值不及住房自然折旧引起的房价下跌;(2)地价由于经济区域规划、交通布局调整、资源衰竭等可能出现城市衰落等而下跌。地方政府对城市的规划也会使保险公司面临极大的不确定性,如住宅拆迁时的拆迁补偿费不足引起的损失,产业结构重新布局引起的地价下跌等变量,都会影响到保险公司推行反向抵押贷款业务的积极性。

（四）信息不对称与逆向选择风险

信息不对称风险是指某些借款人参与反向抵押贷款申请时,并没有真正地理解反向抵押贷款的具体操作,费用及贷款计算情况,比如他们是以房产的净值做抵押,贷款的累计余额一直在以复利形式增加。有鉴于此,借款人有必要在申请前接受详细的贷款前咨询。此外,必须要求贷款机构清晰、明确地告知借款人所有相关的信息资料与承担费用的数额。

在交易行为中,行为人之间信息占有的不同称为信息不对称。老年人的身体健康状况、既往病史、预期寿命及尚可存活年限等因素对反向抵押贷款业务开办至关重要,但这些事项的测定所需花费的成本也较高。由于金钱与时间的限制,相关机构对于这些信息的掌握往往是不完全的。导致贷款业务中的交易双方,对相关信息的掌握存在着一定程度的不对称问题。在信息严重不对称的情况下,就极可能发生"逆向选择"。

逆向选择是指在反向抵押贷款开办过程中,特设机构因为不能切实掌握老年人的实际状况等,而错误地估算其预期寿命,使机构遭受损失的可能性。特设机构如果要得到全部信息,需要花费相当的代价,如查询借款人的病历,从借款人的亲朋好友处打听,或者要求借款人到其指定医院进行检查。但是当花费的成本超过特设机构因此所能获得的收益时,事先的调查就会变得很不划算。但特设机构仍可以采取一定的措施防止或减少逆向选择的发生。

（五）道德风险

道德风险的产生源于签约后构成委托代理关系的双方间的信息不对称。拥有信息优势的代理人实施的隐蔽行为会对最终的交易价值产生影响,但这类行为既不能被合同的提供者——委托人全部观测到,也不能被保障合同执行的执法机构完全监控,因此委托人失去对这类行为的控制力。

房屋维护与销售中的道德风险也对市场需求产生重要的影响。申请反向抵押贷款的借款人大都是健康状况较差的贫困老人,住房的维护费用超出了他们可能承受的范围,并导致住房没有能够得到合理的维护。住房的损坏伴随着不可避免的贷款数额的增加,会很快使得借款人在住房上的经济利益消失,借款人愈发没有动力维护住房,住房贬值的风险完全由贷款机构承担。不仅在房屋修缮阶段,在住房出售阶段也存在道德风险。目前住房出售通常委托法院拍卖或者对拍卖价格无经济利益的亲属来进行。法庭拍卖涉及复杂的手续和时间,一般出售价格都会低于市场价格。因为可能存在懒惰和贪污等情形,由亲属处理情况会更糟。

(六)违约风险

在住房抵押贷款中,违约风险一般是指借款人因收入水平、经济状况、就业或经济环境的变化等,因而不能履行协议按期清偿贷款。但在反向抵押贷款行为中,违约行为表现为两个方面:一是贷款机构因资金拮据、流动性减弱等出现支付危机,从而无法按合约定期向借款人进行支付的行为;二是指贷款机构因为借款人不依照合约按时偿还贷款本息而遭受的损失。

借款人在贷款持续期间,是否会因为某种原因而不能按合约的规定偿还贷款本息而出现违约,是贷款机构需要积极防范的。而且在具体的履约期间,借款人也可能反悔要求提前终止合约,此时,贷款机构应采取何种措施,都需要在事先合约中予以详尽的说明。此外,借款人若以不具备完全产权的住房申请反向抵押贷款,或将同一住房向多个机构取得多份贷款,这些行为都将导致贷款机构的利益受损,必须给予防范。

(七)流动性风险

反向抵押贷款尽管有借款人的住房资产做抵押,贷款安全回收有一定保证,但仍面临着贷款期限不固定、抵押物价值波动、利率不稳定、房屋维修不当等风险。在反向抵押放贷的过程中,抵押物的价值直接关系到借贷双方的利益。房地产的价值受土地价格、建造成本、市场供需、自身属性等众多因素影响,其中大多数是不可预测的,这就使得预测未来房地产价格变得十分困难。抵押物未来价值的不确定性是反向抵押风险的主要来源。由于绝大多数反向抵押期限很长,要等到借款人死亡、永久性搬迁、出售房屋后才能收回资金,而这个时间是不确定的,贷款机构的资金周转极易陷入困境,造成资金流动性的障碍。贷款机构收到的这些住宅,最终是要用于变现的。但它能否以合理的价格出售,当无法出售或被迫以较低的价格出售时,贷款机构应当采取何种措施,就需要事先予以防范。

(八)支付风险

本业务存续期内,贷款机构需要动用的资金很多且在短时期内难以收回,这是由反向抵押贷款的现金流所决定的。反向抵押贷款的业务开办特点,首先表现在现金流动上呈现为"反向"运行。业务最初运营中的现金流表现为贷款机构大量长期地源源不断向借款人的流出,而无相应的流入。在不出现提前还款的现象时,仅仅在借款人去世之后,才有现金的流入。为了使反向抵押贷款能够顺利开办,贷款机构必须寻找足够的资金来源,或者设计某些制度获取足够的资金,来支持前期的年金支付。

(九)特设机构破产风险

对借款人来说,在反向抵押贷款执行中,特设机构的破产是一种很大的风险。对选择年金支付的借款人来说,特设机构的信用记录至关重要。如果是政府承保的反向抵押贷款,借款人连续收到的年金就会受到担保;如果是特设机构自己保险的私人反向抵押贷款,特设机构一旦破产,借款人的年金支付就没有保障了。显而易见,在借款人签订反向抵押贷款合同时,对其进行必要的风险提示,增加其对这一风险的了解,促使他们选择具有良好信用记录的特设机构,是规避这一风险的重要手段。此外,相关机构应对业务开办机构进行必要的监管,提高贷款业务的准入门槛,对一些资产信用状况较差的机构,不应允许其开办反向抵押贷款业务。

(十)政策法律风险

反向抵押贷款业务的推出,对政策法规制度的变革有极大影响,还可能存在与现行政策法规相抵触的地方。目前,我国的市场经济体制尚未完善,国家对于房地产业的宏观政策以及土地政策的变动,都会影响反向抵押贷款的执行。根据历次国家宏观调控的情况来看,房地产业都是受冲击最大的行业之一,这就造成了反向抵押贷款推行中的政策风险。尤其在我国目前尚处于转型期,经济体制以及与之相关的金融保险体制、养老保障管理体制、房地产管理体制及与之相关联的法规政策等,都还处于一个长期而激烈的变动之中。国家政策的走向大致是可以测定的,且可以很好地预测其变动影响,但具体政策的走向则是难以把握的。在引进反向抵押贷款制度的过程中,完善相关的法律制度十分必要。在反向抵押贷款的业务开办中,缺失的法律需要制定,不相容的法律则要予以修订完善。

(十一)拆迁补偿风险

反向抵押贷款产品的实施中,抵押的住房极可能会因城市规划、老城区改造等发生拆迁事项。位于老城区的老住宅大多居住着年迈退休的老年人,即反向抵押贷款的主要业务参与对象。因现代城市发展和功能活动的需要,这些老城区、老住宅拆除重建必然会是城市化改造进程中的重头戏。但有关住房的规划拆迁、老城区改造而导致的拆除等,显然不属于保险的范围。目前,保险公司还没有如此大的经济实力,就住房的拆迁业务给予保险,即使提供了保险,日后城区改造拆迁事项真正发生并导致相应损失时,保险公司也无法对此做出大规模的赔付。因此,在反向抵押贷款的业务实施中,这种住房拆迁毁损的风险必须采取措施给予防范。

(十二)自然风险

自然风险主要是指特设机构无法控制的某些自然异常变化(如地震、洪涝、台风等)而带来损失的可能性。住房在长期使用中,会因洪水、火灾、地震等人力不可抗拒的原因等导致毁损,既毁损其使用价值,也提前毁损了住房所蕴涵着的巨大的经济价值。这些灾害不可抗拒,一旦受到这些因素影响,房地产变现时价值低于累计的贷款本息总额的可能性大大增加,特设机构遭受损失的可能性加大。对此似可将财产保险同房产寿险业务予以有机组合,房产寿险业务保障房产的价值并用于养老保障,财产保险业务则用来保障房产的物质实体。

反向抵押贷款的业务开办中,住房价值保险、房款给付保险、财产保险乃至抵押人的人身保险等,都需要联合举办,并要求抵押人强制性地参与。其中财产保险和房款给付保险,正好可以相辅相成地发挥作用。财产保险往往在发生应赔付损失时,有赔付不足的事项,但在同时承担房款给付保险的状况下,这种赔付不足直接受影响的是寿险公司,这类事项就可以大大减少了。

(十三)抵押物风险

抵押物风险在反向抵押贷款模式的运作中更为明晰。反向抵押贷款的特点是历史久长、关系复杂、涉及面广泛。抵押物风险是指因抵押物(即抵押的住房)的价值灭失、下降或处置成本太高,而使特设机构实际收到抵押物时遭受的损失。反向抵押贷款以住房作为还贷的保证,是属于有担保的贷款,贷款的安全性较高。但在长达 10 多年或更多年份的抵押过程中,住房本身也可能存在着种种风险。如住房可能会因各种自然灾害和人为原因而遭到损毁,从而导致住房实体本身的灭失或价值下降;住房也可能会因其周围经济、交通环境的变化、城市规划变更等原因使得价格下降;即使住房完好无损,价值没变,一旦借款人违约,在处分抵押房产时,因产权纠纷、律师费上升等原因,需要花费高昂的处置费用时,特设机构同样会遭受损失。

在贷款业务的运营中,借款人有义务维护、保养抵押住房的完好,并为此花费一定的代价。但借款人是否真的采取了这些行动,行动的结果如何,特设机构却是无法直接观察到,或为此要加大观察的力度,却又是成本过高,从而会加速房产的贬值。可以采取的办法之一,就是定期(每隔三年或五年等)对房屋的价值重新进行评估,促使借款人维护、保养抵押的房屋。

(十四)中介风险

我国的住宅商品化、市场化已实施多年,按揭贷款业务也发展了相当长的时间,众多的中介机构得以建立了,但整体上来说还不够完善,中介机构的相互配套机制等更是如此。主要表现在:(1)尚未形成完整的中介机构体系;(2)已建立的中介机构业务范围狭窄、规模小、业务水平低;(3)中介机构经营不规范,缺乏有效的监管机制,造成机构的稳定性差,房地产市场一有风吹草动,就会引起行业内不少中介服务机构的关门大吉。比如,深圳市 2007 年下半年就因为房地产交易市场行情的大起大落,导致近乎半数的房地产中介机构的开办、兴旺与衰落、关闭。这种状况必然对反向抵押贷款的实施造成一定风险。

(十五)机会成本风险

机会成本风险是指当除反向抵押贷款以外的其他金融投资报酬率上升,超过反向抵押贷款利率时,给贷款机构造成的损失。贷款机构可以投资的种类很多,既有普通住房贷款,也包括其他各种有价证券、信托投资等。在资金量既定的状况下,贷款机构参与了反向抵押贷款,就很难同时参与其他项目,如果其他项目的收益率更高时,就可能使贷款机构面临机会成本风险。各种金融产品的投资报酬率,会随着市场收益状况发生变化,并非固定不变。如债券利率上升了,贷款机构若已把资金投入到反向抵押贷款业务,就无法享受更高的收益率了。

第九章　反向抵押贷款业务的开办

反向抵押贷款的业务开办是牵一发动全身之事,需要多个方面的共同努力、携手合作才能够成功。本章对反向抵押贷款业务开办中,各个关联方应当做的工作,业务开办中应当实施的条件、环境因素的制约、尚且存在的问题以及我们应为此需要做的努力等,给予全方位的说明。

第一节　各关联方应做工作

反向抵押贷款与其说是一种商业模式,不如说是一种新的思维与生活方式。反向抵押贷款的成功运营不仅有赖于贷款机构和借款人的积极参与,更需要包括政府、学术界、新闻媒体在内的整个社会的大力支持。如政府观念的开放程度、对养老问题的关注程度、企事业单位的支持力度、社会信任的建设、社会信用评级体系、中介机构和监督机构的建立等等,都会直接影响到反向抵押贷款计划的成败。我们不得不承认反向抵押贷款业务的具体实施过程中,遇到的实际问题比我们这里可以预想的将要更加复杂和烦琐。

一、政府大力倡导推动

从美国的成功经验可以看出,反向抵押贷款制度之所以能够在较短的时期内,做到健康有序的发展,最主要的原因是政府部门的介入。例如 FHA 为反向抵押贷款提供了相应的担保,降低了有关风险,才使得反向抵押贷款得以顺利并快速度地推广。这可见政府部门在反向抵押贷款的制度建设和业务开办中,担任着极其重要的角色,起到了保护伞的作用。我国引进反向抵押贷款制度的前期,政府部门同样应该积极参与并做好各项服务与监管工作。

（一）政府在反向抵押贷款中的作用

经济学理论认为政府不是万能的,常常也会出现一些政府失灵的现象;同样,市场也不是万能的,常常会出现一些市场失灵的现象。反向抵押贷款的市场本身并没有能力促使交易各方自觉达成和严格遵循游戏规则,作为第三方力量的加入如非政府机构(NGO)等,虽然对促进信贷秩序能够起到一定作用,但大多集中于道德约束层面,缺乏应有的强制力,作用十分有限。因此,从市场本身的弱点和第三方力量的局限性来看,政府对此的支持和干预是十分必要的。政府参与反向抵押贷款的推广,乃至成为支柱力量,对这一业务的顺利实施能够起到相当的作用,这主要体现在以下三个方面:

1. 有利于维护公平交易和公平竞争的信贷秩序

反向抵押贷款制度作为一种针对老年人的住房金融产品,只有在一个公平有序的信贷秩序下,才能提高资源配置的效率并促进市场的正常运转。通常认为信贷交易是借贷双方自愿达成的,但这并不意味着该交易一定会建立在公平和公正的基础之上。由于借贷双方力量的不对称,强势方可能依靠欺诈手段来增加自身利益,弱势方则会对市场产生极大的不信任,从而阻碍借贷市场的健康发展。另外,在不公平竞争的条件下,利率等资金配置信号会受到一定的扭曲,资金流动受到阻碍,贷款机构不一定要靠经营管理优势就能战胜竞争对手。反向抵押贷款市场的公平程度越高,越有利于市场优越性的充分发挥。而制定实施公平交易和公平竞争的游戏规则,就成为政府部门当仁不让的职责。

2. 有利于促进解决反向抵押贷款市场上的信息不对称

市场上的信息不对称现象是经常发生,对反向抵押贷款这种复杂的系统工程来说,更容易出现。政府作为公共权力机构,具有其他任何组织和个人都不具有的立法权、行政权和司法权,依靠这些权力就具有了制定游戏规则所必需的普遍适用性、合法强制力以及高度的权威性。政府可以通过制定管理条例、处罚措施、进行必要的资格审查、对其活动进行监督等等,来降低市场交易的不对称性,还可以对反向抵押贷款业务信息披露做具体规定,以保护借款人的利益①。

3. 有利于防止反向抵押贷款市场出现垄断

由于反向抵押贷款的进入成本高,对经营管理能力的要求高,以及规模经济的存在等原因,不可避免地会出现垄断现象。垄断的出现会导致借款人利益受

---

① 曾国安:《住房金融:理论、实务与政策》,中国金融出版社2004年版。

损、资源浪费、服务质量和效率低下等后果,政府绝不能听之任之。对于那些通过不正当竞争而形成的垄断行为,政府更应采取措施加以制止,从而提高整个市场的公平和有效性。

(二)政府介入的主要形式

美国的反向抵押贷款运作中,如前所述,政府起到了非常关键的作用。政府提供保险的反向抵押贷款产品 HECM 不仅在市场上占有绝对份额(90%),美国国会每年都要拨付大量的款项用于反向抵押贷款的业务宣传、消费者教育、咨询人员培训等,来扩大潜在借款人的需求市场。应当注意的是,美国政府向反向抵押贷款提供"兜底"保险和亏损补贴,并不是政府直接用财政预算补贴,而是由政府统一向借款人收取保险费用,以期对借款人与贷款机构可能发生的损失进行补偿。在保险基金金额不足的情况下,才由政府"兜底"。从市场实际运行来看,HECM 的制度设计是比较成功的,保险基金充足,且基金运作稳健,还没有出现需要政府救助的情况。

自 1987 年美国推出 HECM 示范项目以来,国会一直密切关注并监督反向抵押贷款市场的运行状况,还颁布了一些有关的法律法规来规范反向抵押贷款的运作环境,明确限定业务开办机构向借款人收取的贷款费用。HUD 会定期对 HECM 项目的运行进行评估并向国会汇报,FHA 负责对产品设计进行改进。HECM 示范项目的目的之一,是促进私有机构参与反向抵押贷款,但从近 20 年的实际运行来看,这一目的并未得到较好实现,目前仅有一家私人机构提供反向抵押贷款产品。

(三)政府提供抵押贷款业务的担保

在美国的反向抵押贷款制度设计中,政府部门主要提供三项保证:(1)在任何情况下老年人都不会被迫出售房屋来偿还债务;(2)反向抵押贷款属于"不可追偿"贷款,无论老年人的寿命有多长,借款人的债务都以房屋的总价值作为上限;(3)如果贷款机构不能继续支付老年人年金,将由政府担保机构负责继续支付。

美国政府的担保实质上是一种福利性担保,通过对反向抵押贷款实施担保来弥补社会保障制度的不足,既可以大大提高金融机构抵抗风险的能力,也能使老年人可以放心大胆地申请反向抵押贷款。如有 HUD 保险的住房反向抵押贷款业务,国家保证承担住房反向抵押贷款的回收额超过住房出售价值时的差额,并负责贷款意外受损时的赔偿。

在我国推行反向抵押贷款时,住房公积金、养老保障金管理中心和担保公司将扮演重要的角色。我国的金融机构尚没有开办反向抵押贷款业务的经验,最初应当考虑推行由政府担保的反向抵押贷款,在各地公积金管理中心成立反向抵押贷款的业务协助部门,住房置业担保公司则专门负责担保工作。由私人提供保险的反向抵押贷款属于纯商业性贷款,完全以营利为目的,对借款人而言费用标准较高,在我国尚不宜贸然推广。待政府担保的反向抵押贷款运作成熟后,再考虑开发商业性反向抵押贷款来活跃市场,最初可在几个重点城市,如北京和上海、杭州等地进行试点,取得经验之后再逐步向全国推广,以更好地满足老年人的需求。

二、房地产金融的积极支持

房地产金融与房地产息息相关。1998年以前,银行信贷主要用于房地产开发;1998年之后,银行开始大力发展个人房产信贷业务。我国自1998年实施扩大内需政策以来,形成一股新的房地产热。与1992年相比,新一轮房地产热有两个不同点,一是个人住房需求快速增长;二是住房消费信贷和低利率政策,为房地产业发展提供了双重金融支持。1992年、1993年个人购房在整个房屋销售总面积中占比分别为34%和44%,目前,个人购房面积的占比,已经从1998年的58%上升到目前的95%以上。

金融对房地产业的支持,也由过去单纯的企业开发贷款支持,转变为对投资和销售两个方面的支持。六年来,个人住房贷款占个人消费贷款的比重高达75%—97%。2003年与1998年相比,个人住房消费贷款增加了11,353.58亿元,增长了26.64倍,近年来实行的低利率政策将进一步刺激房地产业的发展。自1996年以来,我国连续8次降息,银行利率已处于历史最低水平,房产贷款利率五年内实行年利率4.77%,五年以上为5.2%①。

低利率对房地产投资和消费都是十分有利的条件:(1)低息推动国房景气指数上升。经回归分析,利率每下降1个百分点,同期国房景气指数上升0.5个百分点;(2)降息带动房地产开发企业的利润上升。银行贷款利率的大幅下调,有利于降低房地产开发企业的净利息支出,从而降低房地产开发成本,拓展企业

---

① 近年来通货膨胀加剧,央行多次上调银行存贷款基准利率,但实际利率尚不足通货膨胀率来得更高,总体上我国的利率水平仍然处于低水平。

利润空间;(3)降息有利于增加居民购房能力。利率下调减轻了个人住房消费信贷的利息负担。

随着我国住房制度的不断完善,房地产金融也不断走向成熟,但相对于快速成长的房地产市场,我国房地产金融创新却有些迟缓。房产商的资本大都以银行信贷为主,其他融资方式如上市融资、信托融资、债券融资等的比例都很小。金融机构迫切需要推出创新产品来弥补融资渠道单一的弊病,反向抵押贷款业务作为房地产金融的创新产品,未来必然有着广阔的市场。

三、房地产二级市场的健全

房地产二级市场是以存量住宅或二手住宅为交易对象的市场。1999 年 4 月 22 日,建设部下发了《已购公有住房和经济适用住房上市出售管理暂行办法》,规定了开放住房二级市场的基本条件和上市交易的基本程序,明确了公房上市的准入制度;1999 年 7 月 27 日,财政部、国土资源部和建设部联合下发了《已购公有住房和经济适用住房上市出售土地出让金和收益分配管理的若干规定》,明确了已购公有住房和经济适用住房上市出售所涉及的土地出让金缴纳和收益分配等相关政策;此后各城市纷纷出台了具体实施办法,进一步明确界定了公房上市时售房人的收益、购房人应缴纳的税费等问题,为住房二级市场的健康发展创造了清晰的政策环境,标志着我国二级市场的开放。

在过去二级市场开放的几年里,从国家到地方陆续推出了一系列二手房发展政策和措施。这些政策措施从内容来讲主要是围绕降低市场准入门槛、交易税费以及提升配套服务水平三个方面展开的。在计划经济时代,我国各主要城市房地产管理部门均设立有换房站,随着房地产市场的发展,这种比较落后的住宅交易形式逐渐萎缩,但换房业务始终没有退出市场。从北京和上海部分二手房代理机构的网站统计,可以看出住宅置换仍然占有相当多的份额。据统计,北京市 2003 年全年房屋累计成交量约为 18.17 万套,其中商品房预售总数为 11.4 万套;经济适用房预售总数为 3.38 万套,存量房(商品房现房和二手房)销售总数为 17,061 套;再上市房(产权二次转让的公房及经济适用房)销售总数为 16,826 套;存量房与再上市房屋交易数量已经占总交易数量的 19%。日趋活跃的二手房市场,不仅释放了住房市场的潜在需求,提高房地产的流动性,且有利于促进住房梯级消费的形成和产品结构调整。

四、中介配套机制的齐备

在反向抵押贷款的业务开办中,对老年人实施前期教育、咨询的行业协会必不可少,对它们的约束和监督机制也必不可少。我们认为在推行反向抵押贷款过程中应该着重处理好以下几个方面的关系:

(一)动用老龄工作机构做好反向抵押贷款的宣传教育工作

反向抵押贷款虽然是一个新概念,但与普通抵押贷款在某些方面仍有相似之处。普通抵押贷款至今已经形成了一系列有一定规模的中介机构,在推广反向抵押贷款业务时完全可以利用已有的资源,鼓励其为反向抵押贷款提供配套服务。我国现有的老龄工作机构,如老龄委等,也可以成为推广反向抵押贷款的辅助配套机构。老龄委是专门负责老年事务的专业性机构,其服务的人群就是老年人,利用它们在这个领域的丰富经验,将有助于配合贷款机构做好反向抵押贷款的前期宣传以及咨询教育工作。

(二)以市场化为主,同时发展非营利性机构

通常反向抵押贷款制度的中介机构如房产评估、处置、代理等,大部分属于市场化企业,这样可以达到充分竞争,提高服务质量,降低成本的目的。但市场化的中介公司为了追求利润最大化难免会造成恶性竞争,这就需要非政府组织来弥补。这些机构都必须是非营利性的,才可能保证公开、公正、公平的原则,不至于产生欺诈和合谋行为。

(三)非专业和专业性机构并存

中介机构包括专门提供各类中介服务的专业性机构,如房产评估机构、征信机构等,和同时兼营或经营其他业务的非专业性机构。在反向抵押贷款中,应该鼓励非专业性和专业性机构并存,达到最大限度地满足市场需求。

(四)法治先行,严格规范市场

市场经济是法治经济,推行反向抵押贷款之前就应该制定相关的法律法规。如前所述,反向抵押贷款运行的每个环节都涉及各种利益关系,为了保证老年人的合法权益不受侵犯,金融机构有章可循地推行此项制度,保证中介机构提供的服务更加有序和规范,制定相关的法律法规是十分必要的。强制性的法律法规可以事先有效地遏止住一些试图利用法制漏洞来谋取利益的欺骗行为。此外,行业协会将主要负责约束和规范中介机构的行为,以保证反向抵押贷款市场的健康发展。

五、完善住房抵押贷款的二级市场

房地产贷款二级市场是指买卖抵押房地产债权的市场,房地产贷款银行将已抵押的债权转让给一定的机构,这些机构再将这些成千上万的已抵押房产的债权打包推向金融市场,从金融市场吸收资金再投入到房地产贷款银行①,使得房地产贷款一级、二级市场相互连通形成良性的资金流通。一般银行是以经营存贷业务为主,多为流动性强的短期存款,房屋抵押贷款通常是 10 年以上的长期贷款,变现能力差,在没有贷款二级市场的情况下,银行进行资产负债管理将变得相当困难,很可能造成流动性风险。房地产贷款二级市场的存在和发展,就可以满足贷款银行和债券投资者的需求。

根据国际经验,单单发展房地产贷款一级市场将使得贷款机构无法避免流动性风险,这是造成我国金融机构普遍贷款偿还期较短的根本原因。通常发达国家如英国一般可达到 15—25 年,美国一般为 20—30 年,最长一般都是 35 年,甚至更长,而我国一般为 15 年,个别最长的不超过 20 年。如果没有发达的二级市场实现金融机构风险的转移,很难想象反向抵押贷款制度能否进一步深化。同样,如果没有贷款二级市场,贷款机构为了自身利益考虑会提高反向抵押贷款申请的各种门槛,这样势必会造成有需求的老年人对反向抵押贷款的误解而放弃申请。如此下去会造成一种恶性循环,金融机构无法规避风险而抬高费用,老年人望而却步,市场进一步畏缩,最后造成金融机构成本过高而不愿推行反向抵押贷款。

在推行反向抵押贷款制度中,建立贷款二级市场是十分必要的,但我们并不主张仓促建立,必须是在反向抵押贷款实行一段时间,各项机制都运转自如之后方才考虑。随着反向抵押贷款市场规模的扩大,对于发展二级市场的需求也会日益强烈,到时候建立二级市场也就水到渠成了。

六、实行反向抵押贷款资产证券化

反向抵押贷款资产证券化,是以一系列反向抵押贷款资产为标的资产,并以其未来所产生的现金流为担保,通过发行反向抵押贷款资产证券的方式,将资产出售给投资者的融资活动。资产证券化增强了资产的流动性,又分散了风险。反向抵押贷款资产中,贷款机构最后的现金流入要等到借款人死亡、搬迁、销售

---

① 丁健、胡乃红:《房地产金融》,上海译文出版社 2003 年版。

之后才能取得,期限太长,流动性不足。资产证券化有效地解决了这个问题。贷款机构通过资产证券化优化了资产负债结构,并释放资本以从事具有更高边际收益的项目。住房抵押贷款证券化(mortgage-backed security,简称 MBS)在全世界已经比较普遍,反向抵押贷款资产的证券化也在美国和欧洲得到开展。

　　反向抵押贷款资产证券化是一种抵押担保证券,指反向抵押贷款资产机构把自己所持有的流动性较差,但具有未来现金收入的反向抵押贷款资产,汇集重组为反向抵押贷款资产群组,由证券化机构以现金方式购入,经过担保或信用增级后,以证券的形式出售给投资者,以融通资金,并使住房反向贷款风险分散为由众多投资者承担的融资过程。国外经验表明,住房金融制度的建立离不开政府的支持,住房金融机构普遍带有官方或半官方色彩。建立具有政府背景的特设机构(Special purpose vehicle,SPV),借助政府背景在 SPV 成立之后有助于提高或强化 SPV 的资信力度,提高资信评级,从而增强投资者信心,吸引更多投资者进入反向抵押贷款资产证券化市场。

　　反向抵押贷款资产未来流入的现金金额和时间都有着极大的不确定性,贷款资产支持证券的具体设计也有别于一般的资产支持证券(ABS)和抵押贷款支持证券(MBS)。如产品设计不当,接受反向抵押贷款资产组合的中介机构就会面临巨大的流动性风险。如果证券化中贷款现金带来的现金流入量,与支付给投资者的现金流出量存在时间上的错配,投资者将面临着流动性风险。反向抵押贷款资产支持证券的设计,可以是将反向抵押贷款资产机构的贷款资产组合销售给 SPV(SPV 可以是信用较高的金融机构,如资产管理公司等)。SPV 将反向抵押贷款资产组合按预期的期限分成几类,然后将各类资产组合作为标的资产发行债券,经过信用增强机构的信用提高,由其他金融机构或者由 SPV 将债券销售给不同类别的投资者。投资者按债券的到期期限分为 A、B、C、…、Z 类,每一类投资者的债券利息采用浮动利率。由于反向抵押贷款资产不像抵押贷款定期有借款人的现金流入,因此反向抵押贷款资产支持证券的利息累计到贷款到期时支付。首先是 A 类投资者获得本金利息支付,然后依次是其他投资者获得本金利息支付。

七、其他相关措施

(一)多种模式选择

反向抵押贷款制度在国外运作中一些已经被证明有利于老年人养老的做法,

如提款方式可以采取一次性付清、每月定额支付和信用额度支付相结合,借款人在死亡、迁出或者出售房屋前不必还款,规定借款人的继承人具有抵押房屋的优先购买权,只要继承人还清债务即可保留老人的住房等做法,都可以移植到我国。

(二)地区政策差异化

我国幅员辽阔,地区差异大,也应像美国一样,根据地区差异各地确定不同地区的贷款最高限额。美国由于其国家统计工作比较细致完善,地区限额差异精确到县,而我国统计工作水平有限还无法做到这一点,可以考虑适当分几个等级。另外由于房屋是依附于土地的,我国现行法律将土地分成国有土地和集体土地两类①,前者主要在城市,而后者为城市郊区和农村,两者分别适用不同的管理制度,土地价值也不同。我国引进反向抵押贷款制度后,不同地区的贷款最高限额可精确到地(地级市)一级,并在每个地区内再区分国有土地和集体土地的房屋,分别确定最高限额。这样既符合现有的土地管理制度,又符合房屋价值的实际分布。

(三)住房拆迁和征地是我国的特殊问题

借款人用于抵押的房屋如被动迁或者征用,若是实物动迁的,本着反向抵押贷款的理念,原则上应以动迁所获得新的房屋转抵押,合同继续生效。如果借款人采用货币政策动迁的,则可以选择"房屋转换计划",把动迁费用置换成永久性入住养老院的费用,或者选择清偿反向抵押贷款债务。

综上所述,虽然我国开展反向抵押贷款已经具备一些条件,但还存在一些不足和阻碍。我们应该看到,中国反向抵押贷款业务的开拓和发展还有很长的路要走,需要继续研究的问题也很多,如预测未来房产价值的方法;对借款人的逆向选择和道德风险的控制;对借款人存活期限、未来无风险利率、贷款利率和年金回报率的预期;监管机构和监管政策,未来的税收和交易政策,以及它们对反向抵押贷款净成本和给付方式的影响等等。

第二节　反向抵押贷款实施的制约条件

反向抵押贷款,作为一种新的金融产品,一种有效的资产管理工具和养老保障的重要手段,为什么没有呈现出一种"一呼百应"群起效仿的态势? 为什么大

---

① 《中华人民共和国土地管理法》第8条。

家迫切期望这一新贷款品种的到来,而当它真正同公众见面时,却是关注者众而参与者寡呢？这一现象值得我们的关注,要知道在人们的思想观念大大开放,金融新型产品层出不穷,营销服务体系臻于完善的美国,尚且呈现如此的状况。在我国要推出这一新型金融产品,又会出现何种状况呢？反向抵押贷款在我国的实施,目前还存在一些制约因素。

一、因历史原因老年人的住房状况还较差

当前老人的居住条件还较差,因而评估价值小,无法逐渐转化成消费资金。但随着居民住房条件不断改善,尤其是当前事业有成的中年人,拥有较好的住房条件,若再过 20—30 年,即到 2030—2040 年时,他们就将步入老年,而这一期间正是老年人口年均增长量最高的时期。根据国际物业顾问公司戴德梁行对不久前参加上海跨世纪房地产交易展示会的购房者所做的购房需求调查,结果表明愿意支付一套房价总额在 45 万元以下的购房者比例由 1999 年 8 月的 66% 下降到目前的 58%,承付能力在 75 万元以上者小幅上升,说明中高价位、高素质住宅的销售逐渐上升,而且购房者中 40 岁以下和 40—60 岁人群,分别占 47% 和 39%。根据这一发展趋势,相信未来对反向抵押贷款需求是巨大的,金融机构应尝试开办此项业务。

二、在反向抵押贷款的推行中相关法律还有待完善

违约会给金融机构带来一定的风险,因此应给予金融机构以法律支持。规定当发生违约时,金融机构可以申请仲裁或起诉。为减少违约的发生,金融机构应对申请人进行相关的资信调查,并由专业性的评估机构对房屋进行评估,以提高准确性,降低风险。当然,金融机构在强行处理违约房产或采取其他措施催还贷款时,因涉入伦理问题,由国家出资建设老年人收留机构是非常必要的。此外,住房二级市场的完善也是反向抵押贷款得以顺利推行的一个重要条件。如果反向抵押贷款的需求大,那么合同到期时,就会有大量的房产需要出售,以还清贷款,这能够促进抵押房地产市场的发展,盘活老年人的房产资源,形成住房市场与住房建设的良性循环机制。

三、传统文化的障碍,养儿防老、遗产继承观念根深蒂固

中华民族有着悠久的历史文化传统,"养儿防老"的观念根深蒂固。子女赡

养老人是应尽的义务,也是我国的优良传统,老人过世后的遗产理所当然由儿女
继承。反向抵押贷款的推行要考虑人们对这一新观念的接受程度。年轻一代的
思想观念解放,对反向抵押贷款这种新养老模式的接受相对比较容易。但对老
年人来说,参与反向抵押贷款会担心自己的行动会伤害子女的尊严,也可能希望
自己过世后为后代留下遗产等复杂感情因素。此外,老年人接受新事物总是较
慢,而反向抵押贷款这种金融产品本身又相对复杂,老人对其的理解与接受会更
难一些。

在中国,父母健康、死亡及遗产继承等话题往往被视为一种禁忌,很少有家
庭能够就此展开务实的讨论。老年人接触的信息少,对新的理财观念和工具都
不太了解,往往不知道自己的遗产也就是房子除留给子女外,还有更广泛的用
途,可以提高自己的收入、支持日常的消费等。当然,人们的观念总是会随着时
间的变化而改变,现在的年轻一代就没有像他们的父辈那样有强烈的遗产动机,
他们对金融工具比较了解,也更容易接受新的思想观念。在美国,一些反向抵押
贷款的借款人就是在子女的介绍和鼓动下才参与的。政府与潜在的贷款机构应
做好反向抵押贷款的前期教育,向老年人广泛宣传反向抵押贷款产品,使其了解
反向抵押贷款,知道它的好处。通过前期教育,也可以达到迅速普及反向抵押贷
款的目的,使人们更好地接受这种新事物。

四、预防可能发生的房地产泡沫

容易引发泡沫的领域一般都具有供求难以均衡、供给弹性小的特点。土地
在所有生产要素中具有最小的供给弹性,也最容易产生泡沫。房地产建设受土
地供给的限制,特别是城市中心地区的土地,不可能随价格的上涨而增加供给。
经济过热时对房地产的需求旺盛,土地的稀缺限制了房地产的供给,加速了房地
产价格的飙升,从而引发房地产泡沫。

房地产泡沫与房产价格波动不同,房产价格的急剧上升与下跌具有极强的
破坏性,日本在这方面有着深刻的教训。在我国,虽然房地产市场化运作的时间
较短,但也曾遭受过房地产市场泡沫破灭带来的危害。近年来,我国的房地产市
场,尤其是在经济发达地区异常火暴,部分地区房地产市场过热乃至泡沫的迹象
已经显现。在我国推出反向抵押贷款时,一定要充分估计可能出现的房地产泡
沫。由于房产是反向抵押贷款的唯一还款保证,如果贷款到期时,房产价格处于
上升阶段,对贷款机构来说,房产出售价格会远远高于预期,贷款机构将获得较

好的收益;但如出现相反的情况,机构就可能遭受重大的损失甚至破产倒闭。

从长期来看,一个国家或地区的房产价格总是保持一种上升的趋势。但如出现对市场的错误判断,误把房产泡沫的形成过程看做正常的房产升值,就会出现严重的后果。这就要求在设计反向抵押贷款产品时,合理确定房产升值率,这是非常重要的。如果房产升值率定得太低,借款人可能没有参与的积极性;但如定得太高,贷款机构遭受损失的风险就将加大。

防止房地产市场出现泡沫及出现泡沫后,如何对贷款机构进行救助方面,政府应该承担相应的责任。首先,政府应采用合适的宏观调控措施及时防止房地产市场过热,保持市场的相对平稳。当出现房地产泡沫时,政府要对陷入流动性困难的金融机构进行救助,既保护了老年借款人的利益,也有利于整个金融体系的稳定。

第三节　我国发展住房反向抵押贷款业务面临的问题及前景

一、反向抵押贷款业务开办的障碍

在我国,目前要推出反向抵押贷款业务,可能影响到市场需求的因素主要有:

(一)传统伦理的影响

1. 老年人受传统思想的影响。在中国,子女赡养老人是其应尽的义务,而父母把房产留给子女是中国几千年的传统。对绝大多数老人来说,房产是他们身后最大的一笔财产,而且习惯把它留给子女。如果参与了住房反向抵押贷款业务,父母身后就没有什么能留给自己的子女,无异于剥夺了子女的继承权,这与中国家庭财产继承的传统很难相容。

2. 社会舆论对子女的压力。俗话说"百行孝为先",赡养父母是我国千百年来的优良传统,如果父母办理了住房反向抵押贷款业务,可能会给人子女不孝的感觉,多数人认为只有那些没有儿女或儿女不孝的老人才会选择住房反向抵押贷款业务。这将对"养儿防老"的传统造成冲击,让子女承受不必要的舆论压力。

3. 冲击中国传统家庭观念。家庭作为社会的基本单元,不仅需要保障每一个家庭成员的人身权益,免受外在侵犯,还须承担社会的责任和义务。在中国,养老首先就是由家庭承担,这也是我国传统思想中荀子对孝敬父母"能以事亲"思想的最好诠释。办理了住房反向抵押贷款业务的老年人,容易被社会误认为是被家庭遗弃的鳏寡老人,这是子女、父母乃至整个社会所不能接受的。

4. 复杂的心理因素。通常认为老人辛苦半生才还清贷款,晚年时不愿再举新债。无论这种令人不舒服的心理来源于何处,就反向抵押贷款而言,却是真实存在的。尽管反向抵押贷款承诺允许房主永久居住,但想到因健康原因进行休养时间的任何延长,有可能丧失居住的权利,总会令人望而却步。Lusardi(1999)的研究表明,许多家庭没有考虑太多的退休生活,从而为退休准备的积蓄很少。Donoghue 和 Rabin(1999)把人们在行动(决定)涉及当前的成本和未来的收益表现出格外迟钝的现象称之为"逃避性(avoidant)"行为。老年人群对反向抵押贷款兴趣较低也是一种典型的"逃避性"行为。

（二）银行的趋向性弱

1. 传统的住房分期抵押贷款的风险随时间的推移不断减小,反向抵押贷款则恰恰相反,随着时间的推移,风险在不断增大。正是由于未来的不确定的风险,使得银行从经营角度考虑,对此业务积极性不高。

2. 我国的房地产市场价格走势、人均预期寿命等相关因素还没有长时间的稳定表现。特别是现阶段我国房价涨幅过大,部分地区存在着一定的泡沫,未来的房地产市场存在着极大的不确定性,银行控制风险的难度很大。

3. 从实际的角度分析,住房反向抵押贷款业务在国内银行开展还具有较大的技术难度,负责住房反向抵押贷款业务的银行需要进行大量的调研工作,需要大量的保险精算人才,而如何将房产的价值平均分配到老人每月的养老金中,更是一个难以解决的问题。

（三）承办主体缺位

住房反向抵押贷款业务开办的特点是需要资金多、延续时间长、风险大、外部效应强,一旦发生问题极易引起社会矛盾。而考虑业务开办的根本目的——养老保障的特性,又决定了本业务的运营必须是长期、稳健、持续的。基于此,经营住房反向抵押贷款业务的机构不能期望借此牟取高额利润,这与金融机构追求利润最大化的目标是有一定的偏离的。

（四）医疗保健、迁移与预防性储蓄

借款人面临的一个危险是借取贷款后健康状况恶化。首先,由于较早地花费了住房权益,使得借款人在健康状况恶化时没有多少资产可以动用。当老人身体状况不好时,可能离家一段时间进行治疗,也有可能考虑更合适的居住安排。对于体弱多病的老年人来说,搬进临时住所也许是一个更好的选择。但由于已经消费了一些住房权益,要从剩余的住房价值中获得足够的搬迁资金已不太可能。其次,更重要的是老人的健康状况和居住安排的冲突。从技术上来说,这些家庭由于需要离家较长时间进行休养或者没有及时缴纳财产税和修葺住房,最容易违反反向抵押贷款合同。这时,贷款提供机构有权要求出售房屋归还贷款。因不幸的健康原因而被赶出住房的风险,导致许多理性的家庭不愿选择反向抵押贷款。

(五)交易费用过高

影响美国反向抵押贷款市场进一步发展最明显的缺陷就是较高的交易费用。据计算,一个拥有 10 万美元房产的 75 岁老人,大概需要支付 6,500 美元的贷款费用,而他能获得的净贷款额不超过 4.1 万美元,这对大多数老人来说都不是一个太合算的交易。

供给方面导致反向抵押贷款较低水平使用的最直接因素是 HUD 付给发放 HECM 贷款机构的费用相对较低,这些费用对于大部分银行来说不是特别有利可图,所以市场供给的参与不是非常积极。除此以外,上面提到的各种市场缺陷,如交易费用很大程度上是内生的。交易费用在一个成熟的市场上应该是较低的,而且大部分的费用来自于税收,如来自需求和供给方面的政治压力较大,这些费用是能够降低的。就道德风险而言,如果贷款合同设计为贷款机构有动力履行房屋修缮任务的话,也就显得不那么重要。同样,医疗保健方面的担忧也可以通过改进保险合同来妥善处理。最重要的一点是在一个成熟的市场上,合同应该包含能够降低大部分激励问题和心理问题到一个可控程度的条款。美国学者 Andrew Caplin 认为供给方面私营部门缺乏参与的兴趣的原因是监管环境与政策具有不清晰,产生较强的不确定性,这些不确定性阻碍了产品创新。

尽管存在上述制约,但从长远来看,住房反向抵押贷款业务在我国的开展是大势所趋。对国家来说,住房反向抵押贷款既能起到社会保障压力减震器的作用,又能盘活社会资产总量,刺激消费,促进社会经济的发展;对拥有住房的老年人来说,住房反向抵押贷款能够拓宽融资途径,可以改变靠投资回报或子女赡养来支撑退休生活的方式,提高生活水平,在经济上更独立,能有效避免出现“房子富翁,现金穷人”的尴尬;对银行来说,住房反向抵押贷款业务能够拓宽营利空间。因此,在我国发展住房反向抵押贷款业务将形成多赢的局面,前景广阔。

二、反向抵押贷款推出的某些缺陷

反向抵押贷款的业务开办,并非都是叫好声一片,也有一些缺陷和不足掺杂其间,需要给予应有的正视和防范。

(一)反向抵押贷款将进一步推动当前房价上涨

我国的房地产市场过热已持续了几年,房价上涨势头还未能完全遏制住,近几年来还出现加速度之势,成了推动物价上涨的主要因素之一。以房养老为住房增加了新的功能,在传统的居住生活、目前的投资融资功能之上,又增添了养老保障的新功能。新功能的增加必然会带来住房性价比的提升,使得同等钱财的花费购买的住宅,可以得到更多的效用。而反向抵押贷款等以房养老模式得到极大推广后,必将极大地增加人们对房地产的需求,使得大批原来不准备购房的人,也争先恐后地进入房地产交易市场。住房功能的增多和对住房旺盛的需求,必将拉动房价进一步上升。因此,有人提出"以房养老会引起房价的进一步上升",并非全无道理。

也有人谈到,由于房价持续、较大幅度的上涨,炒房热还在各地不同程度地上演,此时推出反向抵押贷款,无疑给炒房者吃了一颗定心丸,给"炒房热又添了一把火",给虚热的房地产需求增加了新的客户,而真正的房屋需求者则更加买不起房。其实,反向抵押贷款的出现并不可能产生如此之大的影响。这番话既无道理,也不符合事实。

(二)反向抵押贷款难以惠及中低收入阶层

希望以房养老,首先得有自己的住房,要做到这一点,就得有足够的钱买房。城市普通老百姓居住成本占家庭收入比重过高,已是不争事实。当前买房最主要的目的就是解决基本的生活需要,一般老百姓很难有余钱买房养老。新华网2006年2月20日公布的调查资料显示,在参与调查的已经拥有住房的104人当中,近四成的人表示买房后的实际生活水平降低了。关于买房的资金来源,只有8%的人选择了家庭积蓄,有50%的人选择了银行贷款。以房养老政策能够惠及的大都是有钱有房的人员,无房子的低收入阶层较难从中获益。

(三)反向抵押贷款无法控制未来房地产市场的风险

实行反向抵押贷款后,购房的目的不再仅仅是满足基本生活的需要,而是将购房作为一种资本品来运作,是为了将来能从中获益。是投资就会有风险,房地产投资也不例外。房地产价格可能会在相当一段时期内持续上升,但不可能永久性地走高,房价有涨就有跌。如果房地产市场出现泡沫,加上商家的炒作,房价就很有可能出现大起大落。试想,当人们将大部分部积蓄都投入买房,而且其中部分资金可能还需向银行贷款,一旦将来不能获得预期的收益,出现房产大幅的缩水,此时反向抵押贷款就可能失去原有的作用。政府在一定程度上可以控制房地产市场的风险,但房地产市场有它自身的运行规律,政府不可能完全控制,如果调控不当可能引致更大的风险。反向抵押贷款将政府的养老政策、老百姓的养命钱与房地产市场绑在了一起,因此存在着一定的政策风险。

（四）反向抵押贷款的推广会受到市场需求瓶颈的制约

房地产市场的发展必须以现实的需求为基础。反向抵押贷款政策的推广,必然受到房地产需求的制约。有了房,要有人来买;买了房,要有人来住,有人住才是真正的需求。买房是为了居住,反向抵押贷款使部分拥有房产人能用房产实现养老目的,不失为良策。但如所有的人或大多数人都依靠反向抵押贷款来养老,就容易产生千军万马走"独木桥"的局面。这样的政策实行后,可能的结果就是房地产市场做得太大,许多人都成了房产的供给者,那么房产卖给谁、租给谁都将是个大问题。反向抵押贷款政策在一定程度上扩大了房地产的投资需求,而过度的房地产投资也可能会导致大量房产的积压,使贷款机构难以获得必要的投资回报,影响老年人的养老生活水平。这一情形是不大会发生的,但这里预先提出也算是敲敲警钟。

第四节　发展住房反向抵押贷款业务的对策建议

一、建立与完善相关政策

在我国开展此项业务必然会遇到很大的阻力,业务开办初期,政府应给予一定的优惠政策,如对开展反向抵押贷款业务的机构进行税费减免等。因此,国家对经营此项业务的金融保险机构,不仅要从政策上,而且要从资金上大力支持,从多方面降低机构面临的风险,消除它的后顾之忧。

国家要完善房地产法律制度,大力发展服务业,包括房地产预测评估行业、寿险监控预测行业等。发达国家推行住房反向抵押贷款业务,有完善的社会服务业做支撑,这是反向抵押贷款业务大多存在于发达国家的主要原因,我国需要加快相关配套体系的建设。

二、积极培育外部环境

1. 注重对全民新型养老观念的培育。国家要大力宣传,倡导现代养老新方式,培养新型的养老观念。我国人口多,经济欠发达,老年人占总人口的比例逐年增加,到 2050 年我国 10 个人中就有 3 个是老年人。现实决定了国家不可能大包大揽养老领域的一切问题,发展住房反向抵押贷款业务,老人通过自有住房融通资金,既能有效解决生活资金紧张的困扰,又不会增加子女的负担,应大力提倡。

2. 注重引导与中国传统思想的冲突。应该看到,反向抵押贷款业务既是对传统"养儿防老"的一种挑战,更是对养老保障制度的一种有益补充。通过住房反向抵押贷款业务可以使老人经济条件有所改善,使他们过上高质量的生活,这也是子女对父母的一种间接尽孝。父母可以有一定的资金享受生活,也减轻了子女的负担,还可以将两代人之间的过度依赖改为相对独立自强,可以促进我国建立新型的父母子女之间的代际关系。

三、选取合适的经营机构

住房反向抵押贷款业务的特殊性,决定了经营业务机构的特殊性。在设计住房反向抵押贷款业务时不仅要考虑充足的资金来源、申请人预期寿命,同时还要兼顾社会保障、非营利的特性。在我国,银行、保险机构、社会保障部门有着各自的优势。银行虽然有资金优势但对申请人寿命的预期却不比保险机构有优势。而保险机构对房地产金融市场的了解程度又不如银行。同时对于抵押贷款的收回风险、利率的不稳定风险、房地产市价波动的风险,只有在保险业及社会保障部门的参与下,分散贷款回收风险,才能使这种新型的房地产融资方式得到稳步发展。因此,在我国推行此项业务之初应借鉴国外成功经验,建立以银行、保险机构为主,保障部门为辅,其他中介机构(如会计事务所、律师事务所等)积极参与的经营模式,待市场成熟之后再允许各种金融机构单独经营。

四、建立具体操作规则

我国法定的退休年龄是 60 岁,老年人退休后只能靠少量的退休金维持生活。因此,申请住房反向抵押贷款业务的对象,其年龄也应当限制在 60 岁以上,同时拥有私人房产。贷款期间,借款者继续拥有居住权,直至死亡,这样可以避免老年人离开自己生活多年的居所而难以适应。贷款额度应视借款者年龄、房屋位置、利率变动以及个人信用情况而定,同时规定借款人必须购买一定额度的保险。对于贷款额度以及相关利率水平,应规定根据现实的情况定期重新核定。贷款的发放方式由借款人和贷款机构协商确定,可以分期支付也可以一次性支付。还款方式可以选择房产抵押还贷或者是继承人现金还款或借款人在市场上出售套现,在同等条件下,其子女有优先购买权,在某种程度上尊重子女的继承权。

五、建立专业化的人才队伍

我国保险业从 20 世纪 90 年代初开始起步发展,到目前为止才不过二十几年。从整体上来说,保险从业人员绝对数量多,但高端人才较少,人才的知识层次差异比较大。有资料显示,1980 年中国人民保险公司独家经营所有保险业务,整个行业的人员大概是 3,941 名。目前中国保险从业者 220 多万人,其中经营管理人才大约 30 多万人,保险营销人员大概 180 多万人左右。

反向抵押贷款涉及证券、房地产、资产评估和财务会计等方面的知识,需要宽基础的多面手加入到这项业务的开展过程中来,特别在业务开展初期,人才的培养和直接引进都是非常必要的。反向抵押贷款业务,在我国是个尚未开拓的新领域,发展空间巨大但又存在着人才、法律制度和金融市场的多重制约,应当设立金融保险人才库,不断加强对人才的培养和管理。同时,邀请国外具有丰富经验的专家直接进入贷款业务的管理工作,定期开展内部人员培训,通过长时间的人才培养,才能从根本上解决高端精算技术人才短缺的问题。

六、完善金融市场和相关的制度法规

目前我国的金融市场还不发达,社会信用体系不健全,金融产品还不丰富,管理体制落后,各金融机构控制产品设计、风险管理能力和发达国家相比还有不小的差距。反向抵押贷款产品的设计是一个非常复杂的系统,牵涉面广,风险大,并且与老人的养老问题紧密结合,如设计不当,可能会出现事与愿违的效果,造成不必要的经济纠纷。反向抵押贷款的顺利运作要有完善的二级市场的支持,以增加贷款的流动性。目前,我国的传统住房抵押贷款市场虽然已有较大的规模,但还处于初级阶段,资产的流动性比较低,致使资金的利用效率低下。资产证券化学术上的讨论与研究已经很多,但还没有进入实质性操作阶段。

上述问题的解决一方面要靠金融体制改革的进一步深入,增强金融机构市场竞争能力、风险管理能力;另一方面是外资金融机构全面进入,在带来一定挑战和市场竞争压力的同时,也为国内金融机构带来了发展机遇,能够促使国内金融机构增强市场竞争意识与危机感。通过与外资金融机构的竞争与合作,国内金融机构的市场竞争能力、风险控制能力、产品设计能力等能够得到提高、改善。住房抵押贷款的证券化在我国已经实现,相信可以为住房反向抵押贷款证券化及其二级市场建设提供有益的操作经验。

七、实行灵活自主的金融政策,放宽金融机构的经营范围

目前中国金融市场还不够完善,证券、保险、银行处于严格的分业经营,分别监管的模式,阻碍了各金融机构之间的联手合作。政府部门确立分业运营是出于有效金融监管和风险控制的考虑。如果金融机构自身能够具备比政府更加有效的控制风险的话,其实"分业"与否也就没有必要了。

在风险管理方面,银行业、保险业和证券业应该做到"识别和评估所有重要产品、活动、程序和系统中固有的操作风险。确保在引进或采取新产品、活动、程序和系统之前,对其中固有的操作风险已经经过了足够的评估步骤"。同时,"应该制定一套程序来定期监测操作风险状况和重大损失风险,制定应急和连续营业方案,以确保在严重的业务中断事件中连续经营并控制住损失"。金融行业可以通过内部的风险控制确定各自的职责范围和明确的执行步骤,进而细分风险和控制风险。如果金融行业在市场中已经具备了上述的风险管理能力,政府应逐步放宽分业经营的限制,在金融监管上出台更加灵活的政策,促进我国反向抵押贷款业务市场的培育与壮大,提高社会的整体保障实力。

八、加强国家法律法规的建立和完善

反向抵押贷款的顺利开展需要外部环境的积极支持。在我国,具体说来,需要宏观经济政策的支持和制度设计的支持。在宏观经济政策方面,为了促使住房抵押贷款证券化的顺利发展,政府应该完善涉及经济、金融、证券、会计和税务等各个方面的法律制定,应在现有的基础上积极指定或建立专门的监管机构,建立健全监管法规,提高监管程序的透明度,从而建立一个高效、规范、安全的市场体系与交易规则,吸引中外投资者参与。可以由中国人民银行和中国证监会联合成立中国资产证券化试点管理委员会,负责包括住房抵押贷款证券化在内的

所有资产证券化的协调、指导、监管等工作。

在制度设计方面,主要是各职能机构的建立和完善。反向抵押贷款业务需要各职能部门通力配合,也需要建立特设机构,专门负责住房资产的证券化问题。可以通过政府来推动证券化的各运行主体的建立,运用强有力的政府力量完成制度变迁。政府还应对住房抵押贷款证券化采取优惠政策支持,发展初期对证券的各类投资者的收入实施免税优惠,提高投资者的积极性;或者由政府出面或支持现有信用保证机构,对证券的发行进行担保,以提高其可流通性。只有这样才能建立起高效的反向抵押贷款运营机制,我国的反向抵押贷款业务的开展将指日可待。

九、建立权威的信用评级机构

中国的证券市场中长期存在着信用评级机构的缺位问题,即使存在评级机构,机构间横向的交流和合作机会也很少,各机构基本处于竞争状况,造成评级市场的不规范。问题主要表现在:各机构的评估原则不统一,缺乏必要的行业评估标准,评级所用的定性、定量指标不一致,缺乏横向比较的基础;同时,不正当竞争严重,评级秩序混乱,某些评级机构为了拉客户,"AAA"的企业遍地开花,造成了评级结果的公信力下降,评级市场极度不规范,缺乏有效的信息披露机制,这使投资者增加了证券投资的难度,带来与证券发行者间的信息不对称问题。

鉴于我国目前评级市场的情况,为保障反向抵押贷款业务的顺利开展,应该建立一个大型的信用评级机构,树立住房反向抵押资产证券化评级机构的权威性,迅速制定反向抵押贷款证券化的标准评级体系。随着市场的不断成熟和发展,该评级机构可以向营利方向转变。评级机构的评级结果需要及时更新和调整。特设机构拥有贷款组合的所有权后,需要对后续的贷款业务进行管理,及时获取服务商的信息。同时,信用评级机构需要及时获得准确的特设机构证券运营信息和相关的经营状况,并根据这些信息及时调整资产支持证券的信用等级,指导广大投资者的行为。这种监督和信息披露机制是影响反向抵押贷款证券市场的又一重要因素,必须切实执行,才能保障二级市场证券投资的良性循环,为最终的风险转移和资产流动提供必要的安全保证。

我国面临着日益增强的养老压力,利用金融机制与金融产品来增强退休老人的自我保障能力是一条可行的途径。引进反向抵押贷款对于缓解我国社会养老压力有着重大的意义。反向抵押贷款项目的实施要求有一定的社会经济条件,并且这种产品本身具有较大的风险。我国正处于新旧体制的转轨时期,政治、经济、社会各方面都发生着深刻的变化,不确定性因素较多。尤其是我国金融市场还不发达、传统观念有着根深蒂固的影响的情况下,推出反向抵押贷款要非常慎重。政府、学术界、金融机构等部门要通力合作,进行项目的可行性论证、设计符合我国国情的反向抵押贷款产品,实现预期目标。但有一点是可以肯定的,在老龄化仍在加剧的中国,反向抵押贷款理念的提出,对养老问题的解决有积极的作用,它是值得我们大胆尝试的。

　　反向抵押贷款在我国是个全新的金融产品,学术界的研究也还处于初级阶段。我们在借鉴发达国家尤其是美国的反向抵押贷款运作经验的基础上,对我国开发反向抵押贷款做了一些探索性的研究。反向抵押贷款是一种非常复杂的产品,涉及的因素众多,笔者力图对其根本特征、特性、运行规律、定价、风险防范等方面进行系统详细的分析研究。由于尚缺乏有关老年人群收入状况、房产状况的详细统计数据,本书对我国反向抵押贷款市场规模的估计、经济效应评析等实证分析方面,不可避免地会存在一定的偏差。如果能够为未来的继续研究提供一定借鉴的话,本书的写作目的就达到了。

参考文献

一、外文参考文献

1. Ehud I. Ronn, Peter D. Rubinstein, Fung – Shine Pan: "An Arbitrage – Free Estimate of Repayment Option Prices in Fixed – Rate GNMA Mortgage – Backed Securities", *Real Estate Economics*, Volume 23, Issue 1, 1995.

2. Jan K. Brueckner: "A Simple Model of Mortgage Insurance", *Journal of the American Real Estate and Urban Economics Association*, Volume 13, Issue 2, 1985.

3. Sally R. Merrill, Meryl Finkel, Nandinee K. Kutty: "Potential Beneficiaries from Reverse Mortgage Products for Elderly Homeowners: An Analysis of American Housing Survey Data", *Journal of the American Real Estate and Urban Economics Association*, Volume 22, Issue 2, 1994.

4. Thomas J. Miceli, C. F. Sirmans: "Reverse Mortgages and Borrower Maintenance Risk", *Journal of the American Real Estate and Urban Economics Association*, Volume 22, Issue 2, 1994.

5. Christopher J. Mayer, Katerina V. Simons: "Reverse Mortgages and the Liquidity of Housing Wealth", *Journal of the American Real Estate and Urban Economics Association*, Volume 22, Issue 2, 1994.

6. Thomas P. Boehm, Michael C. Ehrhard: "Reverse Mortgages and Interest Rate Risk", *Journal of the American Real Estate and Urban Economics Association*, Volume 22, Issue 2, 1994.

7. Robert J. Shiller, Allan N. Weiss: "Moral Hazard in Home Equity Conversion", *AREUEA-ASSA session*, January 4, 1998, Chicago Illinois.

8. Richard Roll: "Benefits to Homeowners From Mortgage Portfolios Retained by Fannie Mae and Freddie Mac", Fannie and Freddie Retained Portfolios, 2000.

9. Maurice Weinrobe: "An Analysis of Home Equity Conversion in the RAM Program" *Journal of the American Real Estate and Urban Economics Association*, Volume 15, Issue 2, 1987.

10. Jacobs, B. : *Moveout Rates of Potential Reverse Mortgage Borrowers: Some Initial Estimates. Rochester*, N. Y. : University of Rochester, 1988.

11. May, J. V. and Szvmanosra, E. J: "Reverse Mortgages: Risk Reduction Strategies", *Secondary Mortgage Markets* 6, No. 1 (1989).

12. Waldman, M. , and Gordon, M. : "Determining the Yield of Mortgage Security. " *In The Handbook of Mortgage – Backed Securities*, edited by F. Fabozzi. Chicago, Ill. : Probus Publishing, 1988.

13. Wade, A. : "Unpublished tables of mortality rates for female lives, supplementary material to the 1989 Trustees", *Report of the Social Security Admininstration*. U. S. Department of Health and Human Services, 1989.

14. Asabere, Paul K. and Forrest E. Huffman: "Price Concessions, Time on the Market, and the Actual Sales Price of Homes", *Journal of Real Estate Finance and Economics*, 6, 1993.

15. Genesove, David and Christopher J. Mayer. "Equity and Time to Sale in the Real Estate Market," *American Economic Review*, 87(3), 1997.

16. Goren, Thomas, Laurence Jacobs and David Rosenbaum: "Lifetime Security Plan – Risk and Benefit in Senior Home Equity Conversion", *reproduced*, *Lifetime* Security Plan, Walnut Creek, California, 1996.

17. Steven F. Venti and David A. Wise, July: *Home Make Money – A Consumer's Guide To Reverse Mortgages Aging and Housing Equity*, 2001.

18. Michael C. Fratantoni: "Reverse Mortgage Choices: A Theoretical and Empirical Analysis of the Borrowing Decisions of Elderly Homeowners", *Journal of Housing Research*, Volume 10, Issue 2, 1999.

19. Jonathan S. Feinstein, *Elderly Health, Housing, and Mobility*, Dec. 1993.

20. Edward J. Szymanoski: "Evaluation Report of FHA's Home Equity Conversion Mortgage Insurance Demonstration", *U. S. Department of Housing and Urban Development*, 2000.

21. Szymanoski, Edward J. Jr: "Risk and home equity converse mortgage",

Journal of the American Real Estate and urban Economics Association ,1994.

22. Haurin, Donald: "The Duration of Marketing Time of Residential Housing", *AREUEA Journal* ,1988.

23. Victoria Wong, Norma Paz Garcia: "There's No Place Like Home: The Implications of Reverse Mortgages on Seniors in California" , *Consumers Union of U. S.* , August,1999.

24. Andrew Caplin: "The Reverse Mortgage Market: Problems and Prospects", *Journal of Housing Research* , Volume 10, Issue 2 ,2000.

25. Richard Jackson, Neil Howe: "The Graying of the Middle Kingdom: the Demographics and Economics of Retirement Policy of China" , *Center for Strategic & International Studies* , *Prudential Financial* , April,2004.

26. Michael C. Fratantoni: "Reverse Mortgage Choices: A Theoretical and Empirical Analysis of the Borrowing Decisions of Elderly Homeowners" , *Journal of Housing Research* , Volume 10, Issue 2 ,1999.

27. F. 莫迪利亚尼(Franco Mordigliani)、R. 布伦博格:《效用分析与消费函数:对横截面数据的一种解释》、《效用分析与消费函数:统一解释的一个尝试》。

28. 迈克尔·法兰坦尼:《反向抵押贷款选择:老年私有住房拥有者的借款决定的理论和经验分析》。

29. Fratantoni, Michael:《有房、预期的消费风险和持有股票的困惑》,巴尔的摩:约翰斯霍普金斯大学 1998 年工作底稿。

30. 哈伯德、R. 格伦、乔纳森和史蒂芬:《预防救助和社会保险》,《政治经济学期刊》1995 年第 2 期。

31. Kutty, Nandinee:《反向抵押贷款:老年人贫困的解决办法》,《沼泽地房地产系列》1996 年工作底稿。

二、中文参考文献

1. 孟晓苏:《论建立"反向抵押贷款"的寿险服务》,《保险研究》2002 年第 12 期。

2. 孟晓苏:《建立"反向抵押贷款"的寿险服务——健全老年人社会保障制度的一个建议》,《中外房地产导报》2002 年 12 月 14 日。

3. 柴效武:《以房养老漫谈》,人民出版社 2009 年版。

4. 范子文:《以房养老:住房反向抵押贷款的国际经验与我国的现实选择》,中国金融出版社2006年版。

5. 柴效武:《以房养老理念》,浙江大学出版社2008年版。

6. 柴效武:《以房养老模式》,浙江大学出版社2008年版。

7. 柴效武、孟晓苏:《反向抵押贷款制度研究》,浙江大学出版社2008年版。

8. 柴效武、孟晓苏:《反向抵押贷款运作》,浙江大学出版社2008年版。

9. 柴效武:《反向抵押贷款功用》,浙江大学出版社2008年版。

10. 柴效武等:《反向抵押贷款运作风险与防范》,浙江大学出版社2008年版。

11. 柴效武等:《反向抵押贷款产品定价》,浙江大学出版社2008年版。

12. 柴效武:《售房养老模式推行中信息不对称和风险规避的探讨》,《科学·经济·社会》2004年第1期;人大复印报刊资料《社会保障制度》2004年第7期转载。

13. 柴效武、蒋徐娇:《售房养老——一种养老新思路的提出》,《浙江社会科学》2004年第1期;人大复印报刊资料《社会学》2004年第6期转载。

14. 柴效武、徐智龙:《售房养老模式中的"柠檬市场"》,《浙江金融》2003年第7期。

15. 柴效武、余中国:《售房养老模式的提出及风险防范》,《浙江社会科学》2003年第3期。

16. 柴效武、童丽华:《反向抵押贷款模式中的金融作用机制评析》,《温州论坛》2003年第3期。

17. 柴效武:《反向抵押贷款的供给机构选择与评析》,《西安金融》2003年第11期。

18. 柴效武:《生命周期理论及在反向抵押贷款模式中的应用》,《西安财经学院学报》2004年第5期。

19. 柴效武、岑惠:《住房抵押贷款与反向抵押贷款的异同评析》,《海南金融》2004年第7期。

20. 柴效武:《一种以房养老的贷款方式:反向抵押贷款》,《金融教学与研究》2004年第3期。

21. 柴效武:《反向抵押贷款模式中的"柠檬市场"》,《浙江金融》2003年第7期。

22. 柴效武:《反向抵押贷款合同终止界定及相关事项》,《上海保险》2004年12月。

23. 肖文、詹绚伟:《资产证券化在反向抵押贷款中的运用》,《财贸经济》2005年第1期。

24. 李有观:《住房反向抵押贷款研究》,《住宅与房地产》2002年第10期。

25. 李婕:《"反向抵押贷款"设计新型社会养老保障》,《建筑时报》2002年第9期。

26. 李军、何益平:《资产证券化:我国一种新的融资方式》,《中南财经政法大学研究生学报》2005年第4期。

27. 李扬、王国刚、何德旭:《中国金融理论前沿Ⅱ》,社会科学文献出版社2001年版。

28. 涂永红、刘柏荣:《银行信贷资产证券化》,中国金融出版社2000年版。

29. 任碧云:《借鉴美国经验,发展我国住宅抵押贷款二级市场》,《金融与保险》2001年第5期。

30. 曾祥瑞、胡江涛:《住房反向抵押贷款研究》,《中国房地产》1995年第6期。

31. 傅志华、李传峰:《对辽宁省养老保险改革试点模式的初步分析》,《经济研究参考》2003年第23期。

32. 陈工、谢贞发:《论我国实现养老保险可持续发展的条件》,《厦门大学学报(哲学社会科学版)》2003年第6期。

33. 王刚、韩立岩:《我国市政债券管理中的风险防范与控制研究》,《财经研究》2003年第7期。

34. 杨志安:《完善我国养老保险制度的对策选择》,《辽宁大学学报(哲学社会科学版)》2003年第6期。

35. 常永胜:《中国房地产金融体系研究》,经济科学出版社2001年版。

36. 左敏:《社会保障学》,经济科学出版社2001年版。

37. 郑功成:《中国社会保障制度变迁与评估》,中国人民大学出版社2002年版。

38. 宋晓梧:《完善养老保险确保老有所养》,企业管理出版社2001年版。

39. 中国社会科学院财贸所"中国住房制度改革研究"课题组:《关于深化城镇住房制度改革的总体设想》,《财贸经济》1997年第12期。

40. 宾融:《对我国住房抵押贷款证券化十个重大现实问题的探悉》,《中国房地产金融》2001 年第 9 期。

41. 陈雨露:《现代金融理论》,中国金融出版社 2000 年版。